2016 年度河南省教育科学规划重大招标课题
课题编号：〔2016〕—JKGHZDZB—14

河南民办高等教育发展问题研究

主　编　徐仲昆　葛　聪　赵　姗
副主编　田　博　张　琳　赵　苗

北京理工大学出版社
BEIJING INSTITUTE OF TECHNOLOGY PRESS

内 容 简 介

本书在借鉴民办教育相关理论、研究成果和充分搜集资料的基础上，采用定量分析与定性分析法、文献研究法、比较分析法及实地访谈调查法，客观分析探讨了河南省民办高校发展过程中存在的突出问题，如民办教育法规政策缺位、社会认可度低、师资力量薄弱、生源压力大、毕业生就业矛盾突出等，并深入剖析造成这些问题的原因。同时，本书结合河南省民办高校发展的实际情况，提出完善民办高等教育的法规制度、更新经营观念、强化管理、树立品牌意识、提高民办高校核心竞争力、优化教师结构并提高教师待遇、稳定招生规模、走内涵发展之路、多渠道解决学生就业问题等方法。

图书在版编目（CIP）数据

河南民办高等教育发展问题研究 / 徐仲昆，葛聪，赵姗主编. —北京：北京理工大学出版社，2020. 10

ISBN 978-7-5682-9174-3

Ⅰ. ①河…　Ⅱ. ①徐… ②葛… ③赵…　Ⅲ. ①民办高校-发展-研究-河南　Ⅳ. ①G648. 7

中国版本图书馆 CIP 数据核字（2020）第 205852 号

出版发行 / 北京理工大学出版社有限责任公司
社　　址 / 北京市海淀区中关村南大街 5 号
邮　　编 / 100081
电　　话 /（010）68914775（总编室）
（010）82562903（教材售后服务热线）
（010）68948351（其他图书服务热线）
网　　址 / http：//www. bitpress. com. cn
经　　销 / 全国各地新华书店
印　　刷 / 三河市华骏印务包装有限公司
开　　本 / 787 毫米×1092 毫米　1/16
印　　张 / 13. 25
字　　数 / 279 千字
版　　次 / 2020 年 10 月第 1 版　2020 年 10 月第 1 次印刷
定　　价 / 66. 00 元

责任编辑 / 李　薇
文案编辑 / 赵　轩
责任校对 / 刘亚男
责任印制 / 李志强

前　言

本书系2016年度河南省教育科学规划重大招标课题“河南省民办教育发展问题研究——以民办高等教育为例”（〔2016〕—JKGHZDZB—14）的最终成果。目前国内外形势变化迅速、高科技研发硕果累累，经济全球化之路不断走实走深，全世界各个国家、各个地区展开了一场前所未有的人才大战，面对如此复杂激烈的人才抢夺战，高等教育作为人才培养的重要一环，其地位不言而喻，不仅承担着教育的基础使命，更承载了为实现中华民族伟大复兴中国梦提供不竭人才动力的光荣任务。放眼中国高等教育现实，民办高等教育的地位不断攀升，发展的步伐也由追求发展规模效益步入对发展高质量高内涵的孜孜求索。河南近几年民办高等教育发展虽然稳步前进，但仍存在一些问题，因此，面对民办高等教育深化改革的新机遇，河南省如何突破民办高校发展的瓶颈、走出困境，找到适合自身特色的发展模式，提高核心竞争力，是一个非常具有重要理论价值和实践意义的课题。

本书在编写过程中遵循发现问题、分析原因、找到对策，查漏补缺的研究路径，专门针对河南省的特殊省情、民办高校的校情及学生在校学习的具体情况，以部分代表性民办高校为样本开展实地调研，在调研的基础上进行数据分析，进而对河南省民办高校发展的现实困境及发展路径问题进行全面梳理和深入的探讨，为促进河南民办高等教育发展提供理论借鉴和政策建议，为民办学校，尤其是河南省民办高校应对发展困境提供对策上的借鉴和参考，为提升民办高等教育质量提供新的切入点和新的思路，为学者研究中国教育体制和发展模式及其相关问题提供理论借鉴，为学校行政管理部门提供决策参考和理论支撑。

本书是编委会全体成员集体智慧的结晶，是对编者多年从事民办高等教育工作经验加以总结、提炼，并经过整理和编撰而成的。全书由徐仲昆、葛聪、赵姗担任主编，田博、张琳、赵苗担任副主编。各章节的具体编写分工如下：徐仲昆作为课题负责人，负责本书的统稿、整体设计、前言和目录整理工作；葛聪编写第一章第一节、第六章、第七章；赵姗编写第一章第二节、第三章、第四章、第五章；田博编写导言、第二章、参考文献、结语；张琳和赵苗主要负责书中的问卷调研和数据统计工作。

本书在编写过程中参阅了国内外许多专家在高等教育发展方面的研究成果，特别感谢刘建军教授、谷佳媚教授给予的指导意见和建议，在此一并致谢！尤其值得一提的是，副主编田博长期从事民办高校学生管理和辅导员管理工作，并具有民办高等教育发展问题研究的大量前期研究成果，在书中相关河南民办高等院校发展问题的一手资料整理和数据调查研究方面作出了主要贡献，付出了大量心血。由于时间仓促和编者水平有限，书中难免存在缺点和疏漏，恳请广大专家、读者批评指正。

编　者

2020 年 8 月

目录

导 言

一、研究背景和问题提出

面对我国经济发展新常态，产业转型升级、经济结构调整、创新驱动的新形势，“十三五”规划要求各行各业要牢固树立并切实贯彻创新、协调、绿色、开放、共享的新发展理念。党的十九大指出：“当前，国内外形势正在发生深刻复杂变化，我国发展仍处于重要战略机遇期，前景十分光明，挑战也十分严峻。全党同志一定要登高望远、居安思危，勇于变革、勇于创新，永不僵化、永不停滞，团结带领全国各族人民决胜全面建成小康社会，奋力夺取新时代中国特色社会主义伟大胜利”。目前国内外形势变化迅速、高科技研发进程不断加快，经济全球化之路不断走实走深，全世界各个国家、各个地区展开了一场前所未有的人才大战。面对人才抢夺战，高等教育作为人才培养的重要一环，不仅承担着教育的基础使命，更承载了为实现中华民族伟大复兴中国梦提供不竭人才动力的光荣任务。放眼中国高等教育现实，民办高等教育的地位不断攀升，发展的步伐也由追求规模效益到高质量、高内涵的教育。党的十九大强调，支持和规范社会力量兴办教育。《国家中长期教育改革和发展规划纲要（2010—2020 年）》第十四章关于“办学体制改革”中明确指出，民办教育是教育事业发展的重要增长点和促进教育改革的重要力量；要深化办学体制改革，坚持教育公益性原则，健全政府主导、社会参与、办学主体多元、办学形式多样、充满生机活力的办学格局。这些政策释放的强力信号开启了民办高等教育与时俱进的新征程。

2019 年 9 月 27 日，中国民办教育协会会长王佐书在中国民办教育协会民办教育研究分会成立大会暨首次学术沙龙上对中国民办教育的未来提出了新方向、新要求，即发展高水平民办学校。对于高水平民办学校的特点与内涵，他强调“高水平”要高在功能、高在贯彻教育方针、高在坚持、高在精益求精、高在特、高在前、高在适、高在与时俱进、高在创、高在服务、高在精神以及高在教育质量。众所周知，民办高校在管理体制方面呈现出的高效率、灵活化、多样化、现代化和在办学模式层面表现出的市场化、时代化、国际化等是其成长发展的最大优势。我国民办高校与国外私立大学最大的不同在于其具备的社会主义本质属性，再加上非营利性、法人属性等特殊性，导致我国民办高校的发展既不能仿照公办高校的发展模式，也不能照搬国外私立大学的管理经验。

河南近几年民办高等教育发展虽然稳步前进，但仍存在一些问题，具体有：政策落实不到位，理论与民办高等教育发展的实际状况有脱节（比如分类管理政策落实困难，导致举办者积极性不高）；政府对民办高校的行政执法力度疲软，监管内容和范围有待商榷；党委、董事会和行政部门三权关系定位不明确，越位、缺位现象严重；教职工获得感和归属感不足，人才流失和人员流动较大。目前有关河南省民办高等教育发展的专门研究较少，研究深度有待挖掘，针对河南省特色的实证性研究有待加强，未来发展的可操作性路径缺乏。因此，面对民办高等教育深化改革的新机遇，河南省如何突破民办高校发展的瓶颈、走出困境，找到适合自身特色的发展模式，提高核心竞争力，是具有重要理论价值和实践意义的课题。本书遵循发现问题、分析原因、找到对策，查漏补缺的研究路径，专门针对河南省的特殊省情、民办高校的校情及学生在校学习的具体情况，以部分代表性民办高校为样本开展实地调研，在调研的基础上进行数据分析，进而对河南省民办高校发展的现实困境及发展路径问题进行全面梳理和深入探讨，为促进河南民办高等教育发展提供理论借鉴和政策建议，为河南省民办高校应对发展困境提供对策上的借鉴和参考，为提升民办高等教育发展提供新的切入点和新的思路，为学者研究中国教育体制和发展模式及其相关问题提供理论借鉴，为学校行政管理部门提供决策参考和理论支撑。

二、国外研究现状分析

（一）有关私立高等教育办学模式、经费情况等基本概况的研究

2009 年世界高等教育大会最终通过的联合公报第十条指出“除了公立学校之外，追求公共目标的私立高等教育将扮演重要的角色”[①]。菲利普·G. 阿尔特巴赫和丹尼尔·C. 列维撰写的《私立高等教育：全球革命》（2005 年）一书包含了国际趋势和国际问题以及单个国家或地区的私立高等教育发展状况，有助于全面了解国际高等教育发展的历史、现状、动向，全面架构有关私立高等教育的全部知识体系，能够以国际视野全面洞悉私立高等教育发展的前因后果、来龙去脉，进而在全球范围内审视、比较和借鉴私立高等教育的发展经验。该书是论文集，论文全部来自美国波士顿学院国际高等教育中心编辑出版的期刊《国际高等教育》，该书的核心观点是“私立高等教育未来将在全球范围内变得越来越重要”。该书罗列了世界上各个地区、各个国家私立大学性质、资金来源和管理模式等方面的差异，比如在欧洲大部分地区，大学教育基本上以公立为主，个别的私立学院是带着宗教属性的神学教育学府，高等教育的经费绝大部分出自政府和国家。在亚洲东部的日本、韩国和菲律

① 熊建辉. 2009 年世界高等教育大会公报：高等教育与研究在促进社会变革和发展中的新动力［J］. 世界教育信息，2009（09）.

宾，私立教育却是国家高等教育的主体，生源占据全国大学生的五分之四，办学的经费与欧洲有很大不同，主要来自学生的学费，菲律宾的私立大学几乎都是营利性质的。美国公立大学与私立大学之间的竞争异常激烈，结果是五分之四的学生就读于公立大学，一些私立大学的地位在全世界都是顶尖的，这些知名学府办学的经费主要源于社会各界的捐赠，例如哈佛大学，2017 年获捐 371 亿美元，使之成为全世界最富有的高校，当然，美国很多不知名的私立大学经费依然来源于学费。在拉丁美洲，具有历史感的大学基本上是由天主教会创办的私立学校。非洲地区的高等教育主要由公立大学承担，私立大学少之又少。

在管理方面，美国的私立大学要受到来自各方的外部力量监控，政府多是通过提供学生贷款、学术研究基金或签订协议等方式提供各种资金资助，但这些资助资金要受到政府的监控和条件约束，同时，美国的私立大学需要进行各种认证。韩国私立大学教师的薪资和工作条件要受到韩国政府的监管，政府还对私立大学的学费标准、规模扩张和特殊招生情况实施全面管理，监管很严格，但是资金支持却比较少。印度私立大学的课程大纲、期末考试、教师薪资、学生的入学条件、学校的图书馆及各项公共设施等都要由所属的公立大学规定和负责，此外，由于印度私立大学的毕业生学位由所属公立大学颁发，因此会得到印度政府给予的大额办学经费。国外私立大学的竞争力和生存能力主要受到市场环境的影响，市场法则是私立大学生存的生命线，私立大学都格外关注自身的国内和国际排名及社会声誉，这直接关系学校的发展空间、国际地位和经济收入。那些知名度一般或创办历史比较短暂的私立大学出于对自身长治久安和生存能力的重视，对高等教育市场的动向更为关心，对圈内其他私立大学的发展状况也时刻关注以做到知己知彼，对私立大学毕业生的就业形势及相关影响学校生存的指标也了如指掌。一些以就业为发展导向和生命线的私立大学，由于就业市场形势不完善和不稳定，必须直接参与到对劳动力市场的调研中，时刻把握市场对人才需求的变化。一些以传统艺术或者生命科学等领域为办学导向的私立大学的生存状况也取决于毕业生的就业质量。

理查德·拉斯的《高教公司营利性大学的兴起》一书主要借助个案分析，对私立大学的发展历史、财政状况、学术文化氛围等方面进行比较详尽的介绍，总结出营利性高等教育机构的优秀经验，并指出了其中存在的不足。以美国在校生规模最大的营利性私立大学——凤凰城大学为研究对象，介绍其成长经历和发展模式的代表性文献是凯瑟琳·玛丽所撰写的《凤凰城大学：营利性大学案例研究》和卢瑟福·乔治·富兰克林撰写的《学术与经济：营利性高等教育的“阴”与“阳”——凤凰城大学案例研究》，比较全面地展现出凤凰城大学能够脱颖而出、站稳脚跟并不断壮大的根源在于它并没有好高骛远把与世界知名大学比肩、为人类培养高精尖人才设为目标，也没有照搬其他大学的办学模式，而是抓住职业教育这一任务，把培养社会各行各业实用的应用型技术专业人才作为不懈的追求，精益求精、打造品牌，把目光投向那些拥有承担教育经费能力又有强烈自主进修教育需求的人群，把社会紧俏又实用的专业和学科作为人才培养的重点方向，创新了网络教学的学习手段，不断积累口碑，把自身打造成一所以学习者为中心，提供多样化个性化成人教育综合服务的特色大学。

日本天野郁夫所著的《高等教育的日本模式》一书视角新颖，从历史视角和国际比较的视角两个维度论述了日本高等教育系统的结构和功能，研究方法也开辟了新途径，对高等教育的研究运用了社会学的研究方法，为学术界提供方法论借鉴提供了新思路。

（二）关于私立大学治理方面的研究

1. 关于治理理论研究

1992年，28位国际知名人士发起成立了“全球治理委员会”（Commission on Global Governance），该委员会于1995年发表了《天涯成比邻》（Our Global Neighborhood）的研究报告，较为系统地阐述了全球治理的概念、价值以及全球治理同全球安全、经济全球化、改革联合国和加强全世界法治的关系。报告对治理作了如下界定：“治理是各种公共的或私人的个人和机构管理其共同事务的诸多方式的总和，它是使相互冲突或不同的利益得以调和并且采取联合行动的持续的过程。”① 美国著名学者勇（Yong）指出：“治理问题已成为非营利组织能否有效运作的首要课题。”② 斯坦福大学教授钱颖一认为：“在经济学家看来，企业治理结构是一套制度安排，用以支配若干在企业有重大利害关系的团体——投资者（股东和贷款人）、经理人员、职工之间的关系，并从这种关系中实现经济利益。企业治理结构包括：如何配置和行使控制权；如何监督和评价董事会、经理人员和职工；如何设计和实施激励机制。”③ 一般而言，良好的企业治理结构能够利用这些制度安排的互补性质，并选择一种结构来降低代理人成本。Marginson 和 Considine 认为：“大学的治理意味着对内部关系、外部关系以及它们之间的互动的综合考察，并且正是这一点可以通向对大学的自我确认，至少是通向对自我概念的考察。UC Berkeley 和 Oxford 两校的决策机制具有分权决策和共同决策的特征，行政权力与学术权力的分权和制衡特征显著。”

2. 关于私立大学内部治理结构优化问题的研究

第一，早在20世纪六七十年代，国外学术界鉴于世界范围内大学生运动此起彼伏的状况，把研究视角转向大学的民主化管理方向，旨在通过优化私立大学的内部治理结构，以保障广大私立高校师生的切身利益，促进大学治理民主化、法制化。随着国外私立大学的办学方向越来越受市场风向的影响，如今越来越多的学者认为大学治理结构的改善需要围绕市场要素展开。正如 Raimond Gaita 认为：“几乎在学术生活的所有方面，研究者心中那根深蒂固的学术思想已经土崩瓦解，因为他们的大学正日益成为经济的奴隶。”因此，他们认为，私立大学治理结构的优化必须处理好与市场经济的关系。

第二，关于治理结构优化的利益相关者研究成果中，学者 Marginison 和 Considine（2000）指出，大学最基本的两个相对利益主体是政府和社会，大学治理的内容需要涵盖学校内部和学校外部两个维度。学者 Clark（1993）把大学治理结构优化的利益相关者分为“内部人”和“外部人”两个群体，其中“内部人”是大学内部治理的核心主体，包括政

① ［美］埃伦伯格．美国的大学治理［M］．沈文钦，张婷姝，杨晓芳，译．北京：北京大学出版社，2010.
② ［美］埃伦伯格．美国的大学治理［M］．沈文钦，张婷姝，杨晓芳，译．北京：北京大学出版社，2010.
③ ［美］埃伦伯格．美国的大学治理［M］．沈文钦，张婷姝，杨晓芳，译．北京：北京大学出版社，2010.

府、工商界、科学界、学生、学生家长等重要方面。荷兰学者 Peler Maassen 在《荷兰大学治理中利益相关者角色的变化》一文中，从荷兰大学治理相关法案的演变过程入手，对大学的利益相关者进行分类和深入分析之后，探讨了他们各自在大学治理结构的权力格局中相应的地位和享有的权利，进而总结权力大小与各个利益相关者对学校治理影响力大小之间的关系、变化情况。Rositsa Bateson 和 John Taylor 两位欧洲学者通过实证研究方法，对大学生参与大学治理的内容和程度进行调查、访谈和评估，利用数据统计工具得出分析结论，认为大学生对大学治理的参与度非常低。

第三，关于大学治理结构优化的机制设计与构建内容研究方面，国外大部分学者对治理结构优化路径比较认可的观点是“高校内部治理结构的核心在于权力”，对于高校治理结构的优化需要从内部权力分配的优化和协调机制的建立两个关键方面入手。基于此，国外学者基本上围绕这两个方面展开具体分析和研究，总体来说，相关大学治理机制设计与构建模式的研究成果可概括为以下几个类型。第一种是“专业型或技能标准化模式”，这种构建模式把大学治理的权力主要赋予专业型或技能型人才，充分发挥他们的专业优势提升大学治理的效果。第二种是“民主型或合作型或混合型模式”，这种治理模式在设计过程中把大学治理的所有权力平等赋予每一个利益相关者，体现了利益相关者参与治理的平等地位，让所有利益相关者共同管理学校的内部事务。第三种是“行政型或工作过程标准化模式”，这种治理模式要求大学治理的权力按照行政级别进行分配，在事先科学制定的内部管理规章制度的指导下，依据治理标准的规定，管理岗位上的每一个成员各司其职、各尽其责、互不侵犯。第四种是“共享治理模式”，这种治理模式是最新研究成果，也是目前比较热门、获得普遍认同的管理模式，中心思想是要求大学中的董事会、行政管理人员、教职工和学生对大学治理过程中的决策权力共使、责任共担、相互认同、合理分工、密切配合，共同管理学校事务。对于“共享治理模式”，目前有部分学者提出参与共同治理的群体不仅仅包括大学中的董事会、行政管理人员、教职工和学生等校内利益相关者，还需要拓展到政府、企业、中介组织等校外利益相关者，形成校内校外利益相关者的普遍参与和共同治理。第五种是“经营型治理模式”，这种治理模式在权力设计时把大学管理的核心权力赋予校长，副校长和管理教学事务的处长地位也比较高，按照企业经营管理的理念还需要配备执行院长，使这几个权力中心体在成本预算性价比最合理的范畴内管理学校事务，这个模式的最根本价值指标是管理成本。在这几种治理模式中，不同学者的偏好和认可度不同，但都对大学治理提出了比较可行的权力分配思路，体现了现代大学治理与时俱进的理念。

三、国内研究现状总结

通过对已有文献进行梳理和归纳总结，发现国内对民办教育的研究始于 1987 年《社会力量办学条例》（现已失效）颁布前后，相关的研究成果分为以下几个方面。

（一）关于民办高等教育政策、法律层面的研究

唐静（2017）的博士论文《民办高等教育领域中政府治理机制研究》依托对民办高等

教育政府治理构成和运作的分析，运用案例分析、比较研究等方法提出了治理机制构建的措施：明确财产权利，确立退出和变更制度；全方位开拓融资渠道，加大财务明晰管理；用分类思路改革教师管理，加大教师法律保障；形成政府监管、社会力量广泛参与、各项服务周全的民办高校服务合力机制。

吴海燕在（2018）撰写的博士论文《我国民办高校发展中的政府角色定位研究——以上海市为例》首先明确了民办高等教育的公共产品属性，国家作为其最大受益者，对民办高等教育发展具有义不容辞责任，进而基于“政府角色”视角从多种维度阐释政府作为管理者在民办高等教育发展过程中应当采取的措施。

黄洪兰（2019）的博士论文《非营利性民办高校支持政策研究》着眼于《民办教育事业属于公益性事业，是社会主义教育事业的组成部分》的定位，梳理了有关民办教育发展的政策支持变迁，从民办高校自身、其投资者或举办者、教职工和学生四个利益相关者的合法权益保障入手，对当下需要改进完善和落实到位的相关支持政策给出了合理的实施建议。其他文献还有纪成（2018）《地方政府对民办高等教育扶持政策的研究——以江苏省为例》，胡卫《给民办教育人稳定的政策预期——处理好我国民办教育发展的三大矛盾》，刘永林《改革开放40年我国民办教育法治发展：回顾与展望》，吴永桥（2019）《依法治国方略下民办高校依法治校建设困难思考》，姚侃（2019）《民办教育新法新政背景下我国独立学院的发展现状与走向》等。

（二）关于民办高校发展不同地区经验借鉴方面的研究

刘洋（2017）在《我国台湾地区私立高等教育公共财政资助政策借鉴研究》一文中，从分析具体资助政策的资助对象、资助条件、资助标准、资助方式、政策的监督体系等方面，梳理了我国台湾地区私立高等教育的资助政策，较为全面地总结了台湾地区私立大学高等教育公共财政资助在追求教育平等、绩效优先、区别化资助、引进竞争机制等方面呈现的先进经验以及缺乏分类管理等缺陷，为我国大陆地区民办高等教育的资助政策优化给出了具有借鉴性的有益经验。

黄方明（2013）的《泰国私立高等教育政策研究》一文通过梳理、归纳泰国私立大学相关政策的发展脉络、出台的背景和影响要素、政策的核心要义以及其时代意义和历史价值等内容，总结出泰国私立高等教育发展历程中在政策支持方面可借鉴的成功经验。

李瑞芳（2010）的《中美民办（私立）高等教育政策之比较研究》一文运用比较研究的方法，在分析我国民办高等教育政策的不足的基础上，总结吸收了美国私立大学的有益经验，从确保我国民办高等教育的法律地位、完善和改进对民办高等教育的行政管理和监督评估系统化制度、加大对民办高等教育的资金扶持和税收优惠政策、推动社会力量举办民办高等教育等维度提出了我国民办高等教育政策支持的建议。

此外，还有王继风（2019）《我国台湾地区私立高校治理结构及启示》，彭友（2019）《武陵山片区民办教育精准定位及对策研究》，李文章（2019）《美国营利性私立高等教育发展的利弊分析及启示》，吴会会（2019）《行政与司法之间的博弈：美国营利性高校管理透视》，王炳锋（2019）《基于教育公平下的我国城市民办教育政策执行力的研究——以广州市民办教育为例》，石凤琴、马玉环、李文利（2019）《民办高校督导体系的构建与实践——以北京城市学院教学督导体系为视角》，吕延荣（2019）《基于构建核心竞争力的民办高校发展问题探讨——以江苏省为例》，罗顺绸（2019）《福建省民办高校教师资源配置问题及优化对策》，陈普青（2019）《民办高职院校教职工薪酬体系研究——以晋陕豫黄河金三角区域某高职院校为例》，李先军、陈琪（2019）《英国私立高校第三方评估模式及其借鉴》等，在此不一一罗列。

（三）关于民办高校分类管理方面的研究

杨程（2019）的《民办教育分类管理政策执行的制约因素与破解路径——基于史密斯政策执行过程模型的分析》一文首先分析了我国民办教育的举办者在分类管理政策中遭遇的选择困境，进而基于史密斯政策执行过程模型的分析，得出了制约民办教育发展的重要因素之一是分类管理政策体系不完善，接着对症下药，提出了从制定精细化和精准化政策举措到提升政策落实的执行力等方面的对策，以避免已经出现的政策遇阻或者政策失真等现实。

黄炳超、肖昊（2019）的《我国民办教育分类管理的逻辑理路、本质属性与价值选择》一文肯定了《中华人民共和国民办教育促进法》提出的分类管理理念具有创新性改革的时代价值，能够有效解决民办教育目前在法人性质、产权问题、政策帮扶和教育界地位等突出矛盾，并有助于从制度建设层面缓解民办教育领域当下的不平衡、不充分等关键性问题，进而促进民办教育向现代化方向发展。

徐绪卿（2019）的《浅论教育政策滞后性现象——以民办高校分类管理政策为例》一文界定了教育政策的内涵，即政府为指明一定时间节点内的教育发展方向和化解教育实践中存在的现实问题进而达到一定教育发展目标而专门出台的相关行为指南、落实要求和具体配套的实施办法。他指出，教育政策本身就是具有前瞻性和计划性的，是为了指导实践的，需要先行一步，不能滞后于实践，但现实情况是许多教育政策偏离了这个导向，因滞后性造成了一些负面影响。因此，他呼吁在民办高校分类管理政策的实施过程中，实现教育政策先行并带动教育实践的良性运转和扎实落地。

此外，还有刘德坤（2019）《分类管理背景下民办高校教学质量绩效评价——基于平衡计分卡视角》，李成（2019）《基于分类管理的非营利性高校的发展》，汤广全（2019）《社会公共善的优先确立：营利性与非营利性民办高校的多学科视角》，杨刚要（2019）《分类管理对民办教育影响的研究》等文章。

（四）关于民办高校发展现状和困境方面的研究

王莹莹（2018）在《我国民办高等教育发展的困境及政府扶持研究》一文中，运用公共产品理论、高等教育成本分担理论、第三部门理论和教育公平理论四个理论工具，分析了我国民办高等教育存在的制度、资金、生源、师资、管理五大困境，借鉴美国、日本的先进经验，从五个困境层面给出相应的解决对策。吕静（2017）在《路径与选择：民办高等教育发展中的困境与破解机制》一文中分析了我国民办高校面临的生源不断减少和质量不高的困境、教育经费不稳定和筹集困难的现状、教育产权归属义务与责任无法实现统一的难题、内部治理结构不健全和外部评价监管机制不完善的弊病、师资流失率比较高和师资质量有待加强等现状，从竞争公平化以应对生源危机，筹资多元化以实现资金突破，权利法律化以应对产权纠纷，治理规范化以实现管理改革，治理规范化以解决师资问题五个层面提出了帮助解决现实矛盾，为民办高等教育创造规范、合理、公平的竞争环境的办法。宣玉莹（2019）在《民办高校核心竞争力研究》一文中从2018年我国民办高校数量增至749所的现实，分析了民办高等教育对我国教育事业发展的重要作用，依据学习型组织理论、波特钻石模型、路径依赖理论，对民办高校核心竞争力进行SWOT分析，总结了民办高等教育存在的公益性与营利性相结合、整合性、灵活性和特质性等特征，归纳了基础竞争能力薄弱、特色品牌不明显、文化建设能力有待提升、招生困境、师资力量薄弱、教学质量有待加强、制度管理差、毕业生就业竞争力不强等当前影响民办高校核心竞争力的八个要素，进而建议从加强对民办高校的政策扶持力度、逐步提升民办高校的社会地位、丰富民办高校的融资途径三个层面不断提升民办高校的基础竞争力，再从着重打造差异化办学特色、加强民办品牌建设、注重民办高校文化建设三个层面注重民办高校的特色培育，最后从巧妙化解民办高校招生困境、加强教师队伍建设、提高人才培养与教育教学水平、充分利用民办体制以加强制度管理、提高民办高校毕业生的就业竞争力五个层面不断加强民办高校的高质量内涵建设，最终促使民办高校在中国高等教育产业走向国际化、现代化、大众化的前景中谋得一片天地。

杨程、周小舟（2019）的《民办高校青年教师的困境及其破解》一文指出了民办高校青年教师在个人成长、行业地位、事业发展等方面的表现，进一步指出导致这些问题的原因是民办高校的法人属性不明晰，民办高校教师待遇和地位平等问题落实度不高、教师成长渠道狭窄和经费短缺等，进而得出应对策略在于民办高校严格落实分类管理政策，政府切实履行监管职责以保障民办教师的平等法律权益，民办高校教师自身不断提升综合素质，敢于发挥主人翁作用，依法保障自身合法权益不受损害的结论。

此外，专门针对民办高校教师队伍建设困境方面的研究有许多，比如钱静、徐驰、韩士连、石启芳（2019）《民办高校教学管理的难题与策略》，张晓东（2019）《民办高校师资培训体系存在的问题与解决策略》，王一惠（2019）《国际化背景下人才引进问题及对策研究——以民办高校引进海外高层次人才为例》，冯卉苒、李晓宁、薛丽红（2019）《民办高职院校教师流失问题现状及对策探究》，张伟（2019）《基于民办高校教师生存困境的职业精神培育》，李晓霞（2019）《新时代民办高职院校师资队伍建设探析》，张静（2019）《民办高校师资培训内循环体系建设》，任金娜（2019）《需求层次理论指导下的民办高校师资队伍稳定性研究与实践——以山东华宇工学院为例》，韩卫群、周坤、孔建华（2019）《湖北省民办高校双师双能型教师队伍建设研究》，白丽娟（2019）《民办高校新手教师成长的路径分析》，李永山、赵业丽（2019）《民办高校教师归属感探究》，沈龙辉、汪静（2019）《民办院校教师职业幸福指数影响因素及提升策略》，郑钊（2019）《民办高校青年教师导师制培养优化研究》，彭山雨（2019）《民办高职院校青年教师成长之路实证研究——基于厦门市高职院校教师工作满意度调查》，王艳、张健（2019）《民办高校教师工作绩效影响因素实证分析》，吕贵鑫、闫彩玲、郜玉环（2019）《民办高校人才流动问题的对策与机制创新研究》，杨春梅、边占水（2019）《民办高校教师绩效考核研究》，刘伊（2019）《TPACK理论框架下民办高校中青年教师信息化教学能力提升策略研究》，陈葆华（2019）《产教融合视阈下民办本科高校教师教学能力发展研究》等。

关于民办高校校企合作、招生、就业、教育教学困境的研究成果有：刘国玲（2019）《试析协同创新下陕西民办高校校企合作教育的构建以及深化》，李会宁（2019）《民办高校招生、培养、就业一体化机制研究》，杨炜苗（2019）《民办高校的人才培养价值链管理——基于人力资本运营的视角》，张家琳、刘静雅、王芊颐（2019）《民办高校“教与学”质量考评机制建设思路》，刘莎、姚斌（2019）《民办高校“服务型基层党支部建设”的工作思路》，仇晓涛（2019）《促进民办高校毕业生在省内就业的对策研究》，谢先斌（2019）《基于职业本科特点的民办学院人才培养模式初探》，陈卓国、王亚丹（2019）《基于人员激励的民办高校绩效考核方法研究》，孙小会（2019）《家庭文化资本对民办高校学生学业表现的影响》，王秋婷（2019）《民办本科院校内部教学质量保障体系的研究与实践》，闫晓梅（2019）《转型发展背景下地方民办高校应用型人才培养模式》，李越（2019）《民办高校服务地方经济发展的对策研究》，林辉、郝新新（2019）《民办高校科技工作者权益保障对策研究》等。

（五）关于民办高等教育发展历程和发展前景预测方面的研究

方晓田（2019）的《中国民办高等教育七十年发展历程——基于政府与市场关系演进的视角》一文总结了民办高等教育经历的发展周期，明确了民办高等教育在我国教育事业发展中的重要地位，提出了新时代民办高等教育发展需要把握好政府和市场之间的关系，尤其是要掌握两者之间的动态性、本质性和灵活性的关键环节，充分发挥民办高等教育在市场资源配置过程中的重要作用，落实好政府的监管职责。沈新建在《新中国70年我国民办高等教育发展演进路径》一文中介绍了民办高等教育的演进历程的五个阶段，“总结了民办高等教育发展演进逻辑的外部特征表现，民办高等教育办学主体需求的诱致性和民办高等教育创办过程的诱致性两个方面；总结了民办高等教育发展演进逻辑的内在机制的三个表现；民办高等教育发展动力与政府决策的主体性，民办高等教育发展效能与政府决策的持续性，民办高等教育利益主体与政府决策的一致性。”①

21世纪教育研究院副院长熊丙奇（2019）在《新时代民办教育的价值、地位及未来展望》一文中强调了民办教育对我国教育事业的重要价值，尤其是民办教育能够优化教育资源配比，为高等教育提供多样化、个性化和差异化选择，对多元化教育诉求给予更多样的回应。教育部教育发展研究中心首席专家王烽（2019）在《新时代民办教育之“变”》的主题报告中，结合时代变迁、政策演变和模式变化三个维度，把我国民办教育发展的脉络和形

① 沈新建. 新中国70年我国民办高等教育发展演进路径［N］. 中国社会科学报，2020-01-02.

势进行了纵向和横向的全面分析，科学理性预判从幼儿教育到高等教育各个层级的民办教育未来发展空间，预估教育融合发展大势下民办教育的走势，以及各种外部环境变化将为民办教育带来的新情况、新机遇、新挑战和新方向，强调了新时代背景下我国社会主要矛盾转变以及国家针对高等教育的顶层设计将为民办教育的发展提供千载难逢的机遇，为进一步厘清民办教育的边界，帮助和归导民办教育更加规范化发展，营造更加健康良好的教育发展生态环境。

此外，还有李国强（2019）《提升公共性：我国民办教育现代化的主要任务》，施立魁、郑勇（2019）《新时代民办高等教育高质量发展刍议》，张九鼎（2019）《宁夏民办高校建设高水平本科教育的对策研究》，韩贵丽（2019）《互联网思维下民办高校形象塑造与传播路径》，许颖（2019）《基于专业认证的新升本民办高校教学质量保障体系研究》，王涛、于长青、黄文准、林东、李晓芳（2019）《民办大学“双一流”建设研究》，赵月（2019）《民办高校教育国际化战略分析——基于 SWOT 模型》，阙海宝、陈志琼（2019）《以新思路推动新时期独立学院的转型发展》等。

（六）关于民办高等教育财务、学费等经济层面的研究

杨德岭（2012）的博士论文《我国民办高等教育投资评价及风险管理研究》在详细介绍了我国民办高等教育投资现状的基础上，建立了我国民办高等教育投资效益测度模型及投资效益评价体系，尤其是对民办高等教育投资风险管理进行具体研究，提出具体政策建议，包括风险评估和风险预警的构建以及未来我国民办高等教育投资形势（投资环境和投资产出收益）预测。任芳（2007）的博士论文《我国民办高校融资问题研究》通过实证分析研究了我国民办高校融资现状，借鉴了美国和日本私立高校多元化融资模式，提出了相应的融资对策：政府层面需要加大政策投入和政策优惠，加强政策和法律保障，营造坚强有力的制度环境。付强、王玲（2019）在《中国民办高等教育经费政策 40 年：历程、反思与走向》一文中指出，无论是与发达国家的私立高校相比，还是与公办高校相比，我国民办高校的教育经费最大的弊端在于政策变动性大、硬性规定多、引导鼓励性动作少、社会力量筹资渠道狭窄、公共产品财政资助政策不明朗等几个方面，针对这些问题，需要严格落实分类管理制度，倡导多元筹资，加强政策财政的杠杆作用。谢立本、李华军、冯汉杰（2017）在《我国民办高校财务治理内涵及治理模式探究》一文中结合我国国家治理能力和治理体系建设背景和不断提升办学自主权的环境，明晰了民办高校财务治理内涵，并提出了相应的治理建议。王旭、王志洲（2014）在《民办高校财务风险的防范及其规避——基于辽宁的调查研究》一文中以辽宁省作为案例研究对象，总结出辽宁省民办高校财务风险的困境在于不完备的法律政策、有漏洞的监管措施、学校自身财务意识不够等，对此需要从完善财务制度、规范财务管理、拓宽财务来源、做好财务监管等多个举措应对民办高校财务风险。

此外，还有诸如魏晓彬、徐建群（2019）《基于“营改增”的四川省民办高校财务管理改革》，张立明（2019）《民办高校资产管理现存问题与优化路径之我见》，赵立夫（2019）《民办高校内部审计面临的问题及其控制策略》，齐天翔（2019）《陕西民办高等院校预算编制与执行现状研究》，胡娟华（2019）《内部控制视角下民办院校预算管理研究》，杨春辉（2019）《基于内部控制的民办高校资产管理问题探析》，陈浩（2019）《独立学院财务风险管控研究——以浙江省独立学院为例》等。

（七）关于民办高等教育内部治理研究

在中国知网上以“民办高校内部治理研究”为主题进行文献搜索，代表性的核心期刊文献有：王维坤、张德祥（2018）《我国民办高校内部治理结构类型及演变路径》，王世斌（2018）《双一流建设背景下民办高校内部治理结构改革的困境、成因与完善路径》，史少杰、周海涛（2018）《非营利性民办高校内部治理权力制衡分析》，鞠光宇（2017）《分类管理制度下民办高校的法人治理结构建构研究》，田立强（2016）《关于民办高校战略路径的新思考》，韩玉亭（2017）《民办高校内部治理机制的困境及出路》，马燕霞、许长青（2018）《民办高校内部治理机制优化——基于广州南洋理工职业学院的案例分析》，靳晓光、巩丽霞（2016）《民办高校内部治理模式探究》，潘留仙、陈文联（2016）《民办高校内部治理中校长应有的角色》，刘爽、赵俊芳（2018）《治理理论视域下民办高校发展的三重困境及其路径探析》，刘法威、杨衍（2019）《营利性民办学校协同治理研究——以安徽省肥东县为例》，蓝贤发、黄义灵、陈利平（2019）《新时代民办高校党委发挥政治核心作用的实践探索》，王阿娜（2019）《民办高校内部控制的内涵、特点及基本思路》，任莉娟（2019）《非营利性民办高校董事会制度的探索完善》，惠向红（2019）《论我国营利性民办院校监事制度的法律构建》，李冰、李爽（2019）《党建工作背景下谈民办高校法人治理结构的完善》，杨景斐（2019）《流程再造视野下的民办高校行政管理优化研究》，代雷（2019）《新媒体时代民办高校基层党建工作的创新途径》，张琳（2019）《“放管服”背景下民办高校职称评审权下放机制构建》，冯立、程威（2019）《增强民办高校党建工作实效性的再思考》。以上文章对民办高校治理的现状、困境、原因进行了分析，或以治理理论为基础，或通过案例分析，或从分类管理视角展开论述，或对利益相关者的某一方的治理能力提出整改方案，或探索内部治理的结构和类型，无论是从哪个角度，最终基本上都殊途同归，为民办高校治理现代化的未来发展趋势提出了共治的路径。

（八）关于河南民办高等教育发展相关研究

在中国知网上以“河南民办高等教育发展”为主题进行文献搜索，显示64篇相关文献：朱影影（2019）《河南民办高校服务郑州国家中心城市建设的价值回归研究》，黄磊（2019）《改革开放40年河南省民办高等教育发展的历程、成就与展望》，王安琪（2019）《民办高校办学水平提升路径——基于河南省民办高校的实证分析》，王耀（2019）《河南省民办高等院校融资问题研究》，徐丹阳（2019）《民办高校教师离职原因及对策研究——以黄河科技学院为例》，刘丽（2017）《河南省公共财政对民办教育的政策扶持研究》，王琳玮、周丽华（2013）《民办高等教育结构优化研究：河南实证》，吴少伟（2013）《郑州华信学院发展战略研究》，杨栋（2019）《河南省民办高职院校‘双师型’教师队伍建设研究》，郑应友（2019）《河南民办本科院校发展路径研究》，刘翀（2019）《河南省民办高等教育分类管理研究》，刘志飞（2018）《河南省民办高校教师队伍建设问题及对策研究》，闫书华（2017）《河南省民办高校发展的困境及出路》，张建营（2016）《河南民办高校教育资源整合的机制和路径研究》，马小红（2015）《对民办高校转型发展的思考：河南为例》，岳伟丽（2015）《河南民办高校发展困境与对策研究》，胡大白、王建庄（2017）《河南民办教育发展报告（2017）》，杨存博（2012）《河南省民办高校发展战略研究——以郑州升达经贸管理学院为例》，汤涛（2014）《河南民办高等教育资源配置的思考》，席志超《我国民办高等教育公信力问题研究——以河南省 ZZ 市为例》，王琳玮（2013）《河南省民办高校发展历程及特点浅析》，周丽华（2013）《改革开放以来河南民办高等教育发展历程探析》，傅兰英、郭爱先（2019）《转型发展背景下民办本科高校科研转型研究——以郑州升达经贸管理学院为例》，刘璐璐（2019）《河南省民办高等教育发展中的问题及对策研究》，温会敏（2019）《民办高等教育发展中地方政府职责研究——以河南省为例》等，以上文献分别从某一些侧面介绍改革开放以来河南民办高等教育发展的取得的成绩、面临的现实问题、存在的原因以及新时代背景下发展的机遇、要求。

四、国内外研究现状述评

通过对国外大量民办高校发展相关文献的研读、梳理和归纳，我们发现国外关于私立大学的研究成果视野开阔、视角独特、研究方法灵活，有助于对世界各国私立大学的成长历史、发展概况、办学特色等有大致的了解，为研究我国民办高等教育发展提供理论指导和经验借鉴。

国外私立高等教育的相关研究成果为我们提供了以下几个方面的借鉴内容：第一，民办（私立）高校的发展需要积极响应经济全球化时代“建设创新型国家”的号召，在政府的大力支持、帮助和科学指导下进行自主创新的办学模式探索；第二，从国家到地方的各级教育管理部门需要从思想上提高对民办（私立）高校的重视程度，进而在支持力度上体现“民办（私立）高校是国家和社会教育事业不可或缺的部分”的战略定位，从资金和政策等各个方面对民办（私立）高校的发展和创新进行针对性和实效性的帮助；第三，从国家到地方的各级教育管理部门要充分了解和分析民办（私立）高校与公办高校的相同点与不同点，鼓励和引导民办高校根据自身属性和特点发挥特长、因地制宜，与公立高校优势互补、共同进步；第四，对教师流动和管理制度进行创新，允许教师在公立和民办（私立）高校之间按照相关政策和管理规定实现灵活流动，为民办（私立）高校输入优质师资，使民办（私立）高校教师享受与公办高校教师同等的待遇和权益；第五，加大对民办（私立）高校的扶持力度，除了对民办（私立）高校直接拨款之外，政府还需要加大其他方面的财政补贴，涵盖民办（私立）高校办学所需的许多领域，比如政府可以为民办（私立）高校的教学和科研提供设备、技术服务以及经费保障，重要战略规划和重点领域给予专项资助，为学生匹配大量奖助学金和助学贷款，为学校提供社会捐赠资金的企业减免税收等；第六，民办（私立）高校可以利用学校的影响力等有形或无形资源，通过积极组织对外服务或其他多样化方式，从企业、服务对象、投资领域等渠道为学校创造资金收入；第七，民办（私立）高校要在管理体制和评估制度中进行分层和区分，对学校的各项事务实施针对性的指导和管理，及时向社会和大众公开办学情况。国外私立大学的办学历史比较悠久，办学模式也相对成熟，私立大学的知名度和影响力也比较高。

国内民办高等教育方面的相关研究成果特别多，汤建民、容瑀航（2019）《民办高等教育研究发展又十年：特征与变化——以2009—2018为统计年》一文通过词频分析、共词分析以及知识图谱三种研究方法，对2009—2018年间学术界有关民办高等教育相关的研究成果数量、发表期刊的层次、文献作者的单位分布、研究主题等情况进行计量统计、数据分析和总结整理，并与1999—2008年的十年间民办高等教育研究成果相比，显示2009—2018年的成果数量和质量都取得了突破性进步，表现在文献的作者来自公办高校的比重非常低，基本上出自民办高校，他们对民办高校的发展状况具有更多的实践经验和现实依据，研究成果的可信度、针对性和实效性明显增强。学者研究的主题越来越贴近民办高校发展的实际需要，涉及的领域更加微观，有关于我国民办高等教育政策、法律层面的研究，有关于民办高校发展现状和困境方面的研究，有关于民办高等教育发展历程和发展前景预测方面的研究，有关于民办高校发展国际国内经验借鉴方面的研究，有关于我国民办高校财务治理、民办高等教育经费、民办高校融资、民办高校学费等经济层面的研究，有关于民办高校发展现状和困境方面的研究，还有许多关于民办高校内部治理方面的研究成果，这些成果对民办高校的长远发展有一定的指导意义，为我们下一步的研究做好了理论铺垫，提供了丰富的研究素材，留下了研究空间。总之，不管是研究民办高等教育的哪一个层面问题，都让我们感受到了新时代民办高等教育市场的热度。

同时，这些研究成果也有不足，主要表现在文献发表的渠道比较杂乱，研究成果的层次偏低，发表在高层次学术期刊的比重不高，研究成果的全面性和深入性不够，绝大部分围绕内部治理展开，研究对策和成果的应用和推广价值有待进一步加强。通过对当前国内研究成果的文献综述，我们也可以清晰地看到，已取得的研究成果针对河南省民办高校的个案研究相对较少，理论研究成果多，实证性研究有待加强，经验描述居多，理论提升不够，对策措施较多，可操作性路径缺乏。现实情况是，由于我国各地经济、文化发展不平衡，民办高等教育发展不平衡，河南作为人口大省，教育问题一直都是一个非常热门并需要不断改进和完善的社会话题，需要认真总结、对比各地民办高等教育发展经验，找出优势与不足，同时借鉴国外成熟经验，提出一些可行性建议。本书以河南本土民办高校的实际发展情况作为案例，开展实证性调研和分析，发现问题、分析原因、找到对策，查漏补缺，克服当前研究存在的不足，力求理论上有创新、实践上树典型，为河南省民办高校实现治理体系和治理能力现代化提供政策建议和理论支撑。

五、研究框架和基本思路

民办高校是高校和企业的结合体，既具有高校以创造社会效益为己任的特征，也具有企业以追求经济利益、实现营利为目标的特征。作为国家高等教育的重要组成部分，民办高等教育为社会经济发展培养可用之才的作用举足轻重，民办高等教育的发展离不开当地的政策、经济、人口等红利的支撑，同样，区域经济的发展也需要高校提供与之匹配的人才。民办高校的核心竞争力是指民办高校不断获取、整合和高效利用各项办学资源，对环境变化进行有效反馈的能力，其对法人治理结构、人力资源管理、服务社会等能力的要求越来越高。目前民办高校早已成为中国教育事业发展的重要增长点和促进教育改革的重要力量，其角色不容忽视。随着国家各项改革工作的深入，高等教育的改革越来越重视内涵建设，尤其是对民办高校实施分类管理之后，多数民办高校的创建人选择了非营利性高校，按照《中华人民共和国高等教育法》《中华人民共和国民办教育促进法》《国务院关于鼓励社会力量兴办教育促进民办教育健康发展的若干意见》《民办教育工作部际联席会议 2018 年工作要点》等相关法律或文件要求，“民办高校必须构建依法办学、自主管理、民主监督、社会参与的制度体系，形成自主发展、自我监督的法人治理结构”，这对民办高校的发展提出了更高的要求，也指明了发展方向。

本书首先对民办高校进行科学定位，分析当前民办高等教育发展的社会背景，总结梳理国内外相关研究成果和学术前沿，对河南省民办高等教育发展的历史脉络和发展历程进行整理，对当前河南省民办高等教育发展现状和基本情况进行简要介绍，选取河南民办高校典型代表作为个案进行详细分析，分析河南民办高等教育发展的现实困境与成因，借鉴民办高等教育发展的国内外经验，进行地方性知识、实践经验的学术提升以及国外经验的中国对接与河南践行，最后从认知模式构建、政策路径、制度设计、师资队伍建设、内部治理结构优化等层面对河南民办高等教育发展提出可行性建议。具体而言，本书的主要内容分为以下几个部分。

（一）导言

在进行简要的研究背景介绍和充分的文献综述的基础上，对国内外学者对于私立大学或者民办高校发展相关的研究成果进行清晰、系统的梳理，比如国外有关私立高等教育办学模式、经费情况等基本概况的研究，关于私立大学治理方面的研究等，国内关于民办高等教育政策和法律层面的研究、关于民办高校发展的国内高校发展经验借鉴方面的研究、关于民办高校分类管理方面的研究、关于民办高校发展现状和困境方面的研究、关于民办高等教育发展历程和发展前景预测方面的研究、关于民办高等教育财务和学费等经济层面的研究、关于民办高等教育内部治理研究、关于河南民办高等教育发展相关研究，并概括出主要的研究观点，进而对这些国内外研究成果进行客观的研究现状述评，最后宏观上总结了本书的框架和基本思路。

（二）研究的理论基础和基本概念界定

民办高等教育发展研究涉及管理学、教育学、社会学等多个学科，是一个复杂又系统化的巨大工程，需要多个理论工具作为支撑，根据研究涉及的领域，需要界定民办高等教育发展相关基本概念和梳理所需的主要理论基础。本书主要对民办高等教育、企业治理、大学治理、民办教育资源整合、民办高校核心竞争力等重要的基本概念进行界定，并且概述了本书所需要的九个理论基础，这九个理论基础分别为教育产权理论、利益相关者理论、波特钻石模型、委托—代理理论、公共产品理论、高等教育选择理论、高等教育成本分担理论、利益共享理论、动态股权制。

（三）河南民办高等教育发展历程

改革开放以来，河南民办高等教育经历了从无到有、由弱到强、从小到大的发展演进路径，民办高校的数量、层次、水平、地位等方面都取得了长足进步，成为河南高等教育事业的重要组成部分，成为高等教育改革和发展的重要生长点，为河南高等教育体制注入了新的活力，对满足广大人民群众不断增长的、多样化的教育需求与推进高等教育大众化提供了不竭动力，为建设河南教育强省做出了巨大贡献。本书通过搜集相关文献资料和历史资料，从起步发展阶段（1984—1992 年）、迅速成长阶段（1993—2002 年）、规范发展阶段（2003—2008 年）、内涵提升阶段（2009 年至今）四个时间节点总结了河南民办高等教育发展历史演进脉络和阶段性特征。对河南民办高等教育发展历程的系统回顾有助于了解河南民办高等教育发展历史，从而更加深入地了解河南省民办高校的发展现状，归纳当前河南民办高校的发展机遇，把握新时代教育发展脉搏，找到新的发展路径。接着从三个层面对河南民办高等教育发展的必要性和可行性进行了梳理和总结：其一，河南省高等教育发展的现实需要，面对河南高等教育发展的基本情况，河南民办高等教育发展开拓了高等教育的多元化路径，推动了高等教育的体制化改革，拓展了高等教育的融资渠道，促进了高等教育的人才供应；其二，河南民办高校办学水平提升的需要，河南民办高等教育发展是新时代民办高等教育发展的必然要求，也是河南民办高等教育解决自身困境的需要；其三，河南省和中原经济区经济建设发展的必然要求，河南民办高等教育发展为服务经济发展搭建了三方合作机制平台，为经济发展提供了人力资源支持，为文化产业发展做出了积极贡献。

（四）河南省民办高等教育现代化发展的典型

改革开放以来，河南省民办高等教育经历了萌芽起步、飞速发展、规范化发展和内涵创新等不同的发展阶段，新时代河南省高等教育发展、河南及中原区经济建设发展以及民办教育自身的高质量高水平发展，都为民办高等教育现阶段及未来的转型提出了新要求，在发展历程中河南民办高校的办学规模、办学层次、师资队伍和人才培养质量等方面都取得了非常大的进步，涌现了许多在河南省乃至在全国都很有名气的民办高校，这些学校凭借自己独具一格的办学模式、优越的办学条件、雄厚的办学实力等成为民办高等学校中的佼佼者，比如黄河科技学院、郑州升达经贸管理学院、郑州西亚斯学院、信阳学院等，这些学校为其他民办高校树立了学习和借鉴的榜样，提供了许多优秀的经验。本书主要以目前河南省成长速度最快、学生人数规模最大的民办高校郑州工商学院为例，对河南省民办高校的典型进行全面剖析。首先，从郑州工商学院基本情况、郑州工商学院发展理念和思路、郑州工商学院的管理机构设置、郑州工商学院的社会地位和声誉四个方面介绍了郑州工商学院的概况。接着，通过“素质教育五项工程”和“四个育人”工程分析了郑州工商学院发展的人才培养模式，

“素质教育五项工程”包括思想品德提升工程、书香校园工程、写作与口才训练工程、身心素质训练工程、社会实践工程；“四个育人”工程具体包括坚持良好氛围引领发展、把“文化育人”做活，坚持继承创新融合优势、把“教学育人”做实，坚持科学制度以人为本、把“管理育人”做细，坚持量化标准规范管理、把“制度育人”做严。再接着，从辅导员工作的“一、二、三、四、五、六”方针和班主任工作“六个一”标准两个方面分析了郑州工商学院的学生管理模式。最后，介绍了郑州工商学院的日常运营方式，表现在正思想聚人心，党建工作全面提升；提倡改革促创新，培养应用技术人才；增内涵重实效，提升常规工作质量；优服务讲创新，教辅后勤保障有力；用真心靠口碑，招生工作求真务实。经过全面分析，总结郑州工商学院这所典型民办高校的办学经验。

（五）河南民办高等教育发展现状

通过数据统计对河南目前民办教育基本情况进行概述，河南作为人口大省，占全国总人口的近1/13，经济水平欠发达，教育资源短缺，尤其是高考学子的竞争异常激烈，升学压力很大。虽然近些年河南省教育投入持续增加，但依然难以满足大众的需求，随着老百姓收入水平不断提升和对教育重视程度的不断增强，人们对优质教育的需求越来越迫切。面对人民群众日益增长的教育需求和优质教育资源不足的矛盾，河南民办高等教育为广大学子增加了接受高等教育的机会，河南省民办高等院校办学规模不断扩大，办学层次稳步提升，已进入稳定成长与转型创新阶段，在河南省政府和社会各界以及人民群众的鼓励支持下，河南省民办高校坚持把服务地方经济和学生的综合素质提升作为发展的动力，不断攻克难关、谋求进步，逐步成为河南教育不可或缺的重要力量，为河南省高等教育大众化做出了重要贡献。河南民办高等教育发展取得的成就表现在办学规模居全国第二位、在校生规模稳居全国第二位。办学质量不断提高（比如学校发展水平不断提升、师资水平不断提高、社会声誉越来越好）、政府帮扶力度越来越大（出台政策、积极鼓励扶持，政策倾斜、大力推进发展，强培训、帮助提升水平，规范引导、促进健康发展，示范带动、充分发挥财政资金引导作用）、人才培养质量显著提高。河南民办高等教育发展呈现出办学模式多样化，学生培养方式多极化，办学条件现代化，教育服务理念个体化的特点，也成了经验。由于高等教育市场环境比较复杂，相关民办高校的政策支持不到位，人们对民办高校的偏见等因素，河南民办高等教育在当前呈现出来的劣势也比较明显，比如河南省民办高校数量有限、河南省民办高校办学层次有待提高、河南民办高校地域分布不平衡等。

（六）河南民办高等教育发展困境

通过对河南民办高校发展历程的梳理，借助个案分析方法和文献研究方法，总结出目前河南省民办高校在其发展过程中面临的问题。伴随我国经济的不断发展，河南省为了适应经济发展的需要，必须实现从人力资源大省向人才强省转换，这需要人才提供强有力的支撑。民办高校作为河南省高等教育发展的重要组成部分和有益补充，在发展过程中生源规模位居全国首位，办学质量不断取得新突破，师资力量也逐步提高，学校声誉和社会口碑在全国越来越好，政府对民办高校的支持和帮扶力度也不断增强，逐步形成了结合河南省省情和学校自身校情的特色品牌和有益经验。但我们也应该看到，河南省由于历史原因和经济欠发达等一系列因素，民办高等教育在发展过程中存在数量增长速度缓慢、办学层次不高、地域分布不合理等劣势，导致近几年遇到了许多现实问题，面临着一些发展困境，主要表现在生源与培养困境、政策困境、内部管理困境、师资队伍建设困境等方面。河南省民办高等教育发展的生源与培养困境主要体现在生源竞争异常激烈（包括来自公办高校的竞争、民办高校之间的竞争、新生流失率不断增加），人才培养目标定位趋同化现象突出，人才培养模式与输出应用型技术人才目标错位，专业设置同质化倾向明显。河南省民办高等教育发展的政策困境主要体现在政策落实不到位、执法力度疲软、政府财政支持力度有限。河南省民办高等教育发展的内部治理困境主要体现在内部治理观念缺乏现代治理思维（产权分配不合理、教师团队的构建步履维艰、办学经费紧张、专业设置不科学、品牌和声誉难以树立）、校长及管理人员权力受限、教职工对治理的参与度不高。河南民办高等教育发展的师资队伍建设困境主要体现在师资队伍结构不合理（年龄小，工龄短，工作经验欠缺；学历与职称层次偏低，理论知识储备不够；性别结构不合理，工作效果不现代化），师资队伍稳定性不高（在管理模式上，实行“企业化+行政化”管理；在绩效考核方面，重个人，轻团队；重教学，轻科研；在用人策略方面，重使用，轻培养），教师薪酬待遇待完善（工资水平偏低、福利性薪酬较少），这些问题进一步加剧了河南民办高校管理工作的难度和矛盾。

（七）河南省民办高等教育发展的经验借鉴

我国浙江、湖北、湖南、山东、陕西等地的民办高等教育发展比较成熟，拥有在全国民办高校排行榜上一直名列前茅的佼佼者，从国外的优秀私立大学和国内的知名民办高校发展过程中借鉴和汲取它们的有益经验，对河南省民办高等教育发展的优化升级会有积极的指导意义。本书选取我国民办高等教育发展比较好的地区进行研究分析和梳理总结，对浙江、陕西、福建等地区民办高等教育的优秀案例进行分析，从坚强有力的政府支持、不断开辟新的办学模式、坚持民办高等教育改革创新、致力于民办高等教育的内涵式发展四个方面分析了浙江省民办高等教育发展的经验；从重视民办高校教师队伍建设、实施积极有效的分类管理措施、强调民办高等教育均衡发展、注重加强政府的资金支持四个方面介绍了陕西省民办高等教育发展的经验；从实行营销定位战略、建设教学服务型民办大学、实施4P组合宣传策略三个维度介绍了福建省民办高等教育发展的经验。最后，从实事求是建立扶持性法律法规保障体系；塑造适合自身的高校内部治理模式；实行差异补助，加大政府财政支持力度；拓宽融资渠道，打造多元化经费筹集路径；及时调整专业，不断提高自身综合实力五个维度总结梳理了国外私立高等教育发展对河南省民办高等教育发展的现实启示，又从优化专业设置，重视学生培养改革；更新管理观念，推进现代大学制度建设；坚持内涵式发展，不断提升办学水平三个层面总结了国内民办高等教育发展的可供河南省借鉴的经验。

（八）河南民办高校现代化发展的优化路径

河南民办高校在河南高等教育发展事业中发挥了越来越重要的作用，对河南经济发展也做出了重要贡献。随着新时代的到来，经济结构不断升级，知识生产模式也开始慢慢转型，这些新情况为河南民办高校的发展带来了严峻的挑战。因此，河南省民办高等教育工作的主要任务是：促发展、抓规范、提质量、谋特色。今后需要努力在狠抓政策落地生根上下功夫，努力营造良好环境，吸引社会资本发展教育；在依法规范办学行为上下功夫，坚持正确引导，依法强化监管，推动全省民办教育走现代化发展之路；在提升办学水平上下功夫，引导民办学校将重心转到内涵建设上，真正以质量求生存、求发展；谋求特色上下功夫，引导民办学校充分发挥体制机制优势，及时满足社会需求，不断探索创新，努力打造一批特色学校。所有相关部门一定要全面协调、多方努力，一起为河南民办高校的发展创造良好的环境，最终促进河南民办高校持久、快速的发展。从河南省总体发展情况看，要使河南省达到教育强省的水平，实现将 1 亿多人口的压力转化为人才资源优势的目标，就必须解决民办高校发展过程中存在的主要问题，积极为民办高校发展献计献策。从认知层面、生源与培养、政府支持、内部治理和师资队伍建设五个维度对河南省民办高等教育的现代化发展进行优化路径探索。第一，河南民办高等教育现代化发展的认知优化路径的对策在于坚持正确政治方向，重塑价值取向（坚持社会主义办学方向、坚持以质量求生存的价值取向、坚持以特色谋发展的价值取向、坚持以公益创一流的价值取向）；更新办学理念，找准自身定位；校地有效对接，承担时代使命。第二，河南省民办高等教育现代化发展的生源与培养优化路径在于多种措施提升生源质量，创新人才培养方式，开拓多元化、现代化教育教学模式，不断优化学科专业结构。第三，河南民办高等教育现代化发展的政府支持优化路径在于加大相关民办高校发展的政策扶持力度（狠抓政策落地、努力营造环境、吸引社会资本），完善相关扶持民办高校发展的制度体系建设（大力提高民办高校的法律地位、加快推动民办高校分类管理试点、着力保障民办高校教师平等地位、保障民办高校的法人财产权），构建有利于民办高校良好发展的外部环境（扩大民办高校办学自主权、调动社会力量参与民办高校治理）。第四，河南民办高等教育发展内部治理优化路径在于完善学校董事会制度（修订规范大学章程、强化党委的主体作用、丰富学校董事会成员结构、规范董事会的运行程序），严格落实校长负责制（制定科学合理的校长选聘制度、建立严格的校长核准制、建立利益共享制、引入动态股权制管理模式、优化组织结构），建立健全学校内部监督机构（建立监事会制度、成立教职工代表大会），完善学校内部运行机制（建立教职工激励机制、建立冲突处理机制、完善教职工参与治理保障机制、建立学生淘汰机制）。第五，河南省民办高等教育发展的师资队伍建设优化路径在于强化“利益共享”的共同认知机制（营造被尊重和有尊严的优良环境、遵循教学规律、健全决策机制，树立教师的主人翁地位），完善开放民主的教师管理体制，构建民办高校教师资源共享平台，提高民办高校教师待遇和地位（薪酬设置合理化、绩效考核差异化、晋升渠道公平化）。通过具体策略的分析和探索，科学构建具有可操作性的实践路径。

（九）结语

面对我国当前经济社会发展进入产业结构升级的新形势，河南民办高校发展也面临着新特征和新转变，总体表现在五个方面：其一，在发展理念层面，民办高校必须增强质量意识、责任意识、竞争意识、危机意识，把对接产业升级需求、全面培养人才质量、优化内部治理作为学校发展的生命线，在理念上改变以往追逐利益、规模扩张、浮躁投机的不良思想，积极朝注重内涵、热心公益、求真务实、长远现代化的发展理念上转变；其二，在发展定位方面，紧紧围绕供给侧结构性改革的指导思想，把人才供给的主动权从高校供应方的视角转向企业需求的角度，把民办高校对市场敏锐的嗅觉优势充分发挥出来，在专业设置上改变以往综合全面、同质化明显的定位，积极朝突出地方特色、适销对路、强调专业设置的合理性和应用性方向转变；其三，在发展方式方面，伴随高等教育大众化时代的到来，内涵式、高质量发展逐步取代了外延式、规模化发展，民办高校发展的中心必须改变以往“数量+规模”“外延+粗放”的思路，积极朝“质量+内涵”“内涵+集约”的发展方式转变；其四，在发展动力方面，伴随人民对满意教育需求的日益增长，深化改革和注重创新成为全民全行业发展的动力源，民办高校应该借助灵活的办学体制，积极投身于系统化、全面化的改革浪潮中，在学校的发展动力方面改变以往“追加投资+抢夺生源”的“投资+资源”驱动，积极朝“面向市场+深化改革”的“改革+创新”驱动转变；其五，在发展保障方面，随着国家治理体系和治理能力现代化的不断推进，依法治校和提升治理能力成为民办高校实现现代化发展的重要保障，优化内部治理结构，完善内部治理体系，全面激发所有利益相关者的积极性和创造力成为民办高校发展的工作重点，推动内部治理由以往的“集权+家族”管理朝“民主化+法治化”方向转变。

本书拟解决的关键问题主要为以下几个。

第一，对河南民办高校代表现状的调研，所提建议必须结合具体的研究对象，才具有可操作性。本书对郑州工商学院内部治理结构问题进行了访谈和问卷调查，以及数据和资料的收集与整理，为课题的研究提供数据支撑和理论依据。如发挥党委的主体作用方面，郑州工商学院正在实行的治理方式为，在各支部设置党务专员，聘任理论知识、实践能力强的专人负责党建工作，目前已经取得初步成效，对于内部治理具有很强的指导意义。第二，对河南民办高校内部治理结构存在问题和原因的分析。结合调研得出，河南民办高校内部治理结构的问题主要有董事会越位管理学校事务、校长及管理人员变动频繁、教职工对治理的参与度不高、内部监督主体缺位；查找并分析导致内部治理结构问题的原因，主要包括学校董事会决策机制不科学，校长及管理层职权受限，内部监督主体缺位。第三，经验总结和优化民办高校现代化发展路径探索。本书在浙江、陕西、福建等地区的民办高校内部治理发展实例，吸取其优秀经验，进而针对性地对河南民办高校内部治理进行了实证调研，为研究提供数据支撑和参考。与此同时，郑州工商学院作为河南省知名的民办高校，通过分析问题和总结原因，提出民办高校治理体系和治理能力现代化的建议，对其他院校完善内部治理结构具有较强的指导意义。针对问题和原因，提出了完善学校董事会制度、严格落实校长负责制、建立健全学校内部监督机构、完善学校内部运行机制的对策，探讨了利益相关者（学生）淘汰机制与内部治理效用的关联性，提出了利益相关者共治等完善民办高校内部治理结构的对策。

第一章

研究的理论基础和基本概念界定

民办高等教育发展研究涉及管理学、教育学、社会学等多个学科，是一个复杂又系统化的巨大工程，需要将多个理论工具作为支撑。根据研究涉及的领域，需要界定民办高等教育发展相关的基本概念和梳理所需的主要理论基础。

第一节　民办高等教育发展相关基本概念界定

一、民办高等教育

对民办高等教育的内涵解释，不同学者从不同的视角给出了不同的解释。我国著名高等教育研究专家潘懋元先生在他的《关于民办高等教育体制的探讨》一文中认为："民办学校，实质上相当于私立学校。"① 它与公立大学的不同点表现在两个方面：一是民办学校由公民私人创办，二是创办学校的资金不是依靠政府直接拨款，而是由创办者自己筹集，这一点恰恰是民办学校的本质特征。魏贻通教授认为："在建国初期，私立高等学校经过接收、调整等程序直接改为公办学校或者将其合并为公办学校。"② 林佑祥认为："民办高等教育是指建立在基础教育之上，由民间力量实施、培养专门人才的有目的的社会实践活动。民办高等学校则是办学经费主要源于私人和民间法人，并由私人和民间法人管理和经营、实施高等教育的机构。包括各种独立的私立大学、私立专修学院、私立职业技术学院、私立函授学院、民办二级学院、中外合作办学创办的高等教育机构等。"③ 吴中魁教授认为："民办高校

① 潘懋元. 关于民办高等教育体制的探讨［J］. 上海高教研究，1988（3）.

② 魏贻通. 民办高等教育研究［M］. 厦门：厦门大学出版社，1991.

③ 林佑祥. 适度盈利与民办高等教育的发展［M］. 南京：南京师范大学出版社，2003.

长期与社会力量办学等同使用，只要不是国家和政府机构，只要不利用国家财政性经费，所举办的学校或教育机构均在社会力量办学之列。”① 刘莉莉在《中国民办高等教育发展的研究》一书中指出，民办高校与公办高校的区别要点在于是否由国家或地方政府之外的组织或者个人创办、经营，是否依靠来自政府之外的经费运营和发展，是否实施自负盈亏的运作模式。

由此可见，学者专家对民办高等教育内涵的界定主要是围绕办学主体、经营主体、办学资金的来源、办学服务对象四个方面展开。《中华人民共和国民办教育促进法》规定：“国家机构以外的社会组织或者个人，利用非国家财政性经费，面向社会举办学校及其他教育机构的活动，适合本法。”从规定的文件精神和文字描述中我们可以清晰地看到，并没有确切地对民办教育内涵进行界定，但这一概念的指标和方向是比较明晰的，第一个指标是办学主体维度，第二个指标是办学资金来源维度，第三个指标是办学服务对象维度。因此，本书对民办教育内涵从以下三个维度进行分析和归纳：首先，从办学主体维度看，民办教育的举办者是国家或地方政府之外的组织或者个人，或是独立个体创办，或是多方主体联合创办；其次，从办学资金的来源维度看，民办教育的办学资金依靠来自政府财政之外的经费，或是办学个体自筹经费，或是来自社会力量捐赠，或是联合主体融资等；最后，从办学服务对象维度看，民办教育的生源或服务对象面向全社会，提供的教育产品和学习服务自主性更大，或是私人定制，或是通识教育，或是专业技术培训，形式比较灵活，可能是私立学校，也可能是其他类别的教育机构或者组织。依据民办教育的内涵分析，本书将民办高等教育的概念表述为：国家或地方政府之外的组织或者个人独立创办或多方主体联合创办，依靠来自政府财政之外或是办学个体自筹或是来自社会力量捐赠或是联合主体融资等方式筹集办学资金，面向全社会提供自主性更大的高中后教育产品和学习服务的活动。结合当前我国民办高等教育的实际情况而言，办学类型依据教育产品的系统性和稳定性差异主要存在四种模式：民办高等学历教育、高等教育学历文凭考试、高等教育自学考试社会助学和民办非学历高等教育。② 需要说明的是，本书的研究对象是民办高等学历教育，其他三种暂不涉及。

我国人口占据世界五分之一，高等教育还没有实现全面普及，公办高等教育的资源有限，供给不足以满足大众教育需求，政府的教育财政投入能力局限，但随着经济收入的不断提升，人们对精神文明和美好生活的追求越来越高，具体到教育层面自然体现为不断提升的高等教育的需求。因此，民办高等教育发展的意义至关重要：有助于弥补公办教育的供给不足，扩大和满足内需，推动经济增长；也有助于提高人口素质，提升国民文化素养，加快教育现代化进程，推进教育强国步伐，满足人们对多元化教育、个性化教育和差异化教育的追求。我国民办高校发展状况近十年数据统计见表1-1。

---

① 吴忠魁．私立学校比较研究——与国家关系角度的分析［M］．北京：北京师范大学出版社，1999.

② 王虹．民办高等教育的现状分析及发展对策研究［D］．天津：天津大学，2004：2.

表 1-1　我国民办高校发展状况近十年数据统计

年份	民办高校/所	在校总人数/万人	全国高校总人数/万人	占全国高校在校生比例/%
2009	642	446.14	2 144.66	20.8
2010	676	476.68	2 231.79	21.36
2011	698	505.07	2 308.51	21.88
2012	707	533.18	2 391.32	22.3
2013	718	557.52	2 468.07	22.59
2014	728	587.15	2 547.7	23.04
2015	734	610.9	2 625.3	23.27
2016	742	634.06	2 695.84	23.52
2017	747	628.46	2 753.59	22.82
2018	749	649.6	2 831.03	22.95

数据源于 2009—2017 年全国教育事业发展统计公报和教育部介绍 2018 年教育事业发展有关情况的数据

二、企业治理

国内外学者研究企业治理的侧重点不同，所以对于企业治理的定义还没有形成共识，目前主要的观点有以下几种。

第一，国外学者比较强调企业治理中各个主体之间的相互制衡作用。如吴敬琏指出，企业治理的关键是企业所有者、企业成立的董事会和企业的经理人对权力的制衡问题，企业治理结构要想合理和科学，企业内部各成员之间必须具备明确的权责区分。

第二，国内许多学者比较认同的观点是，企业治理的中心问题在于对所有权的安排。如张维迎认为，企业治理的内涵在广义上与企业所有权基本等同，且企业所有权由剩余索取权和剩余控制权两部分构成。杨瑞龙在肯定和认可张维迎的观点基础上，提出了企业治理的中心问题在于想办法取得企业剩余索取权和剩余控制权两个部分的对应，只有这两者相互对应之后，才能把企业充分激励和调动每一个个体的最大能动性，进而让企业经营者在追求利益最大化的过程中，学会保护企业治理中每一个利益相关者的合法权益。李维安也认为，企业治理结构实质上是一系列契约的集合体，所谓一系列契约的签订者不仅仅包括企业所有者、企业成立的董事会和企业的经理人，也包括产品的消费者、投资人和债权人，所以企业履行契约的时候不仅仅要考虑所有者和经营者的切身利益，更需要维护市场中所有利益相关者的合法和合理权益。

第三，突出了市场机制在企业治理过程中的重要作用。比如林毅夫指出，企业能否健康发展，关键要看市场利润率的形成是否良好健康，因为科学合理的市场利润率是企业经营者经营能力和水平的试金石，而这种市场监督和约束恰恰是企业治理结构的关键所在。

第四，突出了科学决策对企业治理的关键性作用和影响。比如李维安认为，企业治理绝不是为制衡而生，制衡不是目的，治理制度评估的指标，既要依据企业内部权力制衡情况，更要依赖于能否给企业带来高效的运行结果，是否让企业所有参与的利益相关者合法权益都得到有效保障，因此，企业治理并不是为了达到相互制衡的目标，而是通过制衡的方式或途径推动企业进行更加科学正确的决策。

综上所述，企业治理的内涵从狭义的角度来看，指的是企业所有者借助一系列制度设计，来界定、配置或划分自身与经营者之间权责关系问题，实现对经营者全方位的监督与制衡目的的制度安排。企业治理的最根本目标是实现企业所有者（主要是股东）的利益最大化，避免经营者的行为背离所有者的最终利益，企业治理的途径是利用股东大会、董事会、监事会以及经理人等形成的企业治理结构所实施的内部治理手段。从广义的角度来看，企业治理的内涵则是指借助一系列制度安排，使企业与内部和外部的所有利益相关者之间达成利益的协调或平衡，旨在通过制衡的方式或途径推动企业进行更加科学正确的决策，进而让企业所有的利益相关者合法权益都得到有效保障。这个内涵中的制度安排包括正式的方法或非正式的手段，也包括内部层面和外部层面的制度，所有利益相关者不仅仅包括企业所有者、企业成立的董事会和企业的经理人，也包括产品的消费者、投资人和债权人，还包括其他潜在的利益相关方。企业治理包括内部治理和外部治理，内部治理又包括治理结构（即“三会一层”，股东大会、董事会、监事会和高级经理层）和治理机制（决策机制、权力机制、选择机制、激励机制、约束机制等），外部治理包括治理体系（产品市场体系、证券市场体系、金融机构体系、法律法规等）和治理机制（投资机制、竞争机制、选购机制和归置机制等），如图 1-1 所示。

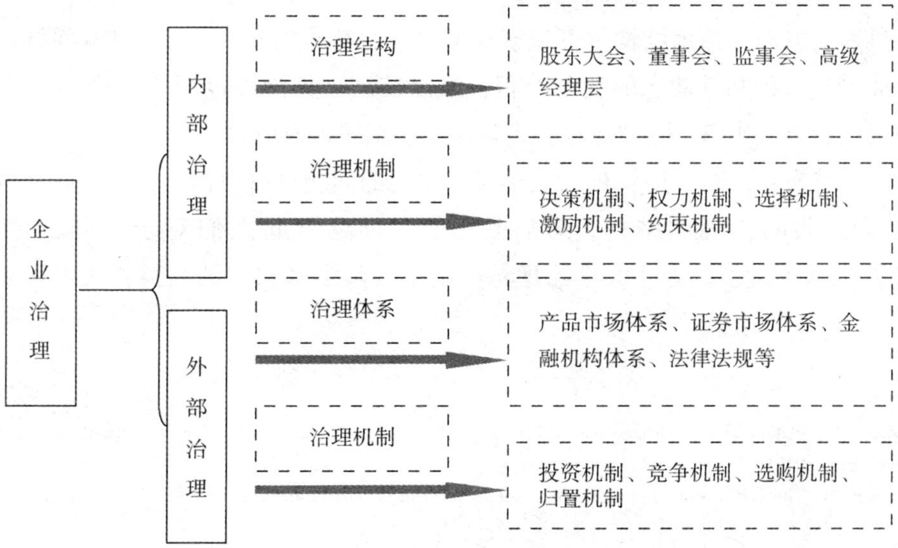

图 1-1　企业治理

民办高校是高校和企业的结合体，既具有高校以创造社会效益为己任的特征，也具有企业以追求经济利益、实现营利为目标的特征。大学治理的内涵源自企业治理，因此，企业治理的内涵有助于我们更好结合企业和高校两者的特点，优化民办高等学校的内部治理。

三、大学治理

大学作为公众认可的非营利性教育机构，绝不能仅仅为了达到追求资本或利润的目的，而要切实在维护学生身心健康基础上提升整体国民的教育水平和综合素养，由此可见，大学不仅仅关系个人利益，更关系国家和民族的兴盛和现代化发展，它体现的不仅仅是每一个个体的利益，更涉及全体大众的公共利益。所以，大学治理与企业治理相比，难度系数更大，情况更为复杂，但大学治理又源自企业治理，在治理过程中也要像企业治理一样，让所有的利益相关者合法权益都得到该有的保护，尤其是教育对象的利益保障，更要放在突出位置。

国外对大学治理概念的研究比较早，观点也比较多，卡耐基高等教育委员会认为："大学治理是作决策的结构与过程，不同于行政与管理。"① 美国著名学者罗伯特·伯恩鲍姆认为"大学治理是两种不同但合法的组织控制力与影响力得以平衡的结构和过程，一是董事会和行政机构基于法定掌握的权力，二是教师基于专业权力所持有的权力。"② 此外，美国学者西蒙·马金森和马克·康斯丁指出："大学治理涉及大学内外关系，内部关系要素包括价值取向、使命和目标、决策和资源分配机制、等级权利形式等；而外部关系主体包括政府、市场和大学外的各种学术领域。"③ 国内学者对大学治理的研究始于张维迎教授的《大学的逻辑》一书，他对大学治理的解释是与企业治理进行类比后找出非营利性差异展开的，他认为，大学的目标与企业一样要通过一系列制度安排实现（又称治理结构）。刘献君认为："大学治理是大学内外利益相关者参与大学重大事务决策的结构和过程，主要有治理结构和治理过程两方面。治理结构是可观察与可控制的基本制度安排，一切决策活动都基于结构展开。而治理过程则是动态的变化过程，难以控制，且治理过程主要受到'人'的因素与文化因素的影响。"④ 王洪才强调："大学治理包括了四种含义：一是结果，即大学内部形成一种和谐的状态；二是手段，即对大学发展出现的问题进行整治；三是结构，即建立人人可以参与从而共同治理的结构；最后是目标，即建立起人们对于共同价值追求的文化。"⑤ 李维安和王世权认为"大学治理是行政权力与学术权力的利益相关者博弈均衡的概要表征。"⑥

---

① Carnegie Foundation for the Advancement of Teaching. Gover-nance of higher education: six priority problem [M]. New-York: McGraw-Hill, 1973.

② Bimbaum R. The end of shared governance: Looking a-head or looking back [J]. New Direction for Higher Education, 2004 (12).

③ 徐绪卿. 我国民办高校治理及机制创新研究 [M]. 北京：中国社会科学出版社，2017.

④ 洪源渤. 共同治理——论大学法人治理结构 [M]. 北京：科学出版社，2010.

⑤ 王洪才. 大学治理的四种内涵 [J]. 苏州大学学报（教育科学版），2015，3 (04)：17-19+22.

⑥ 李维安，王世权. 大学治理论 [M]. 北京：机械工业出版社，2013.

本书认为，大学治理就是在政府宏观调控之下，主要依靠大学自身通过准市场方式对资源合理配置，维系好各个利益主体关系，依法依规、各司其职、积极工作、合作共赢，达到促进大学良性运转、实现大学内部和外部协调现代化发展的管理过程。大学治理的主体涉及学生、老师、社会、高校等多个方面，治理的过程包括大学内部治理和外部治理。现代大学治理受各种因素影响，形成了四种治理模式：学术治理、科层治理、共同治理、企业化治理，如图 1-2 所示。

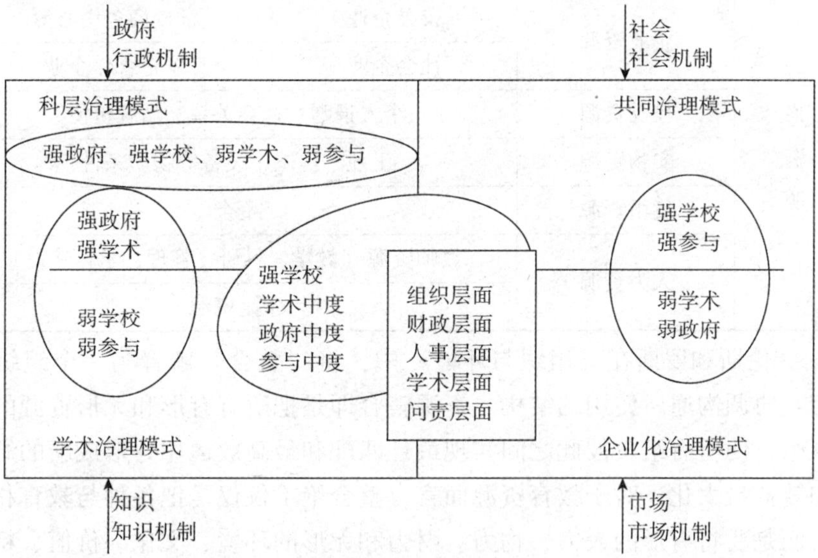

图 1-2 现代大学的四种治理形态

现代大学的四种治理形态随着时代进步和国家治理能力与治理体系现代化步伐的不断深入，已经由过去政府行政机制管控为主的方式，走向围绕市场机制展开的自治模式，治理的方式方法更加民主和灵活。尤其对于由非政府力量创办的民办高校而言，学术、政府等力量在大学治理过程中逐步弱化的现象越来越突出，为优化大学内部治理体系留下研究空间。

四、民办教育资源整合

教育资源是教育教学活动中需要具备的各类软件和硬件的总和，王善迈将其描述为："教育资源是教育领域通过社会总资源配置所取得的所有人力资源、物力资源和财力资源的总和。"① 田秀萍认为："教育资源包括自有教育活动以来，在长期的文明进化和教育实践中所创造积累的教育知识、教育经验、教育技能、教育资产、教育费用、教育制度、教育品牌、教育人格、教育理念、教育设施以及教育领域内外人际关系的总和。"② 结合教育资源的特征和河南民办高校自身的特点，本书将教育资源分类如下，见表 1-2。

---

① 王善迈. 教育经济学简明教程［M］. 北京：高等教育出版社，2000.

② 田秀萍. 职业教育资源论［M］. 北京：光明日报出版社，2010.

表 1-2 教育资源分类

<table>
<tr><td rowspan="12">教育资源</td><td rowspan="4">无形资源</td><td>品牌资源</td><td colspan="2">号召力、影响力、社会地位</td><td rowspan="8">间接资源</td></tr>
<tr><td>校园文化资源</td><td colspan="2">办学理念、办学精神、校园文化</td></tr>
<tr><td>制度资源</td><td colspan="2">管理制度、管理风格</td></tr>
<tr><td>知识资源</td><td colspan="2">知识产权、专利、成果</td></tr>
<tr><td rowspan="8">有形资源</td><td>政府资源</td><td colspan="2">资金、实物、政策</td></tr>
<tr><td rowspan="2">企业资源</td><td>校办企业</td><td>学校商务中心等</td></tr>
<tr><td>社会企业</td><td>校企合作企业</td></tr>
<tr><td>校友资源</td><td colspan="2">个人捐赠、社会关系、品牌价值</td></tr>
<tr><td>实物资源</td><td colspan="2">土地、房屋、设备等物质条件</td><td rowspan="4">直接资源</td></tr>
<tr><td>货币资源</td><td colspan="2">资金</td></tr>
<tr><td rowspan="2">人力资源</td><td colspan="2">教师资源（教学、科研、管理、学科建设）</td></tr>
<tr><td colspan="2">学生资源</td></tr>
</table>

1969 年，劳伦斯和罗斯在《组织与环境》中，将“整合”解释为一个组织或单位内各个部门之间相互协调沟通所使用的结构。资源整合即是把所有有形和无形资源的各个要素之间进行协调重组，使所有组员彼此之间实现最佳匹配和最高效运作并形成新的结构，达到整体系统价值和效益最大化。对于教育资源而言，整合绝不仅仅是把各种与教育相关的资源进行简单组装，而是要将有形的人力、物力、财力和无形的环境、文化、价值、精神等全部进行协调重组的动态过程。鉴于此，民办高等教育资源整合的内涵是在民办高等教育发展进程中，为实现教育价值最大化和教育效果最优化，通过政府宏观调控，主要由民办高校把自身拥有的内外部所有教育资源进行科学合理高效利用的一系列动态过程，包括学校内部资源，更包括学校外部的其他资源。

五、民办高校核心竞争力

核心竞争力是不断发挥自身特色，形成不可模仿的且具有现代化发展优势的一种超强竞争力。① 对于民办高校而言，核心竞争力没有固定的指标和内涵，不同的学者给出了不同的答案。有的从民办高校办学目标入手，认为民办高校的核心竞争力在于全心全意为学生提供满意的教育和服务，注重人才培养方案的建设，比如宣玉莹（2019）的《民办高校核心竞争力研究》②。有的从民办高校的定位入手，认为民办高校是应用技术型人才的供应商，需要时刻把握时代脉搏和市场劳动力需求，改需求侧为供给侧，把为社会培养应用技术型人才和提高毕业生的就业率作为自己的核心竞争力，比如吴宇梦、丘晓静、徐超（2019）的

① 王长旺. 关于我国民办高校核心竞争力的研究［D］. 福州：福建师范大学，2008：21.

② 宣玉莹. 民办高校核心竞争力研究［D］. 长春：长春工业大学，2019.

《供给侧改革视域下民办高校大学生就业核心竞争力调查分析》①。有的从民办高校的品牌效应入手，认为品牌建设是民办高校发展的生命线，一定要集高校全力打造独属于自己的品牌、想尽一切办法传播和扩大品牌影响力，这才是作为民办高校能够屹立于高等院校之林的核心竞争力，比如周更生（2019）的《民办高校品牌建设策略研究》②。有的从内部治理能力的角度入手，认为不断优化和提升自身的内部治理能力，不断实现治理现代化，才是民办高校提升自身核心竞争力并实现现代化发展的关键，比如孙践（2018）的《基于核心竞争力的四川民办高校内部治理研究》③。

综上所述，本书认为，民办高校核心竞争力绝不是某一个或者某两个固定的要素，必须是在坚持社会主义办学方向的基础上，符合时代发展要求，更符合自身学校实际，在长期的教育教学实践过程中逐步积累和探索出来的具有独特性、可操作性、可传承性、现代化性、不易被简单复制的能力，既可以表现为校风学风、学校文化、独树一帜的人才培养方案、超强的内部治理能力等软实力，也可以表现为教育教学、科研实力、就业能力等硬实力。总而言之，民办高校必须不断发展完善各方面的实力，坚持全心全意为学生、社会、家长服务的立场，不断突破自我，形成独立自主、独一无二的具有品牌效应的持久性、稳定性实力，这是学校长治久安的生命线和生命力。

六、高校办学定位

艾里·里特与杰克·特劳特在《广告时代》发表了定位观点："定位，是从产品开始，可以是一件商品，一项服务，一家公司，一个机构，甚至于是一个人，也可能是你自己。定位并不是要你对产品做什么事情，定位是你对产品在潜在顾客的脑海里确定一个合理的位置，也就是把产品定位在你潜在顾客的心目中。"定位的精髓在于攻心，终极指标是受众的需求。应用型民办高校办学定位是选择应用型大学作为办学方向的民办高校在办学过程中按照自身实际情况、学校的职责、国家民族社会家长和学生的需求，依据高校类型的差别和各个层次划分标准，再经过横向和纵向分析与比较，做到知己知彼，找准自身优势和劣势，尽可能扬长避短，找到自身在整个高等教育系统，尤其是应用型民办高等院校系统中的合理定位，进一步科学准确把握自身角色和使命，明晰服务对象、发展目标、社会责任等一系列长远又系统的战略规划活动。简而言之，高校办学定位一所应用型高校当下及今后长时间发展的目标。办学定位是应用型高校的根本，决定着学校的发展目标和走向趋势，在高校发展中起基础性和导向性的作用，具体展现在办学目标、历史、条件、特色、质量、环境等方面。应用型高校办学定位涉及人才培养模式定位、学科专业定位、服务面向定位等方面。

---

① 吴宇梦，丘晓静，徐超. 供给侧改革视域下民办高校大学生就业核心竞争力调查分析［J］. 教书育人（高教论坛），2019（3）.

② 周更生. 民办高校品牌建设策略研究［J］. 经营与管理，2019（5）.

③ 孙践. 基于核心竞争力的四川民办高校内部治理研究［D］. 成都：西南民族大学，2018.

第二节　民办高等教育研究相关的理论基础

一、教育产权理论

产权理论是经济学研究的焦点，它的概念是 Coase 在 20 世纪 30—60 年代提出来的。Coase 指出，产权分配是所有经济活动的基础，明确划分产权，有利于减少交易支出与社会投入，以实现资源的合理安排，促进经济发展。① 张五常认为，产权是一个拥有使用权、收入权和转让权等众多权力的集合体概念，并且可以被分割。Furubotn 等学者提出，“产权是因为物的投入而跟人类活动产生关联，产权安排的详细内容划分了人类活动和物之间的准则，人类在打交道时必须遵循这些准则，否则将为违背此类准则而支付成本”②。Alchian 从社会制度的角度出发，指出产权界定了包括收入、成本、效益等权力分配的标准和尺度。

由此可见，产权划分了企业各个主体之间的权力和行为。产权理论一度是“股东利益至上论”的法理依据，但随着时代进步，现代企业呈现出所有权和经营权分离等多样化的产权结构，产权的概念被无限扩大，包含了所有交易方的物权、债权、人力资本、社会生态环境、市场环境、智力成本等多重要素。因此，对于产权的分配就不能简单地被局限在股东一方了，而是要平等、公正、公平地考虑参与企业运营的各个主体。

结合民办高校的资本要素，民办高校产权理论建立在企业产权理论基础上，同时又显示出教育行业和教育产权的特殊性。民办高校的人力资本是核心资源，这一点与企业产权有很大不同。著名教育家潘懋元先生指出，“民办高校实质上是各产权主体按照一定的规则签订相应的‘合约’而组成的集合体”。民办高等教育产权的明晰和界定对民办高校的发展意义重大，直接关系民办高校的定义是按照出资方、创办者界定还是按照学校的产权归属来界定，还关系到民办高校发展与长治久安的责任归属。汤保梅认为：“教育产权源于教育资源的稀缺性，是教育主体对教育客体所具有的所有、占有、使用、支配权力。民办高校的运作应该在清晰的教育产权、有力的教育产权约束、合适的教育产权交易类型、完整有效的教育产权、灵活低廉的产权界定技术成本等方面努力。”③ 马玉梅也认为：“教育产权是学校运行的核心，建立归属清晰、责权明确、保护严格、流转顺畅的民办教育产权运行机制，是实现民办教育资源优化配置，提高民办教育办学效益，提升民办教育办学质量的必然要求。”④ 本书鉴于当前学术界对民办高校利益各方——学校发展和管理的执行者（校长）、党委领导班子、教师、学生等人力资本和学校出资方、投资者或创办者之间关于学校权、责、

---

① Coase R H. The problem of social cost［M］//Classic papers in natural resource economics. Palgrave Macmillan, London, 1960.

② Furubotn E G, Pejovich S. Property rights and economic theory: a survey of recent literature［J］. Journal of Economic Literature, 1972, 10 (4): 1137-1162.

③ 汤保梅. 教育产权理论对民办高校运作的启示［J］. 中州学刊, 2011 (2).

④ 马玉梅. 我国民办教育产权运行机制研究［D］. 济南：山东师范大学，2006.

利划分与配置问题的争论，将提出自己的建议。

二、利益相关者理论

企业利益相关者“stakeholders”一词的起源可以追溯到20世纪60年代，该词语用来表示与企业有密切关系的所有人①。学者通常将 Freeman 于1984年出版的《战略管理：一种利益相关者方法》一书当成利益相关者理论的开山鼻祖。Freeman 在书中指出“企业利益相关者是那部分可以对企业规划实施产生影响，或是会受到企业规划实施流程影响的所有个人与群体”②。Freeman 还从所有权、经济依附性与社会效益三个存在极大区别的视角对企业利益相关者做了划分，企业的利益相关者被归纳为股东、聘任人员、供应商、用户、社会与国家等六个方面——他们在不一样的程度上被企业活动所影响。③ Clarkson 根据不同利益相关者可能对企业产生的不同影响，把利益相关者分成主要利益相关者与普通利益相关者，主要利益相关者对于企业成长与发展具有无法替代的作用，其中包含股东、出资人、员工、消费者、供应商、国家与社区等，普通利益相关者指的是企业经营可能对其产生作用的组织或个体，如媒体机构、民间组织等。④ 学术界关于企业利益相关者定义的国内外研究成果有许多，大致观点见表1-3。

表1-3　企业利益相关者定义的国内外研究综述

年份	提出者	企业利益相关者定义
1963	Stanford	企业利益相关者就是缺少他们的支持，企业就不能生存和发展的个体
1964	Rayman	企业利益相关者需要企业为他实现目标，而企业也依靠他们来维持生存与发展
1971	Olstead	企业利益相关者是企业的参与者，他们为资金的利益与目标所驱动，而企业为了生存必须依赖利益相关者
1984	Freeman	企业利益相关者是能够影响一个企业目标的实现，或者他们自身也受企业实现其既定目标的影响
1987	Cornel	企业利益相关者是一些与企业有契约关系的要求权人
1988	Even	利益相关者是在企业中有一笔赌注的人
1988	Bowie	企业没有企业利益相关者的支持，组织将无法生存
1989	Alkhafaji	企业利益相关者是企业对其负有责任的人
1989	Carroll	企业利益相关者能以法律的名义或所有权对企业财产行使收益的权力
1990	Freeman	企业利益相关者是与企业有契约关系的人
1991	Thompson	企业利益相关者是某个与企业有关系的人

① 贾生华，陈宏辉．利益相关者的界定方法述评［J］．外国经济与管理，2002，24（5）：13-18．

② Freeman R E．Strategic management：A stakeholder approach［M］．Cambridge university press，2010．

③ 李哲非．关键利益相关者组合视角下企业社会责任投资策略的研究［D］．长春：吉林大学，2019．

④ Clarkson M E．A stakeholder framework for analyzing and evaluating corporate social performance［J］．Academy of Management Review，1995，20（1）：92-117．

续表

年份	提出者	企业利益相关者定义
1991	Savage	企业利益相关者会影响企业的活动
1992	Hill、Jones	企业利益相关者是一些团体，他们对企业有合法的要求权
1993	Brenner	企业利益相关者与企业有着合法、长期和稳定的关系
1993	Carroll	企业利益相关者在企业中投入资产，构成形式上的赌注，并通过赌注影响企业活动，或受企业活动的影响
1994	Freeman	企业利益相关者是企业价值创造的参与者
1994	Langtry	企业对利益相关者承担明显的责任，或者企业利益相关者对企业有道德与法律上的要求权
1994	Starlk	企业利益相关者向企业投入赌注，他们会受企业的影响，也可以影响企业活动
1994	Clarkson	企业利益相关者在企业中投入价值物，并承担风险
1994	Nasi	企业利益相关者是对企业拥有所有权、与企业有联系的人
1995	Brenner	企业利益相关者是在企业活动中有合法利益的人或团体
2002	陈宏辉	企业利益相关者是在企业中投资并承担风险的个体或群体

（摘自李哲非①博士论文）

综合以上研究成果的观点，民办高校的利益参与主体非常多元，包括学校出资方、投资者或创办者，学校发展和管理的执行者（校长），党委领导班子，科级以上管理人员，广大教职工，学生，学生家长，社会组织或团体力量，校企合作企业，政府，媒体等。在众多的利益相关者中，按照角色分工的差异，利益相关的程度不相同。其中，学校出资方、投资者或创办者是民办高校资金的来源方和学校运营利益的最大受益者；学校发展和管理的执行者（校长）是学校治理和经营的实际操作者，或被称为职业经理人，本质上也属于和科级以上管理人员、广大教职工一样的受雇人和利益相关者，但由于其身份的特殊性和对学校效益的巨大贡献，现实中有可能被出资方赋予董事会成员或其他额外激励性权利，在利益相关程度方面呈现出更高的利益关系，对民办高校发展有着至关重要的作用，党委领导班子也可以归于这一类；科级以上管理人员、广大教职工、学生等既是学校教育教学活动的第一参与人，也是学校发展和学校利益的受益者，其利益相关程度不言而喻，直接关系民办高校发展的质量；学生家长，社会组织或团体力量（校友会等），校企合作企业，政府，媒体等作为民办高校运转的间接参与方，都在某一层面对学校发展起到穿针引线、牵一发而动全身的作用，通常是借助法律关系、政策制度安排享有相应的权利或承担相应的职责，都是缺一不可的，属于间接利益相关者。

利益相关者理论对民办高校发展的意义非常重要，因为对于民办高校发展而言，只有充分调动各个利益相关者的积极性、主动性和创造性，使所有利益相关方共同努力，才能实现

① 李哲非．关键利益相关者组合视角下企业社会责任投资策略的研究［D］．长春：吉林大学，2019.

学校的效益最大化。民办高校发展是一个系统性工程，涉及方方面面的利益、矛盾，在办学过程中必须照顾到各方的利益，不能过度强调某一方，而忽略其他方的作用，只有形成各个利益主体的合力，凝聚共商、共建、共享的意识，才能全面推动学校的良性运转和健康发展。

三、波特钻石模型

波特钻石模型“用来对一个国家如何做才能形成整体优势的这一行为展开分析，继而使这个国家在国际上能具有一定的影响力从而演变为竞争力”。[①] 该理论对于民办高校如何提高核心竞争力有很重要的借鉴意义，由此可以形成民办高校的核心竞争力钻石模型，如图1-3所示。

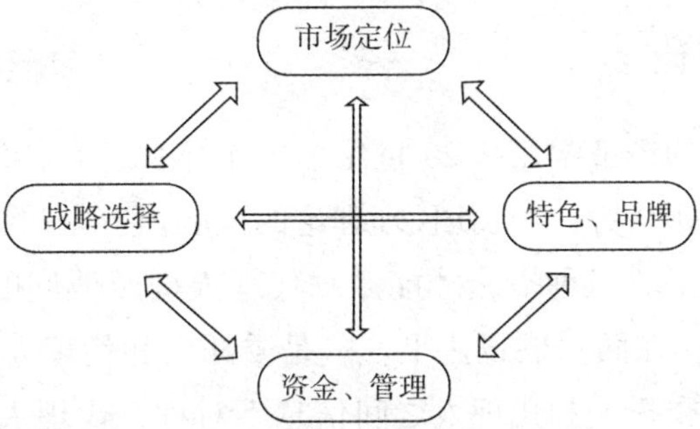

图1-3　民办高校核心竞争力钻石模型

根据钻石模型可以从四个方面对民办高校核心竞争力进行分析。第一，从战略选择视角看，发展是第一生命线，高校要在战略规划和战略选择上主动出击，先声夺人，通过快速获取竞争优势打造核心竞争力，对拥有资源开展合理科学的整合规划，对学校发展的各项内容进行有力、有理、有节的系统性顶层设计。以当前河南民办高校发展的局势来说，虽然起步比较晚，但在发展战略选择上赢得先机，结合河南省情和把握河南教育需求规律，近些年发展势头很好，取得了飞跃式提升，尤其是拥有了诸如郑州工商学院、黄河科技学院、郑州升达经贸管理学院、郑州商学院等一大批省内领先、国内知名的民办高校。第二，从市场定位角度看，为打造民办高校核心竞争力，要时刻进行充分的市场调研，及时把握市场动态，根据市场规律灵活调整自身的发展规划，毕竟准确的市场定位是成功的关键。民办高校在发展过程中一定要瞄准市场需求，适应市场需要，服务市场诉求，对该行业的市场法则和市场定位进行科学清晰的判断，根据市场的特点做好各种预案，培养长远发展眼光，提高随机应变能力。第三，从特色和品牌角度看，特色是“在一定的条件和环境影响下，事物所表现出来的独特的、比较固定的特性，是一种事物区别于另一事物的度的界限”[②]。特色是底色，也是底气，拥有与众不同的特色是区别于他人并战胜他人的法宝。与此同时，特色的形成过

---

① 宣玉莹．民办高校核心竞争力研究［D］．长春：长春工业大学，2019.

② 何永红．学校“特色课程”的定位及其发展策略［J］．教育科学研究，2011（10）：50-53.

程也是品牌树立的过程，特色不是与生俱来的，而是在办学过程中把握自身、市场、教育规律、人民教育需求，从而建立品牌、为自己贴标签的结果。著名的营销专家菲利普·科特勒博士对品牌的解释是“可以体现在不同的方面，可以作为一种标记、一个名称等形式，或是它们的结合，用于辨别某个同类的其他产品或服务，并使之与竞争对手的产品或服务相区别。不同品牌代表的意义不同，考虑如何将内涵融入品牌中然后进行宣传是必要的”。① 因此，对于民办高校发展而言，形成办学特色和进行品牌建设非常关键。第四，从资金和管理角度看，资金是后盾，也是保障，没有钱是无法办学的，任何形式的办学模式都必须具备充足的资金保障。对于民办高校发展而言，资金是生命，资金的链条一旦中断，则意味着破产。当然在具备资金的情况下，高超和出色的管理能力可以使资金发挥最大作用，提高投入与产出。因此，资金和管理作为关键要素，也是民办高校核心竞争力的重要指标。

四、委托—代理理论

威尔逊和简森为代表的经济学家在20世纪六七十年代，在传统契约理论基础上，创立了委托—代理理论。萨宾顿认为：“委托代理理论的核心内容是讨论在对代理人行为缺乏有效监督的情况下，委托人采取何种措施才能激励代理人按照他们的意愿行事。”② 威尔逊则强调：“委托代理理论建立在两个假设之上：一是委托人和代理人都是‘经济人’，两者之间的利益存在冲突；二是委托人和代理人之间信息不对称，代理人可能利用自身信息优势，谋取自身利益最大化。”③ 委托人和代理人之间存在的委托代理矛盾主要有逆向选择和道德风险两种，两种矛盾存在的主要原因是信息不对称，并且两种现象产生的时间节点也不同，前者是合同签订之前，后者是合同签订之后。道德风险可以表现为只能看到结果但看不到行为过程的隐藏行动道德风险，也可以表现为只能看到行为过程但看不到主体自然意愿的隐藏信息道德风险。对此有学者提出，委托人可以用“三种办法”④ 应对代理人的道德风险问题：一是对代理人采用正向激励手段，使代理人出于利益捆绑关系时刻让自己的行为和思想与委托人达成共识，保持一致；二是借助直接或间接的强有力的监管措施，或是带有严厉性的惩罚手段迫使代理人严格按照合同办事；三是通过人格魅力感染或者情感投资，使代理人与委托人建立朋友般志同道合的信任关系，代理人为了共同的理想追求与委托人目标统一。

对于民办高等教育来说，委托代理理论的适用性无处不在，比如学校与二级学院之间的委托与代理关系，各个学院与各个系别之间的委托与代理关系，各个系别与各个教研室之间的委托与代理关系，各个教研室与各个一线教师之间的委托与代理关系，还有民办学校与学生家长之间的委托与代理关系，国家、民族、政府、社会与高校之间的委托与代理关系等。

---

① 刘龙刚. 民办高校核心竞争力研究［M］. 湖南：湖南大学出版社，2012.

② Sappington. incentives in principal agent relationships［J］. The Journal of Economic Perspectives，1991，5（2）：45-66.

③ 刘有贵，蒋年云. 委托代理理论述评［J］. 学术界，2006（1）：69-78.

④［德］柯武刚，史漫飞. 制度经济学：社会秩序与公共政策［M］. 韩朝华，译. 北京：商务印书馆，2000.

在这错综复杂、相互交织、彼此关联、关系密切的一系列委托与代理关系中，我们能够看到它们通过某种关联构成了或是自上到下或是自下到上的多角度委托与多层次代理的多重矛盾体系，也可以称作委托代理网，这个网中的每一条线都有支点和交点，每一个点的移动都会牵一发而动全身，每一个交点上的组织或个人都承担着委托人的身份，也承担着代理人的责任。从民办高校发展的角度看，委托代理理论更加贴切地表达了各个利益主体之间的关系问题，更加切近地揭示了民办高校的实质性关系，尤其是可以把民办高校的“关键人”从“代理人”角度进行分析，可能更加符合民办高校的实际情况。随着时代的进步和发展，动态股权制将会应用于民办高校的委托与代理关系中，会一定程度上分摊代理的风险，形成对代理人的高效激励与限制，一方面提升代理人的待遇，另一方面使代理人更加主动自觉地投身于学校发展事业中，进而提升每一个利益相关者的工作与学习动力，最终对学校发展带来正向激励。

五、公共产品理论

公共产品理论由意大利学者马尔科，德国现代财政学家马斯格雷夫，美国经济学家萨缪尔森，布坎南、科斯等提出并不断发展完善。“公共产品是指整个社会成员都能获得的物品或劳务，该物品或劳务不会因社会成员中个体的消费而导致他人消费的减少，且每个社会成员都有权利享用的一种资源。”① 公共产品理论的本质属性在于公共性，具有非竞争和非排他的特点，非竞争意味着该产品的成本不会伴随着需求量的增加而水涨船高，该产品在消费过程中不会出现因消费者数量的增加而产生质量问题；非排他体现出对所有消费者的一律平等性，在一定的规定和约束之内不会存在社会歧视或者对某些消费者的排斥行为，更不可能被独占。公共产品理论适用于教育产品，因为教育的对象是全体社会成员，教育具有平等性、公共性，非竞争表现在任何社会成员的受教育权互不影响，非排他表现在全体社会成员都享有平等的受教育权。另一方面，教育产品又是一种非常特殊的公共产品，特殊性表现在教育是国家不断进步和发展的必需品，由国家强制力保障供应，公益性非常强，服务性更强，教育面向全社会，成果由全社会普遍共享，所有的教育内容、考核方式等环节必须依据教育规律执行，按照教育法行事，全程接受全社会的监督，由政府作为最强大的后盾保障资源供给和资金支持。同时，由于中国人口众多，受教育群体庞大，公办教育能力有限，国家大力提倡和鼓励社会力量开办教育，作为教育资源的有益补充。鉴于此，对于民办高等教育而言，必须时刻把握公共产品的本质，强调服务性和公益性，拒绝单纯以盈利为目的消费型教育，在中华民族伟大复兴的进程中办人民满意的教育。

六、高等教育选择理论

教育选择理论是建立在消费者主权理论基础上的，西方经济学家的观点是任何商品流通

---

① 王耀．河南民办高等院校融资问题研究［D］．开封：河南大学，2019.

都要围绕消费者的需求，包括商品的种类、数量、质量和规格等要素，都要依据消费者的心理诉求进行设计，必须使消费者受益，不然商品就会失去市场和利润。对于教育活动来说，教育是公共产品，提供的是教育服务和知识，消费教育的人是受教育者及其家长，两者之间形成了供与求的关系。学生和家长作为消费者，自然会对所接受和享受的教育内容、质量、种类、方法等要素进行选择，即教育选择。具体而言，高等教育选择主要包括的内容有以下几方面。第一，高等学校类型的选择。当前，随着国家整体教育水平的不断提升和对教育重视程度的提高，来自各种家庭背景、不同受教育程度的学生和家长选择受教育学校的类型和空间越来越大，公办和民办、综合类高校和技术院校等类别之间的竞争越来越激烈。第二，教育内容和方式的选择。每一所大学的课程设置、人才培养方案等具体教育内容不同，每个学校会根据自己的定位开设不同的课程，这主要源于各个学校的办学理念、办学思路和办学特色的差异。对此，学生和家长会根据自己的定位和意愿进行选择，这对高校提出了很大挑战，尤其是民办高校。第三，教育质量和学校知名度。经过几十年高等教育的发展，我国形成了不同层次、不同质量的大学，这其中有北京大学、清华大学之类的名校，也有中国人民大学、浙江大学、武汉大学之类的老牌“985”高校，也有郑州大学、华中师范大学等“211”高校，还有河南财经政法大学、华北水利水电大学等地方知名本科院校，也有一大批不断发展的民办高校、职业技术学院等。每所学校的教育质量、国内排名、社会口碑等差异比较大，即使是同一个层级之间也有很大差别，这体现在办学历史、教师素质等方面，学生和家长的选择余地非常广。

同时，对于高等教育选择的形式，翟静丽在《西方教育选择理论述评》中划分了三个种类。第一种是教育公共选择。教育公共选择是政府主导的由学生和家长在公共学校范围内进行的教育选择。教育公共选择的类别和形式很多，但共同特点表现在：其一，政府是教育的唯一资助者；其二，教育标准统一。教育公共选择学派坚持立论的依据是市场失灵，因为教育作为特殊产品，必须时刻由政府介入、使用强制力监管，以确保教育公平。第二种是教育市场选择。顾名思义，教育市场选择是通过市场机制满足消费者的教育需求，主要针对民办高校而言。教育市场选择学派从教育目标和消费者目标一致性角度出发，认为教育不是生产零件，必须标准化、统一化，而需要灵活性和差异性，这个目标可以通过市场自发竞争来完成，这样每个学生和家长可以因此获得个性化的教育服务。教育市场选择的实现方式是：政府把用于学生的教育投资通过有价证券的方式发放给家庭，而不是直接拨款给学校或直接投资办学，学生和家长自由地在市场充分竞争的环境中自主选择学校的类别，再拿着有价证券到选择的学校充抵学费，学校再到政府把有价证券兑换成学校运营所需要的资金。这种方式能迫使高校不断提高办学质量和提升学校知名度，使学生和家长得到高质量和高水平的教育。第三种是教育完全市场化。教育完全市场化意味着政府不再为教育投资成本，学校主要通过学生的学费收入进行运营，由于政府没有承担资金投入，针对此类学校的教育税要取消，学生的学费依据市场杠杆来调控，教育资源和教育机会由投入办学资金的创办者和投资方供应，允许学校获得运营收益，那么为了获得办学利润，完全市场化会倒逼创办人在竞争激烈的市场中不断提高办学质量，以回应家长和学生的选择。

通过理论分析我们可以看到，教育市场选择和教育市场化两种形式适用于民办高校的实际，对民办高校发展有着理论指导意义。当前的高等教育正在经历从机会选择到特色选择，再到优质选择的蜕变，民办高校可以把教育选择作为办学思路和长远发展的战略指导，当下大部分民办高校仅仅把自己的定位局限于机会选择上，但随着我国教育资源的不断充盈和丰富，机会选择的时代终将结束，如果民办高校的办学特色不明显、办学质量不突出，必然走向消亡。

七、高等教育成本分担理论

高等教育的成本分担理论是由美国高等教育财政专家布鲁斯·约翰斯通在 1986 年的著作《高等教育的成本分担：英国、联邦德国、法国、瑞典和美国的学生财政资助》中阐述的。约翰斯通把高等教育成本分为教学成本、学生生活成本、学生接受高等教育的机会收入三类成本，他认为高等教育的成本必须由父母、学生、纳税人、大学和企业五个来源分担。“高等教育的学费是成本补偿和分担，国家、社会和受过教育的个人都应该承担一定比例的教育成本。”① 目前我国高等教育承担的主要情况是：政府主要为高等教育承担政策性财政及特殊经费划拨，学生和家长缴纳学费，社会力量提供捐助等。在当前我国市场经济对资源配置起决定作用的社会背景下，依据谁受益谁分担的原则，高等教育的成本从由完全或大部分政府或纳税人负担，转向由父母和学生负担。高等教育成本分担理论的适用性体现在世界各国，在此理论的指导下，美国、日本等国家的民办高校通过多元化方式来缓解自身教育发展中资金仅靠学费的问题。我国大部分民办高校的资金现状依然是在很大程度上依靠学生学费来运转，导致出现“高收费、定位低”的困境，学费不断上涨，影响了民办高校的健康持续发展。根据对河南省部分高校的调研，2017 年公办高校财政拨款占学校总收入的 75% 以上，而民办高校财政拨款仅占学校总收入 5% ~10%。依据高等学校成本分担理论，社会捐赠应作为社会分担高等教育成本的重要来源，现实情况是我省绝大部分民办高校社会捐赠的接受数量非常有限，比率不高，差异化比较明显，资金管理和激励手段缺乏创新。因此，如何在学生合理正常收费的前提下，通过提升办学质量、拓展创收能力和筹资力度、开拓融资渠道、吸纳社会捐赠、拓展社会捐赠途径，是当前民办高校成本分担面临的现实问题。

八、利益共享理论

“利益是指主体对客体主张或者占有的关系，那么利益共享就可以理解为利益共享的主体对利益共享客体的主张或者占有的关系。”② 利益共享的要素包括利益共享的主体和利益共享的客体两大部分。利益共享的主体有狭义和广义之分。狭义的利益共享主体指在社会生产活动中付出成本，为国家经济发展带来收益的个人或者组织；广义的利益共享主体需要满

① 王耀. 河南民办高等院校融资问题研究［D］. 开封：河南大学，2019.

② ［美］理查德·亨德森. 薪酬管理［M］. 刘洪，韦惠民，译. 北京：北京师范大学出版社，2013.

足两个条件：第一，其是为增加社会共同利益贡献自身力量的群体，第二，这些群体一定要是社会上绝大多数的人。在全面决胜建成小康社会的关键时期，我们理应从广义角度上理解利益共享的主体，把共享的主体扩展到社会全体成员。当然这里所指的全体成员不只包括当代的人们，还应涵盖下一代的接班人。利益共享的客体指的是付诸实践活动的全体社会成员共同需要的对象，包括个人生存发展所必需的物质资料和精神产品。联系我国发展的具体情况，利益共享的客体主要是指改革开放近 40 年以来所取得的物质性成果和非物质性成果，这些成果涵盖了社会的政治、经济、文化和社会管理以及建设等各个方面。

综上所述，利益共享的内涵基本上可以概括为政府、市场与社会所有成员充分挖掘自身的力量形成利益的合力，进而使每一个人都共同享受所获利益带来的好处。放到民办高等教育发展中，民办高校与教师之间的利益共享体现在双方共同努力之下使学校发展蒸蒸日上，学校声誉提升、学校规模持续扩大、学校办学收入不断增加并由每一个利益相关者共同享受收获的合作共赢机制。在这种机制形成的过程中，我们既看到了挥洒汗水的成就感，也能预见收入不断提高的喜悦感，还能看到制度的公平正义和民主科学。从这一理论目前的相关研究成果来看，学校层面和董事会层面必须充分认识到，“资本独占”的时代已经成为过往，“劳资共享”的新时代已经到来；从政府对民办高校监督管理的角度来看，政府需要从政府支持和引导方面给予民办高校更多利益共享措施上的要求或规定；从民办高校自身的角度来看，要迎合时代的脉搏与利益相关者的心声，保证广大教职工从学校发展中得到更多实惠，共同参与学校的建设和管理，保证家长盼望学生成才的梦想得到切实实现，保证学生成长、成才与综合素质的不断提升，保证社会获得更加高质量的有用人才，保证国家教育质量和教育水平的不断增强。由此可见，要让民办高校所有利益相关者的利益共享，必须使每一个主体共同努力，明白自身的责任与使命，敢于维护自身的合法权益和利益。只有所有的政策和措施实施到位，落到实处，才能真正实现利益共享。

具体而言，利益共享理论中体现利益共享的三个特征如下。第一，利益共享的前提和基础必须是共同参与建设，只有每一个利益相关者积极投身于建设事业中，才能享受到建设的成果。共建的内涵主要从两个维度来理解和把握，其一是共建不仅仅指的是物质文明的建设，还包括精神文明的建设，因为只有物质文明和精神文明共同建设，才能满足各个群体日益增长的不同层面的诉求，其二是具备劳动能力的个体都要抱着积极的态度投身于建设事业中，为了发展贡献自己的力量，承担属于自己的责任和义务，充分发挥自身的主动性和创造性。实际上，提倡让人们共建和共享主要是为了在全社会形成“人人都是奉献者，人人又都是享有者”的良好风气，避免有些人养成好吃懒做、不劳而获的坏习惯。第二，适当差别是利益共享的应有之义。共享并不意味着完全没有差别，否则就和“大锅饭”没有区别。所以说，共享和平均是不能等同的。平均主要指在数量上大家都是一样的，而共享则指具有一定差异性的相对的平等；平均是无论贡献大小大家得到的一样多，这实际上是不公平的，而共享则带有公正公平的含义。具体来说，共享中又带着合理差别的含义可以从两个层面理解和把握：一方面，在宏观上要维护好每一个利益相关者的基本利益，这一点是无差别的，但对于不同区域、各个行业或者不同阶层的个体来说允许适当的差异性，这是符合逻辑的也是合理的；另一方面，在微观上每一个利益相关者需要达成共识，知道最终享受的利益与个体的贡献是密切相关的，贡献得越多，享受的成果自然也越多，反之则相反，这是公平合理的差别，并且即使是同一领域、同一行业或者同一阶层的利益群体，在享受的成果上也是有差异的，这取决于自身贡献的多少。第三，利益共享的方式是循序渐进的，利益的共享过程绝不是一蹴而就的，而是循序渐进的，若是通过简单、迅速的推进模式，不仅不能调整利益关系，反而会使整个社会陷入不稳定的局面之中。实现循序渐进的利益共享应做到：时刻把稳定放在头等重要的位置，利益关系的调整和改进需要在不影响社会稳定的基础上循序渐进，倘若因为利益关系的调整造成不稳定的局面或者带来不必要的风险，这就得不偿失了；在利益调整的过程中必须坚持统筹兼顾的思想，尽可能照顾到全局，体现出利益共享的全面性和广泛覆盖性，这与集体主义原则是一致的；在利益调整的过程中，必须坚定信念和立场，不受一切阻碍利益共享机制的不利因素和不良行为的影响，要敢于大胆进行改革，不能故步自封。

九、动态股权制

有些学者认为："动态股权制有利于产权的明晰，能够走多元化的发展道路，有利于资产人格化的实现；动态股权制可以有效地完善企业的治理体系，把'内部人控制'转换为'内部人监督'，同时解决了企业经营短期行为的问题；动态股权制构成了以关键人为主要要素的激励与制约机制，重点关注了人力资本；动态股权制能够不断完善人事、劳动和分配三项制度。"① "动态股权制属于一种涵盖企业产权、分配、人力资源和劳动等多方面内容的企业综合性实验，动态股权制作为一种有效的企业分配激励机制，采取'关键人多持股，经营者相对持大股'的方式对产权体系进行改革，对股权实行动态管理，把'关键人'的自身利益与企业的发展联系起来，最大限度地激励和约束'关键人'的行为。"② 民办高校对校长和广大教师具有高度依赖性，这一点与企业对"关键人"的重视不谋而合，企业用动态股权制激励"关键人"，民办高校也可以把动态股权制作为长效的人力资本激励手段，以提升内部治理和学校的核心竞争力。具体而言，动态股权制的建立对民办高校的作用体现在两个方面，一是民办高校作为与企业类似的自主经营、自我管理、自我发展并自负盈亏的组织，"约束机制是规范民办高校行为、维护其经济秩序、实现民办高校资产保值和增值的一个必要机制"③。对于民办高校而言，明确经营责任或者建立发展秩序的手段包括内部和外部两种途径，内部主要依靠动态股权下的民办高校法人治理机制，外部主要依赖市场、社会、家长和政法等主体的监督约束，影响学校发展的根本在于内部的机制构建，通过给学校的"关键人"给予一定的股份或者产权等利益，建立民办高校的自我管理和自我监督。这

---

① 郑玉刚. 动态股权激励静态模型［J］. 上海经济研究，2008（01）：85-91.

② 黄勇. 教育治理视野下的民办高校股权激励机制研究［J］. 中国高教研究，2014（08）：25-27.

③ 刘文军. 大股东股权动态变化原因研究［J］. 经济与管理研究，2014（05）：23-32.

里所说的给予产权等待遇是有附加条件的，“即产权额度要达到一定的数额和产权的构成中有相当一部分是自有财产。鉴于对约束及风险关系的了解，民办高校在动态股权中要设置风险股，由此来对‘关键人’进行约束”①。鼓励民办高校内部管理过程中引用动态股权制，是在新时代背景下引入现代管理制度的结果，使民办高校的法人治理结构从过去一味的“内部人控制”，逐步过渡到“内部人监督”阶段，这个转变是现代管理制度低成本、高效率的完美体现。动态股权的实行能够让“关键人”获得更高的归属感和主人翁感，把学校的建设和发展当作自己的事业，工作的心态也会从原来的被动参与转变为主动出击，发自内心愿意了解学校发展的情况。出于对学校发展利益的高度关注，这些“关键人”会以更加积极的态度主动形成对学校的董事会、管理层等群体高效的监督机制，在这种情况下，对于学校内部管理的成本来说，性价比是最高的。只是付出了一定产权转让，就收获了广大教师和管理者的强大凝聚力，所有教职工对学校有高度的主人翁感、强烈的认同感和责任感，他们会用加倍的努力和真心付出回报学校。

① 欧四萍．论高职院校传统人事管理向现代人力资源管理的转变［J］．当代教育理论与实践．2009（03）：30-31．

第二章

河南民办高等教育发展历程

改革开放四十余年来，河南民办高等教育经历了从无到有、由弱到强、从小到大的发展演进路径，民办高校的数量、层次、水平、地位等方面都取得了长足进步，成为河南高等教育事业的重要组成部分，成为高等教育改革和发展的重要生长点，为河南高等教育注入了新的活力，对满足广大人民群众不断增长的、多样化的教育需求与推进高等教育大众化提供了不竭动力，为河南建设教育强省做出了巨大贡献。本章从河南民办高等教育发展历史演进脉络、发展特点和发展典型几个层面介绍河南民办高等教育发展历程，为了解河南民办高等教育发展历史，把握新时代教育发展脉搏，找到新的发展路径奠定良好基础。

第一节　河南民办高等教育发展历史演进脉络和阶段性特征

必须了解河南民办高等教育发展的历史，才能全面把握当前河南民办高等教育的发展状况，更加清楚地找准定位，把握现实，展望未来。正如腾大春在《美国教育史》一书中所言：“理解现代社会和现代教育最高明的渠道之一是根据人类文化发展的历史长河来对教育进行展望。”①

一、河南民办高等教育起步发展阶段（1984—1992 年）

1978 年改革开放像一股春风吹暖了祖国大地，改革开放和社会主义现代化建设需要各方面大量的人才，促使广大青年迎着高考制度恢复的政策走出新的人生轨迹，但很多人文化底子薄弱，迫切需要补习和培训，这对民办教育的萌芽起到了极大的促进作用。这种背景下由一大批退休教育工作者举办的高考补习班应运而生，自此拉开了民办教育兴起的帷幕。

---

① 腾大春. 美国教育史［M］. 北京：人民教育出版社，1994.

一时间，我国出现了许多社会组织或者个人开办的涉及各种类型的教育培训机构，最早的一批民办教育机构有：北京自修大学（1977年）、湖南长沙中山专修学院（1978年）、杭州钱江业余大学（1979年）、湖南九嶷山学院（1980年）、中华社会大学（1982年）等等。① 这些学校大多由民主党派或者知名知识分子创办，由于资金不足，也没能吸纳社会资本，最终都没能单独建校，基本上至今仍停留在培训班和助学班的队伍中。北京自修大学由著名教育家刘季平和著名教育艺术家李燕杰等于1977年开办，刘季平先生仁校长，他曾经担任过教育部代部长和北京图书馆馆长职位。湖南长沙中山专修学院，前身是1978年创办的韭菜园青年文化补习班，1983年改名为湖南长沙中山专修学院，成立了董事会，由前湖南省委政协主席程星龄担任董事长。学校改了好几次名字，现名是湖南长沙中山业余学校，至今仍然开设自学考试培训班。杭州钱江业余大学是1979年由工商企业家詹少文等人筹集资金创办的，1982年该校获浙江省人民政府批准开设大专班，并上报教育部备案，曾经达到了在校学生破万人的规模，现今该校开设自学考试培训班。湖南九嶷山学院是1980年由原北京农业大学第一任校长乐天宇教授自筹资金在家乡创立的，他自己担任该校院长和董事长，2005年该校获湖南省人民政府批准更名为“湖南九嶷山职业技术学院”，2010年该校在政府支持和批准下由民办转为公办。中华社会大学是1982年由聂真、刘达等著名教育家共同创办的，并获得原北京市成人教育局批准，由柳斌同志（原国家教委副主任）担任董事长。该校开办之初，获得了陈云、彭真等一大批党和国家领导人的支持和鼓励，声誉很高，业界都把这所学校视为教育事业解放思想的一个标志。然而，因为资金匮乏，学校发展处境一度非常困难，直到1996年国务院办公厅发函《关于一次性拨款资助中华社会大学建校资金等问题的函》，解决了学校的资金问题。2002年，该校获北京市人民政府批准更名为“北京经贸职业学院”。

对于我国民办高等教育的复兴起点和标志学术界的观点不尽相同，厦门大学副校长邬大光认为：“比较一致的观点是把湖南长沙中山业余大学作为我国改革开放之后民办高等教育的雏形，把中华社会大学看作民办高等教育诞生的标志。但是无论是湖南长沙中山业余大学，还是中华社会大学，都只能算是助学机构，不是严格意义上的学历教育。”② 尽管如此，这些学校的建立让越来越多的人看到了民办教育的重要性，政府也逐步鼓励社会团体和个人筹资创办民办高校，出台了相关的法律文件。1982年通过的《中华人民共和国宪法》（简称《宪法》）第十九条中明确规定了“国家鼓励集体经济组织、国家企业事业单位和其他社会力量依照法律规定举办各种教育事业”，这是第一次从《宪法》的高度为我国民办教育发展确立合法地位，之后兴办了诸如西安培华女子大学、凉山大学、北京海淀走读大学、浙江树人大学等民办高校。凉山大学是1984年经四川省政府批准由四川民盟负责人费孝通先生等85位知名人士筹办的，属于民办公助性质，学校定位于工科院校，1986年经原国家教委批准被纳入我国普通高等教育体系。浙江树人大学是1984年由浙江省政协部分委员提议创办

---

① 徐绪卿. 我国民办高校治理及机制创新研究［M］. 北京：中国社会科学出版社，2017.

② 邬大光. 艰难的复兴广阔的前景——我国民办高等教育30年回顾与前瞻［J］. 中国高教研究，2008（10）.

的，该校是浙江省首个全日制民办普通本科高等院校，学校于2015年被确定为浙江省应用型试点示范建设学校，据2019年10月学校的官网显示，学校目前在校生规模是1.7万人。

随后国家又相继出台了许多包含有鼓励和支持民办教育发展条款的政策文件，比如《中共中央关于教育体制改革的决定》（1985年5月）、《关于社会力量办学的若干暂行规定》（1987年）等都有针对社会力量办学的相关论述。这里重点要强调的是1987年当时的国家教委颁布的《关于社会力量办学的若干暂行规定》，这是我国第一个专门针对民办教育发展而出台的规章制度，在该文件中，第一次对社会力量的内涵进行明确说明："社会力量，是指具有法人资格的国家企业事业组织、民主党派、人民团体、集体经济组织、社会团体、学术团体，以及经国家批准的私人办学者。"① 并特别指出"社会力量办学是我国教育事业的组成部分，是国家办学的补充"②，除此之外，这个文件还对社会力量办学的形式，学校的类别、层次、招生、广告、经费、财务、审批、聘任教师等方面给出了相关规定，界定了管理社会力量办学的各级相关教育行政单位的职权。这个文件非常重要，是民办教育被纳入国家教育体系的标志性文件。

1985年《中共中央关于教育体制改革的决定》指出"地方要鼓励和指导国有企业、社会团体和个人办学，并在自愿的基础上，鼓励单位集体和个人捐资助学，但不得强迫摊派"，然而现实情况是在一个相当长的时间阶段中，社会组织和个人乃至政府对于民间资本能够在多大程度上参与高等教育领域，认识和观点很不清晰，主要表现在：一方面，各个地方的办学实践中"以收取学费为目的营利"是很多民间资本投资创办民办学校的重要经济动机，对此1987年当时的国家教委颁布的《关于社会力量办学的若干暂行规定》中明确要求"不得以办 学为名非法牟利"，来对这种非法情况加以约束；另一方面，这一时期创立的民办高校负责人或者校长基本上由出资人决定，所创办学校的产权归属和投资盈利也几乎全部归出资人所有，由此可见，关于"在自愿的基础上鼓励单位、集体和个人捐资助学"的政策落实过程中，自愿的主要动机是获取经济收益。

此后，民办教育发展步入法律轨道，各个省份逐步开始依据当地教育发展的实际情况为民办教育发展提供空间和相对宽松、积极支持的良好环境。在这种时代背景下，我国民办高等教育机构在办学思路和办学模式上也有了一定的尝试和进步，对我国教育体制改革具有积极推动意义。但与此同时，由于当时国家经济条件有限，民办教育机构大多是以技能培训和文化补习的方式存在，经费、师资和场地基本处于"三无"状态，社会地位上由于还没有被纳入统招学历，仅仅只是作为公办高校的补充，导致社会认可度偏低，社会竞争力和影响力不强，发展速度缓慢。这些学校大多由民主党派人士或者政协委员倡议或者筹办并担任要职，官方色彩浓厚，开办之时或多或少得到了政府不同程度的支持，因此这些学校的性质也比较多元，有的是民办公助，有的是公办民助，有的是区办校助，但"民办"身份都不透明或不明确。

---

① 《关于社会力量办学的若干暂行规定》（1987）第二条.

② 《关于社会力量办学的若干暂行规定》（1987）第三条.

从1986年到1991年，全国的民办高等教育机构从370增加至450所，增幅只有80所。1978年我国高等教育毛入学率仅1.55%，能够接受高等教育的学生少之又少，高等教育资源的供给太少，根本满足不了人民群众对高等教育的诉求，河南作为人口大省，教育资源更加匮乏。可以说，中国民办高校因1980年在北京试行的中国自学考试制度而出现，因此自诞生起就带有鲜明的“中国特色”。北京试行成功的高等教育自学考试制度为全国树立了典范，做出了榜样，西安、江西等地纷纷效仿，如火如荼地开展地方民办高等教育，河南迟迟未动。直到四年后当人们接受高等教育的意愿越来越高涨、呼声越来越高的时候，河南才开启了振兴河南高等教育的新篇章。1984年，郑州、洛阳、新乡、开封等地以北京为模板开始试行高等教育自学考试制度。1984年7月，王树青离休后创办了河南省第一所民办高等医学专科学校郑州医药进修学校，办学之初，学校租用原河南医科大学子弟小学、十三中、幸福路小学等教室进行教学，1989年经当时的河南省教委批准为首批社会力量举办的高等教育层次学校——郑州医学专科学校，同年创办了河南医学职业中等专业学校（后更名为郑州树青医学中等专业学校），现名是郑州澍青医学高等专科学校。1984年10月，胡大白在郑州办起了郑州市高等教育自学考试辅导班，现名是黄河科技学院，该校创造了中华人民共和国第一所民办普通高校的历史。1985年，程君复在郑州创办了黄河大学，这所学校于1991年被合并到郑州大学。郑州电子信息职业技术学院是1987年由陈卿在郑州创立的；现在的郑州科技学院的前身是1988年由刘文魁创办的以自学考试辅导为主的郑州中原职业大学……从20世纪80年代中后期开始，河南民办高等教育的先行者在没有资助、租赁校舍、外聘在职师资、政府政策不明朗的情况下，掀开了河南民办高等教育历史性的一页。

1989年1月，河南省政府根据实际情况和国家相关文件精神，为了支持和规范社会力量办学，加强对这些学校的管理，保障办学质量和创办者的合法利益以及求学者的合法权益，发布了《河南省社会化力量办学管理办法》，从政策上给予民办教育发展开放有利的制度环境。1989年首届民办高等教育研讨会在武汉召开，1992年在上海举行了社会力量办学研讨会，此次会议形成了对民办教育的一致观点：民办教育不是“拾遗补阙”，民办高校理应成为中国高等教育的重要组成部分。在越来越积极的政策和舆论支持的环境中，河南民办高等教育即将进入快速发展和规模扩展阶段。

总结这一阶段河南民办高等教育发展的特点，可以概括为几个方面：第一，民办高等教育的举办者大多为离退休的老干部或者老教师等有志之士，他们有着强烈的社会责任感、敢拼敢闯的勇气以及为教育事业做出奉献的精神，成为河南民办高等教育的第一批开拓者；第二，这一阶段的民办高等教育可以用“起点低、底子薄”来概括，因为资金和经费来源单一，大多来自创办人的筹资和学生的学费，办学条件非常艰苦，设施简陋，基本上是以租赁校舍的方式开展教学，生源数量和规模比较小，发展模式表现为“以学养学，滚动推进”；第三，教育形式和性质基本属于非学历教育，多采用高考助学培训或者高等教育自学考试的形式，生源数量主要取决于求学者个人自学的积极性；第四，政府层面对民办高等教育的政策支持和规章制度还处于探索阶段，管理方式比较单一，民办高教事业的发展动力主要源于举办者自身“摸着石头过河”的魄力和能力。

二、河南民办高等教育迅速成长阶段（1993—2002 年）

改革开放的不断深入，鼓舞了人们敢于创新、敢于尝试的闯劲，对我国的教育体制改革和民办高等教育的快速成长起到了极大的推动作用。党的十四大明确提出“要改变国家包办教育的局面，支持和鼓励民间办学”。1993 年被誉为改革开放以来民办高等教育政策发展的第一个转折点，这一年先后颁布实施了两个关系民办高等教育发展命运的政策。第一个是 1993 年 2 月 13 日的《中国教育改革和发展纲要》，该文件提出：“改革办学体制。改变政府包揽办学的格局，逐步建立政府办学为主体、社会各界共同办学的体制……高等教育要逐步形成以中央、省（自治区、直辖市）两级政府办学为主、社会各界参与办学的新格局……国家对社会团体和公民个人依法办学，采取积极鼓励、大力支持、正确引导、加强管理的方针。”①。另一个是 1993 年 8 月 17 日下发的第一个专门针对民办高校办学合法化的政策性文件——《民办高等学校设置暂行规定》，规定涉及了民办高校的地位、设立标准、申请和审批程序、管理制度等方面，为各地正在筹建的民办高校指明了方向，提供了保障。文件对民办高等学校地位的表述从“民办高等教育是国家办学的补充”转变为“民办高等学校是我国高等教育事业的组成部分”②，这一定位在 1995 年的《中华人民共和国教育法》和 1996 年的《全国教育事业“九五”计划和 2010 年发展纲要》中被重申。

这两项政策为第二阶段的快速发展奠定了坚实的政策基础，自此民办高校为自己找到了准确定位。1993 年 10 月，当时的国家教委高校设置委员会召开专门会议，开始对各个省、市申报的民办高校材料按照规定进行审查，最后于 1994 年确定了 4 所具备独立颁发大专学历文凭的民办高校，即民办黄河科技学院、民办浙江树人学院、民办上海杉达学院和民办四川天一学院；同年，福建仰恩大学从华侨大学的独立学院分离出来，成为最早实施普通本科教育的民办高校；民办黑龙江东方学院和民办江苏三江学院当年因个别条件不达标，于次年获批。这 7 所学校被民办教育界和学术界公认为“改革开放后第一批获得独立颁发学历文凭资格的民办高校”。这一时期关于民办高等教育发展的相关政策法规也逐步走向成熟和完善。早在 1993 年的《民办高等学校设置暂行规定》中就明确指出“民办高等学校不得营利为办学宗旨”③。1995 年颁布的《中华人民共和国教育法》中也明确规定：“国家鼓励企业事业组织、社会团体、其他社会组织及公民个人依法举办学校及其教育机构。任何组织和个人不得营利为目的举办学校及其他教育机构。”④ 1997 年《中华人民共和国社会力量办学条例》中第六条明确规定“社会力量举办教育机构，不得以营利为目的”。同年在世界范围内高等教育蓬勃发展，赢来了扩招的高潮。世界银行和联合国教科文组织分别发表了有关世界

① 《中国教育改革和发展纲要》（1993）第 16 条.

② 《民办高等学校设置暂行规定》（1993）第一条.

③ 《民办高等学校设置暂行规定》（1993）第七条.

④ 《中华人民共和国教育法》（1995）第二十五条.

高等教育发展状况的报告，两个权威报告对当时的世界高等教育形势进行了客观分析，认为高等教育的世界性危机已经出现，表现为招生数量规模剧增和教育经费的短缺，走出危机的对策被公认为高等教育私营化，自此各国拉开高等教育的改革序幕。我国1998年由教育部颁布的《面向21世纪教育振兴行动计划》提出“要制定有利于吸纳社会资金办教育和民办学校共同发展的优惠政策”“社会力量办学要依法办学、依法管理的轨道”等，1999年《中共中央国务院关于深化教育改革全面推进素质教育的决定》指出，“经国家教育行政主管部门批准，可以举办民办普通高等学校”，2001年下发《国务院办公厅关于国务院授权省、自治区、直辖市人民政府审批设立高等职业学校有关问题的通知》，一时间新创办的民办高校的数量不断攀升，当年增加的实施学历教育的民办高校达到81所。

从以上对这一时期国家民办高等教育发展大致情况和相关政策法规的分析可以看到，民办高校迎来了发展的春天，据不完全统计，各地民办高校从1991年的450所增至1995年的1 209所。河南民办高等教育在经历了初步萌芽之后，这一时期在国家良好的发展环境中也迅速成长起来。1993年郑州大学升达经贸管理学院破土动工，1994年，国家教委〔1994〕145号文件同意郑州大学与台北广兴文教基金会合作举办郑州大学升达经贸管理学院，同年10月份第一批新生报到入学。同时，1994年黄河科技学院（前身为郑州市高等教育自学考试辅导班）在1992年颁布《民办高等学校设置暂行规定》之后被第一批确立为民办普通高等学校，成为河南省第一所拥有独立颁发大专学历文凭的民办高校。2000年3月，黄河科技学院又被国家批准为全国第一所民办普通本科高校，创造了河南民办高等教育乃至全国民办高校发展的奇迹，由此一度形成了“全国民办教育发展看河南”的可喜形势。在黄河科技学院的明星效应下，河南的民办高校也迅速壮大起来，一批民办非学历专科院校逐步升级为拥有颁发学历资格的民办本专科高校。比如1997年创办的郑州华信专修学院，1998年8月开始招生，第一年所招的436学生属于非学历教育，2001年更名为郑州华信职业技术学院，开始实施专科学历教育。

与此同时，由于这一阶段公办高校持续的扩招政策和逐步完善的管理方式，民办高校的发展受到了一定的排斥和干扰，遇到了生源减少等困难。为此河南各个地市的民办高校采用合作共赢策略，联合起来，共同推动河南民办教育协会组织成立。1994年河南省社会力量办学协会成立，1998年河南民办教育协会在河南省教育委员会的领导和大力支持下成立。这两个组织为河南民办教育事业的发展提供了组织保障和智力支持，推动河南民办教育逐步走向组织化、系统化和自主化，同年郑州大学西亚斯国际学院成立。在河南省社会力量办学协会和河南民办教育协会的推动下，2000年后河南省各地政府结合地方特色和实际情况，相继颁发了鼓励当地民办教育发展的一系列政策。比如，周口市政府2001年出台的《周口市人民政府关于鼓励社会力量办学加快教育产业发展的意见》，商丘市政府2002年颁布的《商丘市人民政府关于大力发展民办教育的意见》等，这些地方性政策基本上都从民办教育的办学目标、性质、方向、师资、管理、人才培养、招生、就业、经费等方面给出了比较细致的说明。在民办教育中介组织和地方政府的共同努力及合作互助下，这一时期河南省的民办教育事业突破难关，迎难而上，不断发展壮大。据河南省教育年鉴统计数据显示，“2002年河南省民办普通高等学校达到6所，教职工总数1 948人，其中专任教师数达到1 109人，在校生总数为12 663人”①。

总而言之，伴随着改革开放的不断深入，河南省民办高等教育自1984年萌芽以来，在1993—2002年的发展历程中数量有所提升，学生规模不断提高，发展能力得到了国家认可和社会肯定，尤其是黄河科技学院，发展空间和质量稳步前进，为河南省高等教育事业的发展提供了强有力的支持，为河南经济发展提供了一定数量的人力资源，取得了比较骄人的成绩。

总结这一阶段河南民办高等教育发展的特点，大致有以下几个方面：第一，河南省社会力量办学协会和河南民办教育协会的成立，促进河南各个地方的各个民办高校发展步入自律自治、规范办学、自主发展阶段；第二，河南各级政府政策引导比较得力、到位，从河南省政府到河南各级地方政府在国家针对教育体制改革和民办高等教育发展的文件精神指导下，改变了过去“一刀切、粗放式、经验式”消极管理的方式，出台了各种各样的具有地方特色的文件，鼓励和支持各地民办教育发展，为民办教育提供了比较宽松的环境和政策支持，促进了河南民办教育事业为河南发展做出更大贡献；第三，河南民办高校的办学模式形成了五种类型，即普通高等教育、高等教育自学考试、高等教育学历文凭考试、高等教育职业资格考试、与境外教育机构合作办学，从不同方向为河南民办高等教育发展贡献了力量。

三、河南民办高等教育规范发展阶段（2003—2008年）

2002年12月28日通过的《中华人民共和国民办教育促进法》是中国民办教育史上的又一个里程碑，标志着国家对民办教育管理走向规范化和法治化，文件中规定“出资人可以从办学结余中取得合理回报”。2003年颁布了《关于规范并加强普通高校以新的机制和模式试办独立学院管理的若干意见》，2004年又出台了《中华人民共和国民办教育促进法实施条例》，给出了投资人取得合理回报的原则，即不是把民办高校的运营收入对投资者进行直接的利润分配，而是从中提取一部分作为适当奖励，由此我们也可以看到关于民办高等教育政策的连续性和发展性，“合理回报”作为一种阶段性激励措施，与之前的“教育不得以营利为目的”的政策要求并不冲突。《中华人民共和国民办教育促进法》规定由国务院来规定合理回报获取的具体方案，国务院把这项权力下放到各地方。对此，各个地方形成了大致两种方案。一种方案是把合理回报获取的权力下放给学校，比如2005年《贵州省民办教育促进条例》规定民办高校的投资人依据制定的民办学校章程获取合理回报，2006年《海口市民办教育促进和管理办法》规定由民办高校、董事会或其他决策机构商量决定民办高校的投资人获取合理回报的比重。另一种方案是提倡把合理回报继续投入到学校的长远发展中，比如2008年《四川省民办教育促进法实施条例》规定把合理回报作为学校发展的再投入，

① 周丽华，王琳玮．改革开放以来河南民办高等教育发展历程探析［J］．北京城市学院学报，2013（5）．

随后广东、天津也提出将依法取得的合理回报计入投资者的出资额中再投入到学校的持续发展中。由此可以看出，这一阶段通过“获取合理回报”的有益探索一定程度上阻止了追求短期经济效益的牟利行为，有助于促进民办高等教育发展走向规范化、现代化、稳定化。这一政策的出台大力推动和激励了民间投资民办高等教育，尤其是独立学院的快速发展，2003—2008 年间办学数量翻了两番，学生总数增加了 450.79%。

当民办高等院校数量飞速增长的时候，各种问题和不良现象也不断出现，出现了一些恶性事件，比如某民办高校在执行“获取合理回报”的方式中，把学校总运营经费的 60% 作为日常周转资金，剩下的 40% 定位为学校发展基金，但被投资者的子女以“合理回报”名义挪作私用，给学校的发展造成了很大破坏。同时出现了一些民办高校乱收学费的现象和一些学校只重视学生数量轻视办学质量的现象，民办高校的社会口碑遭到质疑，发展面临着改革转型和内涵提升。这一时期，对于河南民办高等教育的发展来说，也是至关重要的一个阶段，河南省政府和教育厅积极响应国家号召，在《中华人民共和国民办教育促进法》颁布后，结合河南民办教育发展实际情况和国家政策要求，同年迅速草拟了《河南省实施〈中华人民共和国民办教育促进法〉办法（草案）》，从民办教育办学目标、学校性质、办学方向、师资、管理、人才培养、招生、就业、经费、政策支持等方面给出了比较详细的规定。2004 年河南省教育厅联合河南省发改委等十个部门共同下发了《关于进一步促进民办高等教育发展的意见》，专门对河南省民办高等教育的指导思想和目标任务以及未来发展蓝图和发展要求等方面做出了政策性说明。自此，河南省政府、河南省教育厅加大了对民办高等教育的政策倾斜，积极鼓励和大力支持社会力量与河南公办高等学校合作创办具有民办机制的独立学院。这一阶段河南省民办高等教育得到比较全面的发展，办学数量不断增加，河南的许多公办高校对社会力量的合作意向采取积极支持和开放包容态度，涌现出一大批独立学院，如河南农业大学华豫学院（商丘学院前身）、河南理工大学万方科技学院（郑州工商学院前身）、信阳师范学院华锐学院（信阳学院前身）、安阳师范学院人文管理学院（安阳学院）、河南财经政法大学成功财经学院（郑州商学院前身）、河南大学民生学院、河南师范大学新联学院、新乡医学院三全学院、河南科技学院新科学院、中原工学院信息商务学院等，这些独立学院社会口碑比较好，办学理念也比较先进，办学条件不断完善，综合实力比较强。

河南农业大学华豫学院于 2002 年由河南农业大学与河南商丘春来教育集团共同创办，2011 年 4 月经教育部批准转设为民办普通本科院校。河南理工大学万方科技学院（原焦作工学院万方科技学院）是 2002 年由焦作工学院与焦作万方集团、郑州竹林集团共同举办、成立第一届董事会的，2004 年焦作工学院经批准更名为河南理工大学，焦作工学院万方科技学院便更名为河南理工大学万方科技学院。同年，河南理工大学与焦作金冠电力有限公司共同举办河南理工大学万方科技学院，成立第二届董事会。信阳师范学院华锐学院是 2003 年经教育部批准由信阳师范学院与河南羚锐制药股份有限公司、信阳天泰投资有限公司按照民办机制合作举办的。安阳师范学院人文管理学院是于 2003 年 4 月成立，经教育部批准设立的一所以实施普通本科学历教育为主的独立学院。郑州成功财经学院是 2004 年 4 月由祖籍河南的台湾著名教育家王广亚博士捐资创办的，后更名为河南财经政法大学成功学院。河南大学民生学院于 2003 年经教育部和河南省人民政府批准在开封成立，2009 年该校由河南日报报业集团注资，河南大学与河南日报报业集团签订合作协议，共同建设民生学院，这种强强联合的办学模式，得到了时任中央领导李长春与教育部领导的肯定与支持。河南师范大学新联学院于 2003 年获批的民办本科院校。新乡医学院三全学院也是 2003 年在新乡成立，先是独立学院身份，后因与中美集团合作办学，更名为新乡医学院三全学院。河南科技学院新科学院是 2003 年经教育部批准的按新机制、新模式在河南新乡市举办的独立学院，前身是河南职业技术师范学院新科学院，2004 年 5 月，河南职业技术师范学院更名为河南科技学院后，学院便随之更名为河南科技学院新科学院，属于本科层次学历教育的全日制普通高等学校，具有学士学位授予权。中原工学院信息商务学院是 2003 年 4 月由中原工学院与郑州纺织机械股份有限公司、宏大投资有限公司、全国纺织教育学会合作举办的，学校由河南省教育厅主管，实行董事会领导下的院长负责制，具有独立法人资格。郑州工业应用技术学院（原郑州华信学院）由集教育、医疗、医药、房地产、酒店等于一体的中原华信商贸集团投资开办，位于河南省新郑市，是一所以工学为主的民办本科高校。

总结这一阶段河南民办高等教育发展的特点，大致有以下几个方面。第一，民办高等教育的地位得到法律确定，国家和政府以及河南省政府等相关部门纷纷出台政策法规，明确民办教育事业属于公益性事业，是社会主义教育事业的组成部分，民办高校具有与公办学校同等的法律地位，必须保障民办高校的办学自主权。第二，民办高校与政府、市场之间的关系步入更加良性互动和联动形成合力的阶段，表现在社会资本通过政策的引导以更加积极的状态投入到民办高校的办学行列中，公办高校也积极配合，形成了企业和公办高校合作办学推动民办高等教育事业不断向前发展的良好局面，得以创办的民办高校自身通过敏锐的市场洞察力，不断根据市场对人才的需求状况调整办学方向和思路，使自己能够立足于河南高等教育市场中。第三，民办高校的发展前景遇冷，提前进入寒冬期。一方面，2008 年《独立学院设置与管理办法》（教育部令第 26 号）颁布后的五年将是对独立学院发展的倒逼阶段，也是促进独立学院能否转型为普通民办高校的催化剂和试金石，这五年过渡期对河南民办独立学院步入规范化和内涵式发展阶段起到了至关重要的作用，办学资格不合规、不完善，发展不合理、不合法的独立学院将被合并或者关闭，而社会口碑、管理能力强、发展势头好的独立学院将会迎来发展的新机遇和新挑战，从原来依托的公办高校的母体中分离出来，走向独立自主发展道路。换言之，河南民办高校之间优胜劣汰、强者生存的市场规则已经确定，一场严峻的生存竞争战斗已经打响。另一方面，由于人口出生率下降，2008 年全国高考人数以 1 050 万人的数字夺得历史制高点，在此之后将会迎来生源的全面下降，据数据统计 2008 随后的两年就会减少 200 万考生，这种持续走低的态势会持续十年之久，而且是急剧下降状态。河南民办高校在 1984 年后刚刚经历了 20 多年的艰苦发展，随着 2004 年学历文凭考试制度的取消，诸如郑州中山医学专修学院、郑州敏达医专、同济医护学校等一批民办高校相继倒闭。这些不利因素导致2004年后河南民办普通高等学校数量增幅明显下降，这对河南民办高等教育事业的发展来说，无疑是严峻的考验。

四、河南民办高等教育内涵提升阶段（2009年至今）

公办高校的持续扩招、高考生源的急剧减少、学历文凭考试制度的取消、独立学院面临转型等一系列寒风向民办高校强劲袭来，促使民办高校向着内涵提升的方向发展，使包括河南民办高等教育在内的中国民办高等教育于2009年迎来“拐点”。教育部的统计数据显示，“截至2008年，中国的民办高等教育的学生数（包括学历和非学历学生）已达740万，中国的民办高等教育规模占到世界民办高等教育规模的16%”。[①] 对此，中国民办教育协会常务副会长刘林教授表示，“我国民办高等教育市场的供求关系和制度环境趋于稳定，新的市场规则正在形成中。可以说民办高等教育在完成了原始资本积累后开始走上发展的新阶段，即注重内涵和质量，实现转型与创新阶段”。[②] 学术界有关民办高等教育在2008年后的发展趋势预测中，大致的声音也是如此，即我国民办高等教育只有适应新的市场形势，把满足消费者的基本求学需求转型为满足消费者多样化和个性化的求学需求上，这才是未来发展的王道。因此，就民办高校的发展前景来说，新的发展阶段必须把学校的发展战略规划从外延式发展转向内涵式发展，这一阶段围绕内涵式发展转型的相关政策性指导文件也相继出台，《国家中长期教育改革和发展规划纲要（2010—2020年）》（以下简称《纲要》）提出要：“大力支持民办教育……各级政府要把发展民办教育作为重要的工作职责，鼓励出资、捐资办学，促进社会力量以独立举办、共同举办等多种形式兴办教育……办好一批高水平民办学校。”《纲要》指出，随着我国改革开放进入关键阶段，我国高等教育需要随之进入发展战略理念和发展重心转向全面提高教育质量的新阶段。

纵观这一阶段河南省的民办高等教育发展实际情况，2008年河南高考考生人数达到最高值98.8万人之后便连年下降，2003—2012年河南省高考报名人数变化情况如图2-1所示，民办高等教育的发展遭遇生源困境。从学校数量来看，“2010年我省117所普通高校中有33所民办普通高校。而同期江苏、山东、广东、湖北、辽宁五省的民办高校数量分别为50、39、49、43、36所。相比较而言，河南民办普通高校数量较少。从在校生规模来看，2010年河南民办高等教育在校生为25.37万人，占普通高等教育在校生总数的17.42%。而同时期全国民办高校学生总数占全国本专科学生总数的比例为21.36%。相比而言，河南民办高校在校生规模偏小”。[③] 根据2015年5月教育部公布的全国高校名单，“全国共有民办高校722所，占全国2 553所普通高校的28.28%。河南省共有民办高校37所（含8所独立学院），占省内129所普通高校的28.68%，高出全国平均水平0.4个百分点，在全国31个省（市、自治区）中居第15位，处于中等水平，远低于海南（41.18%）、福建（40.91%）、重庆（38.1%）、广东（35.21%）、湖北（34.15%）、陕西（32.61%）和浙江

---

① 刘林. 中国民办高等教育迎来拐点［N］. 中国青年报，2009-08-31.

② 周丽华，王琳玮. 改革开放以来河南民办高等教育发展历程探析［J］. 北京城市学院学报，2013（5）.

③ 沈会淋，郑浩. 生源减少，民办高校发展之路在何方？［N］. 河南经济报，2011-11-02.

（32.28%）等省（市）的民办高校数量占比”。①

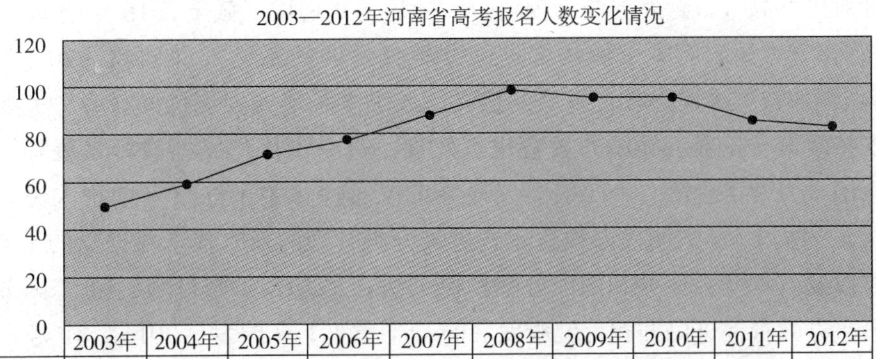

	2003年	2004年	2005年	2006年	2007年	2008年	2009年	2010年	2011年	2012年
—●— 人数/万人	49.8	59.6	72	78.1	87.9	98.8	95.5	95.2	85.5	82.5

图 2-1　2003—2012 年河南省高考报名人数变化情况

（资料来源：根据中国教育在线 2003—2012 年河南省高考报名情况整理）

同时，2011 年 10 月国务院学位委员会下发“开展服务国家特殊需求人才培养项目”试点名单，北京城市学院等 5 所学校成为我国民办高校中首次获得研究生招生和人才培养资格的民办高校，这个喜讯成为我国民办高等院校进一步提升办学质量和办学水平的重要里程碑，这次评选中河南的民办高校没有一所入围。但这个项目的设立为河南乃至全国民办高校释放了内涵式发展和高质量发展的信号，让民办高校看到了未来发展的希望和美好前景，找到了发展的强大动力和目标。另外，从河南省经济发展实际状况来看，河南省的市场经济体制不断完善，非公有制经济发展空间和发展舞台很大，这为河南大力发展民办高等教育提供了有利的社会背景。与此同时，河南省是人口大省，政府财政能力有限，在高等教育需求越来越旺盛的状况下必须通过做大做强民办高等教育来弥补教育资源的严重不足。

为此，《河南省中长期教育改革和发展规划纲要（2010—2020 年）》突出强调“积极支持民办高等教育发展；促进高等学校办出特色；引导高等学校强化功能定位和特色意识，形成各自的办学理念和风格。支持具有行业背景的院校保持特色，提高服务行业的能力。优化层次结构和学科专业结构。优化布局结构，逐步形成以省会郑州高等学校群为中心，其他省辖市高等学校合理布局，具有地方特色并主要为区域经济社会服务的高等教育体系”。《河南省人民政府关于全面提高高等教育质量的若干意见》也提出了“加强民办高校内涵建设，规范管理，打造若干所高水平民办高校”。《河南省人民政府办公厅转发关于创新投融资机制鼓励引导社会资本投入教育领域的意见》（豫政办〔2011〕30 号）明确提出：“鼓励民办高等学校提升办学层次。鼓励和支持符合条件的民办本科院校申报学士、硕士和博士学位授予单位。”2011 年、2012 年，河南政府在政策上加大民办高等教育的支持，从数量上

① 《2015 年全国高等学校名单公布》，2015-05-21，http://www.moe.gov.cn/srcsite/A03/moe_634/201505/t20150521_189479.html.

看，2011 年以来河南增加的 32 所高校中，有 14 所是民办高校；从招生计划方面看，民办高校的计划这几年都比公办高校增幅大；从资金支持方面，自 2012 年起河南省设立 2 000 万元针对民办高等教育发展的专项资金，随后逐年递增，截至 2015 年增加至 4 000 万元。

《河南省人民政府关于加快推进民办教育发展的意见》（豫政〔2015〕76 号）要求："充分认识加快推进民办教育发展的意义，鼓励多种形式发展民办教育，完善落实民办教育发展扶持政策，正确引导民办教育规范发展，进一步优化民办教育发展环境。"2016 年 11 月，全国人大常委会第二十四次会议最终审议通过《关于修改〈中华人民共和国民办教育促进法〉的决定》，表明民办教育正式进入分类管理的新时代。根据党的十八大报告、十九大报告以及《中华人民共和国民办教育促进法》（2018 年修订版）和《国务院关于鼓励社会力量兴办教育促进民办教育健康发展的若干意见》（国发〔2016〕81 号）等一系列中央文件关于民办高等教育发展的相关精神，2018 年《河南省人民政府关于鼓励社会力量兴办教育进一步促进民办教育健康发展的实施意见》（豫政〔2018〕6 号）颁布，文件要求："加强党对民办学校（含其他民办教育机构）的领导，创新体制机制，完善扶持制度，加快现代学校制度建设，提高教育教学质量，提高管理服务水平。"这些政策的保驾护航和科学引导为推动和促进民办高校实现内涵式发展转型奠定了坚实的政策基础，是推动民办高等教育改革的重要力量。

国家关于分类管理理念的逐步落实，帮助社会资本投资教育扫清了制度障碍。2015 年国内第一个控股民办高校的教育集团——首控集团（旗下民办高校代表是昆明艺术职业学院）开创了在港股上市的先例。2015 年至 2019 年 7 月，国内有 14 家以民办高校为主体的教育集团通过 VIE 架构在港股成功上市，见表 2-1，公开发行股票募集资金，共涵盖了 40 多所民办高校，其中河南有两所民办高校，即郑州工商学院和商丘学院，为新时代河南民办高等教育发展开辟了新思路、新途径。

表 2-1　港股民办高等教育上市集团概况

序号	集团名称	旗下部分高校	上市时间
1	首控集团	昆明艺术职业学院	2015 年 9 月
2	成实外教育	四川外国语大学成都学院	2016 年 1 月
3	宇华教育	郑州工商学院、山东英才学院	2017 年 2 月
4	民生教育	重庆人文科技学院等	2017 年 3 月
5	新高教	云南工商学院等	2017 年 4 月
6	中教控股	江西科技学院、广东白云学院	2017 年 12 月
7	中国新华教育	安徽新华学院	2018 年 3 月
8	21 世纪教育	石家庄理工职业学院	2018 年 5 月
9	希望教育	四川天一学院等	2018 年 8 月
10	中国春来	商丘学院等	2018 年 9 月

续表

序号	集团名称	旗下部分高校	上市时间
11	银杏教育	成都信息工程大学银杏酒店管理学院	2019 年 1 月
12	中国科培	广东理工学院	2019 年 5 月
13	嘉宏教育	浙江长征职业技术学院等	2019 年 6 月
14	中汇集团	广东财经大学华商学院等	2019 年 7 月

港股上市帮助民办高校拓宽了融资渠道，推进了民办教育资源的有机整合，大大提高了这些民办高校的管理水平和社会知名度，但某种程度上对民办教育的公益性造成了冲击，导致了一些违规行为。此外，2018 年 4 月，获得教育部正式批准成立的西湖大学由杭州市西湖教育基金会举办，学校所学专业集中于世界发展科技最前沿，主要是以理工科为主，各个院系的领头人是国际国内顶尖人才，学校先招收博士研究生，之后再招收本科学生，学校还获批设立国家级博士后科研工作站，拥有独立招收博士后研究人员资格，杨振宁任西湖大学校董会名誉主席，钱颖一教授为校董会主席，施一公教授担任西湖大学首任校长。无论是选择港股上市的营利性方式，还是选择走向研究型大学的非营利性方式，都体现了当下民办高等教育迈向内涵式多元创新发展的尝试。在未来河南民办高等教育发展过程中需要不断完善分类管理的法律体系建设，加大对民办高校上市融资风险的监管和控制，加强民办高校外部监督机制的构建，共同促进民办高等教育事业的健康发展。

总结这一阶段河南民办高等教育发展的特点，大致有以下几个方面。第一，民办高等教育由摸着石头过河逐步过渡到依据教育和市场规律的规范发展阶段，民办高校紧紧围绕国家治理体系和治理能力现代化的精神，建立现代化学校制度，以往“家族式”或“合伙人”式的管理模式逐渐被淘汰，民办高校不仅意识到而且正在进行内部法人治理结构的改革，学校发展理念转向以学生为本和教师专业化发展，学校治理能力更加民主、开放和科学。第二，民办高校紧紧围绕国家、教育部对高等教育发展的新要求和新标准，不断改革创新，努力转型，实现由片面追求规模效益转为综合高质量发展，把办学理念从以物为本转为以人为本，由追求短期繁荣变为朝着现代化发展的目标前进，从被动依赖型发展心理转变为主动开放推动内生动力心理，这些都是民办高校走向内涵式创新发展阶段所呈现出的新思想、新理念、新特点。第三，民办高校更加注重长期的发展战略规划，从学校的长远目标、学校的未来发展定位、师资队伍建设、人才培养方式的调整、智慧化校园建设等多方面对学校进行全面包装和全方位投资，朝着办人民满意教育的方向迈进。

综上所述，通过对河南民办高等教育发展历史演进脉络的梳理和分析，我们可以清晰地看到，在不同的发展阶段，河南民办高等教育经历了从无到有、从不规范办学到规范化和科学化用心办教育的蜕变，发展规模、发展质量和运营效益在不同时期对民办高等教育发展的主导作用不同。在 1984—1992 年之间的起步发展阶段和 1993—2002 年之间的迅速成长阶段，由于高等教育的严重供不应求，上学难的问题是主要矛盾，故而民办高等教育主要把规模和经济效益作为发展指导思想。而 2003—2008 年之间的规范发展阶段与 2009 年至今的内涵创新发展阶段，由于高考生源不断下降，高等教育市场的竞争和教育发展导向的进步，上好学的问题成为主要矛盾，民办高等教育主要把质量作为发展指导思想。由此可见，民族复兴、国家富强、人民幸福的社会现实映射在民办高等教育发展的过程中，民办高等教育必须时刻以市场为导向，遵循教育规律，科学合理选择发展目标，精准定位办学方向，努力提升办学质量。新时代河南民办高等教育要乘风破浪，迎着全面深化改革的东风，一心一意谋发展，全心全意抓质量，为河南高等教育事业发展、教育强省目标以及中原崛起乃至建设现代化强国的梦想竭尽全力。

第二节　河南民办高等教育现代化发展的必要性和可行性

一、河南省高等教育发展的现实需要

从2020年1月4日中国新闻网公布的31省区市2019年GDP数据中得知，2019年我国GDP总量达到99万亿元，逼近100万亿元人民币。相比于2018年的92万亿，我国经济发展速度在中高速增长的新常态下依然取得了卓越的成绩，很多省份的经济总量迈上了新台阶，广东省排名第一，成为我国“10万亿元GDP俱乐部”的第一位成员，江苏为第二名，GDP总量直逼10万亿元，河南省排名第五，GDP总量首次突破5万亿元，如图2-2所示，经济发展步入新的门槛和台阶。

2019年31省市区GDP数据

地区	GDP（亿元）	GDP增速
广东	107671.07	6.2%
江苏	99631.52	6.1%
山东	71067.5	5.5%
浙江	62352	6.8%
河南	54259.2	7.0%
四川	46615.82	7.5%
湖北	45828.31	7.5%
福建	42395	7.6%
湖南	39752.12	7.6%
上海	38155.32	6.0%
安徽	37114	7.5%
北京	35371.3	6.1%
河北	35104.5	6.8%
陕西	25793.17	6.0%
辽宁	24909.5	5.5%
江西	24757.5	8.0%
重庆	23605.77	6.3%
云南	23223.75	8.1%
广西	21237.14	6.0%
内蒙古	17212.5	5.2%
山西	17026.68	6.2%
贵州	16769.34	8.3%
天津	14104.28	4.8%
黑龙江	13612.7	4.2%
新疆	13597.11	6.2%
吉林	11726.8	3.0%
甘肃	8718.3	6.2%
海南	5308.94	5.8%
宁夏	3748.48	6.5%
青海	2965.95	6.3%
西藏	1697.82	8.1%

数据来自各地统计局

图2-2　2019年31省区市GDP数据

（一）河南高等教育发展的基本情况

面对我国经济发展形势和河南省经济发展的实际，人们生活水平和生活质量的改变可想而知，中国家庭对子女教育的重视程度世人皆知，人们对接受高等教育的重视和需求从来没有像今天这样强烈，高等教育供给与需求的平衡难以维持，尤其是在河南省，两者之间的不平衡更为严重。截至 2019 年，河南省人口规模接近 1 亿，高考报名人数逐年攀升，从 2016 年的 82 万人增加至 2019 年的超过 100 万人，在 2011—2019 年间每年的高考报名人数都占据全国高考报名人数总量的 1/10 左右，见表 2-2。河南省高等教育需求一直在增加，面对经济快速发展与教育需求量快速提高的双重推动，河南省高等教育发展的压力和动力并存，亟须跟随环境的改变而发展。

表 2-2　2011—2019 年河南高考报名人数统计表

年份	2011	2012	2013	2014	2015	2016	2017	2018	2019
河南省高考报名人数	85.5 万	80.5 万	71.63 万	72.4 万	77.2 万	82 万	86.3 万	98.3 万	超 100 万
全国高考报名人数	933 万	915 万	912 万	939 万	942 万	940 万	940 万	975 万	1 031 万

（数据来源：全国教育事业和河南省教育事业发展历年统计公报）

但现实情况是，河南省在高等教育方面，教育层次结构比重不合理，在培养高层次人才上还远远不足。2018 年河南省教育事业发展统计公报显示，2018 年河南高等教育毛入学率 45.60%，全省研究生培养机构 27 处；普通高等学校 140 所（含 5 所独立学院），其中本科院校 57 所（其中公办 38 所，民办 19 所），高职（专科）院校 83 所（其中公办 63 所，民办 20 所），见表 2-3；成人高等学校 10 所。博士学位授权普通高等学校 9 所，硕士学位授权普通高等学校 19 所；博士学位授权一级学科 87 个，博士专业学位授权点 4 个；硕士学位授权一级学科 332 个，硕士专业学位授权点 155 个，根据 2018 河南统计年鉴，2017 年河南省总人口为 10 853 万人，常住人口为 9 559 万人，专科及以上学历人口占河南省总人口的 7.2%，本科及以上学历人口占河南省总人口的 2.6%。根据 2018 年河南省教育事业发展统计公报所显示的数据，“普通本专科毕业生 55.99 万人，本专科分别为 26.20 万人和 29.79 万人，本专科之比为 4.7∶5.3；招生 70.87 万人，本专科分别为 32.97 万人和 37.89 万人，本专科之比为 4.7∶5.3；在校生 214.08 万人，本专科分别为 114.08 万人和 100.00 万人，本专科之比为 5.3∶4.7。普通高等学校校均规模 15 399 人，其中，本科院校 25 107 人，高职（专科）院校 9 043 人。”由这些数据可以看到，河南省的高等教育发展的现状不容乐观，远远不能满足河南省众多人口的教育需求，相比于全国其他省份，河南省的高规格高校比例更是与人口的比例非常不协调、不均衡。河南省截至 2018 年才拥有两所“双一流”建设高校——郑州大学和河南大学（2018 年新增），两所学校还只是作为 B 类高校进行建设，河南也仅仅只有一所“211”高校，即郑州大学。可以说，这样难以承载更难以满足河南每年几十万考生的需求。

表 2-3　2009—2019 年河南本科高校与高职院校的数量比较

类别	2009 年	2010 年	2011 年	2012 年	2013 年	2014 年	2015 年	2016 年	2017 年	2018 年	2019 年
本科院校	43	45	47	47	50	52	52	55	55	57	57
高职院校	56	62	70	73	77	77	77	74	79	83	84
总量	99	107	117	120	127	129	129	129	134	140	141

（数据来源：河南省教育事业发展历年统计公报）

河南省经济社会的发展需要大量的人才，人才的培养需要民办教育的支持和帮助，“2018 年河南省各级各类民办学校 20 539 所，在校生 674. 90 万人，教职工 54. 42 万人。其中，民办幼儿园 17 293 所，在园幼儿 300. 46 万人；民办小学 1865 所，在校生 162. 35 万人；民办普通初中 819 所，在校生 90. 73 万人；民办普通高中 299 所，在校生 41. 84 万人；民办中等职业学校 170 所，在校生 26. 54 万人；民办普通高等学校 39 所，其中，本科院校 19 所，高职（专科）20 所；普通本专科在校生 51. 05 万人（其中，本科 31. 12 万人），占全省普通本专科在校生总数的 23. 85%。”由这些数字可以看到，河南民办高等教育已发展成为河南高等教育必不可少的部分，对河南经济发展发挥巨大的作用。

（二）河南民办高等教育发展开拓了高等教育的多元化路径

河南民办高等教育的发展壮大，推动了河南省高等教育路径的多元化发展，与公办高校一起逐步形成了形式多样、种类繁多的高等教育体系，满足了人们多样化的教育需求，提升了河南高等教育在全国的地位和影响力。民办高校与公办高校相比，比较显著的优势在于管理机构精简、专业设置灵活。河南民办高校虽然有将近四十年的办学历程，但相比于公办高校动辄上百年的发展历史来说，时间短暂了一点，但是也因此少了公办高校冗杂繁多的办学包袱，比如一层又一层的庞大的管理体系、行政人员数量超负荷、后勤管理系统错综复杂、剪不断理还乱的人情关系等。河南的民办高校在管理体制上充分发挥每个个体的智慧与能力，做到人尽其才，工作岗位和职责分工明确，监督机制比较健全，管理岗位上的领导时刻保持能上能下的激励状态，竞争上岗的体制更容易调动员工的积极性和工作创新性，激发他们的上进心，人事制度更加灵活，变通性和效率性更强，既能够实现集中力量办大事，又能够达到工作效益的最快化。同时，专业设置灵活的特点能够使民办高校的办学效益实现最短时间收益最大化。目前河南综合类、理工类、财经类、语言类、艺术类、师范类、医药类、农林类等多个类别的民办高校，基本上在发展过程中逐步找到了自身的竞争力和特色品牌，时刻洞察社会和市场对人才与专业的需求，及时调整学校的专业设置，保持关注自身专业的最前沿和最热门话题，依靠自身的办学优势和特长实现在招生中最快速度吸纳到足够生源，实现学校的现代化发展和越来越好的收益。

（三）河南民办高等教育发展推动了高等教育的体制化改革

河南民办高等教育的发展壮大为河南高等教育体制改革增添了活力和动力，从非公有制层面弥补了公办高等教育的不足，使许多人得到了接受高等教育的机会，改变了高等教育的格局，对实现教育公平具有重要意义。河南民办高校经历了几个阶段的发展进步历程，许多高校取得了很好的社会声誉，生源规模超过了许多公办高校，对高考学子的吸引力不断提高，比如黄河科技学院、郑州工商学院、郑州西亚斯学院、郑州升达经贸管理学院、郑州工业应用技术学院等。这些学校的办学效果显著，人才培养质量高，毕业生就业状况比较好，在河南省的学生和家长中享有非常好的口碑，至今已经为河南省各行各业输送了大量优秀毕业生，大大弥补了公办高等教育资源的不足，使许多学生得到了接受高等教育和改变人生命运的机会。从这个角度上来看，河南民办高等教育的发展，通过高质量完成高等教育的使命，促进了教育公平，提升了教育水平和个人素质，为河南的教育强省目标贡献了力量。

（四）河南民办高等教育发展拓展了高等教育的融资渠道

由于河南的经济还不发达，面对人口众多的现实，公办高等教育显得力不从心，民办高等教育凭借社会力量和各界人士的投资，解决了河南省财政经费不足的困境，河南民办高等教育的资金来源渠道多种多样，涵盖的方式有教育集团公司控股上市融资、中外合作投资、知名企业单个或合作投资、个人筹资、政府财政补助、社会力量捐助等，充分体现出自主办学体制灵活运行的特点，实现了民办高校资金来源的跨类别、跨行业、跨地区和跨所有制，这些单一成分办学、联合办学或混合成分办学的形式丰富了河南高等教育实施和展开的方式，优化整合了有限的教育资源。

（五）河南民办高等教育发展壮大了高等教育的人才供应

河南民办高等教育的发展壮大为河南经济社会发展培养了应用型人才，为河南 GDP 增长贡献了很大力量。民办高校的办学体制非常灵活，尤其是专业设置能够不受体制的局限，及时更新调整，可以随时根据市场的动向，通过广泛调研，快速整合师资力量、配备相应教育教学设施和其他社会资源，开设社会发展急缺专业，并通过民办高等教育的应用型人才的定位，与企业强强联系，培养订单式和定向式人才。比如，2020 年郑州工商学院工学院有河南省唯一的宝玉石鉴定与加工的本科学历资质，在此基础上，新增加首饰设计与工艺专业，成为河南省唯一开设“首饰设计与工艺专业的高校”。该专业优势在于解决珠宝首饰设计与工艺行业人才短缺问题，致力于培养“会设计、懂工艺、善加工、能创业”的高技术技能型人才，培养学生的首饰设计与工艺行业人员的综合素质，大学期间可以考取贵金属首饰与宝玉石检测员等专业证书，毕业后能在品牌企业、时尚媒体等机构从事首饰设计、首饰加工、配饰设计、工艺品设计、整体形象设计、首饰营销、宝玉石鉴定、钻石分级、时尚编辑、时尚买手、私人定制等工作，就业前景广阔，既可以自己成立首饰设计工作室或创立珠宝自营店进行自主创业，也可以从事设计加工行业设计、雕刻、营销导购、行政后勤和门店经理、典当公司、拍卖公司及相关工作。同时郑州工商学院工学院还新增数据科学与大数据技术专业，迎合了当今社会大数据时代的市场需求，紧紧抓住信息化时代的脉搏，为学生的就业率提升增添力量。郑州工商学院商学院新增加家政服务与管理专业，该专业是作为新兴产业，市场需求量非常大，工资相对比较高，培养具有系统家政管理与服务的专业知识，掌握现代家庭管理、家庭教育、家庭营养与卫生、家庭理财、社区服务等学科知识，具有较强的家政管理、经营与服务等实践操作能力，知识面宽、素质高、能力强，能满足市场对高端家政管理、经营与服务高素质技术技能人才的需要。该专业学生大学期间可以考取家政服务员、物业管理员、营养师等专业证件，就业前景非常好，学生毕业后可以在大型家政服务企业从事家政服务、行政管理和家政服务培训等工作，也可以在各级政府部门、社区、非政府组织主办的养老服务机构从事家务助理、照护服务、健康指导以及业务管理工作。

目前河南许多民办高校与社会上的知名企业建立长期校企合作关系，通过与企业的沟通与调研，专门根据企业的需求培育相应的技术和技能型人才，学生在求学阶段可以利用寒假和暑假到企业中实习，培养自己的实践操作能力，把自己平时学到的理论知识应用于实践，毕业后直接上岗，省去了上岗培训等必要的环节，既为企业节省了培训等成本，又为学校提高了就业率，更为学生自己谋得一份可靠稳定的工作，进而为经济发展贡献一己之力。尤其是随着“中国制造 2025 计划”的实施，民办高校及时根据国家形势和需要进行转型升级，尤其是计算机人工智能、机械设计与自动化、电子信息技术、医药科技等新兴理工类专业以及物流、电商等交叉学科成为民办高校专业优化升级的首选，相比于公办高校专业设置的固化特点，民办高校的招生计划相对灵活、弹性空间比较大，学生进校后转专业比较容易，基本上能够让学生选择自己喜欢的专业就读，最终更快速、更直接为社会输送特殊领域和急缺专业的人才。

二、河南民办高校办学水平提升的需要

随着中国高等教育发展经历了精英化、大众化到普及化的阶段性变化，新时代从国家到地方，从中央到基层群众对高等教育的最高呼声是“办人民满意的教育”。面对人民的教育需求，民办高等教育要想实现自身现代化发展，必须不断提升自身办学水平和质量，必须在新时代背景下加快内涵式发展和转型升级步伐。

（一）新时代民办高等教育发展的必然要求

民办高校要提升办学水平是新时代国家和人民对民办高等教育发展提出的新要求。自 2016 年年底第十二届全国人民代表大会常务委员会第二十四次会议通过了《中华人民共和国民办教育促进法》第二次修正案，民办高等教育迎来了发展的新要求、新标准和新时代。“差异化”“个性化需求”等词汇成为人们对新时代民办高等教育发展的新期待，河南民办高等教育要想在新时代迎来新突破，走上内涵式发展道路，在我国民办高等教育界奠定更高地位，必须抓住机遇，迎难而上，再创辉煌。非营利性的民办高校需要在高等教育的公益性和民办运营机制的灵活性之间寻求平衡，找到人们能够接受的、满足人们需求的发展方式；营利性的民办高校需要深刻领会党中央和河南省政府关于民办高等教育分类管理的文件精神，遵守“合理回报”的原则和具体执行标准，在依法治校的理念下牢牢坚持社会主义办学方向，把提高学校办学质量，完善人才培养方案，建设强有力师资队伍，提升内部治理能力，提高学校站位和内涵，实施差异化、个性化教育方式作为未来办学的标准和目标，开启现代化民办高校发展之路。

（二）河南民办高等教育解决自身困境的需要

民办高校提升办学水平是河南民办高等教育解决自身困境的需要。虽然河南民办高等教育在发展过程中确实取得了一定的成绩，对河南高等教育事业做出了许多贡献，但是在发展过程中也面临诸多问题与困境，比如生源减少、生源质量下降、资金来源渠道单一、师资力量薄弱和流动性强、内部治理困境、产权归属难题等，要想从本质上将这些难题各个击破，河南民办高等教育工作者需要认真研究和梳理民办高等教育发展规律，从时代需求的角度寻找办学新思路和新模式，在对自身优势和劣势的充分研究基础上找到突破口，办实实在在的教育事业，而不是带着投机心理或机会主义成为民办高等教育发展的过客，用时间和积淀成就办学特色、锻造品牌，用教育质量和良心赢得学生和家长的真心赞誉，获得社会和业界的认可，进而竭尽全力为河南民办高等教育事业贡献一己之力。民办高校办学水平核心要素是：办学理念、高校治理、人才培养、师资队伍、办学效益，对于河南民办高等教育来说，这几个方面是今后实现高质量发展必须加大力量的指标。

首先，办学理念指标。理念属于价值标准，对行为具有指导价值，办学理念决定了“为什么办学”“办什么样的大学”“如何办学”等根本性问题。办学理念对于民办高校来说，直接决定了投资方或举办者对高等教育价值、高等教育任务、人才标准、市场动向等方面的价值取向。办学理念是学校的灵魂，是学校发展方向的指南，对学校的各项事务具有战略指导意义，直接关系学校的前途和命运。民办高校在办学过程中必须时刻在科学正确的办学理念下运营，才符合高等教育发展的规律，才能实现办学水平的不断提升，这个正确的办学理念就是要坚持以学生为本的核心。人才培养是学校存在的重要意义，应时刻以办学质量为首要任务，在营利性和公益性之间寻求平衡和统一。民办高校如果偏离了正确的办学理念，对经济利益过度追逐，会丧失教育的本质，违背教育的规律，偏离高等教育的宗旨。为此，河南民办高等教育必须顺应高等教育发展的规律和价值，时刻做好准确定位，不断发展，以适应社会的需求，培育自己的校园文化和精神，注重内涵式发展。

其次，高校治理要素。对于民办高校来说，治理水平和治理能力直接关系学校的办学质量、运转效率及办学效果。教育市场化是民办高校的最大特点，这个特点导致民办高校大多先实现学生数量和学校规模的扩张，在组织管理和办学目标上会由于缺乏规范和监督，出现治理混乱、组织官僚化等弊端。为此，河南民办高等教育必须制定自己的章程，让办学行为有法可依，符合规矩，对各种权力实施制衡，在内部管理结构上科学架构，分工明确，实现各个利益相关者的利益诉求，共同为学校的发展贡献力量。

再次，人才培养指标。人才培养是学校的终极任务和存在意义，对于民办高等教育来说，人才培养的方式方法、人才培养的质量决定了学校的社会评价、生源多寡以及生存状况。民办高校要实现现代化发展，必须注重人才培养质量，学生是学校办学的上帝，没有生源，学校就成了无源之水、无本之木，就会面临倒闭和破产，学生培养的质量影响到学校的社会反馈和后续招生工作。民办高校办学水平的提升要求民办高校不能自甘堕落，沦为学生的“文凭工厂”或培训班。基于《国家中长期教育改革和发展规划纲要》（2010—2020）民办高校提升办学水平的关键是办出特色，创新人才培养。学生的道德修养、专业能力、语言表达能力、社会实践能力、管理和组织能力等一系列素质以及学生、家长、社会对学校的评价，还有学生的就业质量，都是衡量人才培养质量的指标，民办高校必须从这些方面入手，对人才培养方案进行完善和调整，培养对社会真正有用的人才，使他们能够拥有一技之长，在社会中能谋得一席之地。

接着，师资队伍要素。民办高校由于自身体制的特点，在师资水平上与公办学校有一定差距，但师资队伍是学校教育质量的关键，决定着人才培养的质量。河南民办高校师资队伍存在流动性大、高职称比例偏低等问题，制约学校的发展，为此，实现民办高等教育办学水平的高质量还必须建立一支结构合理、稳定性高、教育教学质量高的师资队伍。教师队伍的结构主要以年龄、学历、职称等要素构成，民办高校教师队伍中老教授、中年骨干、青年教师的比例分配需要优化，学历层次中绝大部分民办高校的教师是硕士研究生学历，博士研究生比例非常小，还有一小部分专科生和本科生，需要通过激励措施提升教师的学历层次，民办高校的职称评定标准与公办相比，相对要宽松一些，但是由于大部分老师是年轻人，职称层次比较低，职称结构欠合理。另外，在教师队伍的稳定性方面，民办高校目前也处于劣势地位，师资的频繁流动对学生发展是极为不利的，难以形成师德师风传承，难以塑造优秀骨干教师，进而形成优质师资资源。这些不足之处需要民办高校在今后发展中不断优化和完善，不断加大教师的教育和培训，提升教师的薪资水平，提高教师的地位和话语权等，为学校的长治久安奠定坚实的人力资源。

最后，办学效益指标，民办高校的办学效益包括经济收入和社会效益，随着《中华人民共和国民办教育促进法》最新修订方案的出台，民办高校都面临着营利性和非营利性的选择。无论作出何种选择，民办高校的本质属性是教育，永远不能偏离公益性这个属性，这是教育的终极价值。为此，民办高校在发展过程中要兼顾经济收益和社会效益。由于它的公共产品属性和公益性，社会效益要摆在首位，只有办出特色、形成品牌，才能吸引到更多学生；只有全心全意为学生着想，一心一意为社会培养人才，才能赢得社会赞誉，才能在激烈的竞争浪潮中找到属于自身的一片天地，实现经济效益和社会效益的双赢。

三、河南省和中原经济区经济建设发展的必然要求

河南民办高等教育发展至今，对提升区域之间的人才质量、带动区域高科技发展、推动区域产业优化升级、提升区域的生产效率、扩大区域消费需要等起到了极大的推动作用，对河南省和中原经济区经济建设发展贡献了很大力量。具体来说，表现在以下几个方面。

（一）为服务经济发展搭建了三方合作机制平台

河南民办高校的校、企、政府三方合作机制，为服务经济发展搭建了良好平台。河南是人口大省、粮食大省、农业大省，民办高校需要利用灵活的办学机制，主动在学校、企业和政府之间搭建桥梁，校企合作走上了新轨道。比如，河南科技学院新科学院新校区的建设充分发挥了政府和企业的力量，学校的建设与政府文化古镇的规划结合在一起，再加上新乡投

资集团有限公司、新乡市新投实业有限公司、伟光汇通旅游产业发展有限公司合作投资建设，实现了校、企、政府三方有机合作共赢的新局面，贯彻了河南郑新融合战略的发展规划，有效推动了周边经济发展，教育发展相关的产业互相借力，既有利于高校迎来更好的发展前景，也为文化古镇的建设增添了人文气息，更为人们提供了更多就业岗位。再比如，控股郑州工商学院的河南宇华教育集团于2019年年底与开封兰考县政府签订了合作协议，计划用三年时间在开封建立郑州工商学院新校区。还有，由郑州市马寨工业园区管委会牵头，郑州科技学院与马寨70多家企业合作办学，共同建立人才培养基地、实验平台、服务平台，为学生举行专场人才招聘会等，不仅使学校、学生、企业共享校企合作成果，又能够推动所在区域的经济发展。2019年郑州升达经贸管理学院体育学院与贝体（北京）体育产业发展有限公司签订校企合作与实习基地协议、外国语学院与郑州云译途信息科技有限公司共同举办首期校企合作联合培养在线翻译人才培训班。

（二）为经济发展提供了人力资源支持

河南民办高校发展服务面向社会、面向市场办学，为河南和中原经济区建设提供了人力、智力和技术支持。河南民办高校通过组织各种服务团队不断在办学区域的各种社区提供人性化服务，比如养老院、爱国主义基地、福利院、居民社区、贫困学校等，开展实践教学活动，实施定点帮扶，为不同群体的人送去爱心、温暖和帮助，既提升了学生的各种能力和思想道德修养，又服务了当地百姓。比如，郑州工商学院的爱心支教活动，每学期利用假期时间到贫困地区为当地学生免费提供教学帮助。再比如，郑州升达经贸管理学院会计专业的学生积极参加“春雁行动”等社会实践活动，经贸管理学院利用寒假或暑假时间回到自己的家乡为当地脱贫攻坚和乡村振兴工作贡献智慧和能力，与村委会或者社区委员会齐心协力，共同建设美好家园。还有郑州升达经贸管理学院外语专业学生参加“和平鸽”志愿者活动助力郑州火车站春运服务、管理学院酒店管理专业学生参加“酒店体验师”活动等。河南民办高校还通过不断向企业提供技术和人才服务，促进科学研究成果的检验和转化，服务了当地的企业发展；通过民办高校的成人教育、继续教育和终身教育等各种新形态的教育，为更多人提供了更多受教育的可能，尤其是2019年，为响应教育部“百万计划”，民办高校承担了大量新型职业农民的再教育任务，不仅提升了农民的学历和素质，更通过对大学生进行创业教育，引导大学生返乡创业，为农村提供了更多的发展活力。

（三）为文化产业发展做出了积极贡献

河南民办高等教育弘扬中原文明，传承中原文化，为河南和中原经济区文化产业发展做出了积极贡献。《国务院关于支持河南省加快建设中原经济区的指导意见》把河南定位成“华夏文明传承创新区”，强调要“传承弘扬中原文化，充分保护和科学利用全球华人根亲文化资源；培育具有中原风貌、中国特色、时代特征和国际影响力的文化品牌，提升文化软实力，增强中华民族凝聚力，打造文化创新发展区”。《纲要》也指出，要构建繁荣发展的中原文化支撑体系，“文化是建设中原经济区的强大推动力量。坚持社会主义先进文化前进方向，做好传承和创新两篇文章，培养高度的文化自觉和文化自信，加快建设文化强省，塑造中原人文精神，打造华夏历史文明传承创新区，推动社会主义文化大发展大繁荣”。公办高校和民办高校都是所在地区的智力和文化核心所在，在教育教学中都承担了重要的文化创新责任，当前民办高校在培养文化创意人才领域做出了很大的努力，培养了许多相关方面的人才。河南民办高等教育通过自己的方式弘扬、传承中原文化，进而为河南和中原经济区文化产业发展起到了积极推进作用。

第三章

河南省民办高等教育现代化发展的典型

改革开放以来，河南省民办高等教育经历了萌芽起步、飞速发展、规范化发展和内涵创新等的发展阶段，新时代河南省高等教育发展、河南及中原区经济建设发展以及民办教育自身的高质量高水平发展，都为民办高等教育现阶段及未来的转型提出了新要求。在发展历程中，河南民办高校的办学规模、办学层次、师资队伍和人才培养质量等方面都取得了非常大的进步，涌现出许多在河南省乃至在全国都很有名气的民办高校，这些学校凭借自己独具一格的办学模式、优越的办学条件、雄厚的办学实力等，成为民办高等学校中的佼佼者，如黄河科技学院、郑州升达经贸管理学院、郑州西亚斯学院、信阳学院等，这些学校为其他民办高校树立了学习和借鉴的榜样，提供了许多优秀的经验。本章主要以目前河南省成长速度最快、学生人数规模最大的民办高校郑州工商学院为例，从学院概况、人才培养模式、学生管理模式和日常运营方式等方面进行详细分析和介绍，从中总结这所优秀民办高校的办学经验。

第一节　郑州工商学院概况

一、郑州工商学院基本情况

郑州工商学院（Zhengzhou Technology and Business University）位于河南省郑州市，是经教育部批准设立的一所全日制民办普通本科院校。学校位于郑州市郑东新区，地处中原腹地，植根中原文化，享有省会城市丰富的经济、文化、教育资源，校园环境幽雅、设备先进、功能齐全。学校始建于2002年，前身为河南理工大学万方科技学院，是河南理工大学按照新模式、吸纳社会资本所建立的独立学院，在焦作原河南理工大学北校区办学。2009

年，河南理工大学与郑州宇华投资管理有限公司共同举办河南理工大学万方科技学院，成立第三届董事会，郑州宇华教育投资有限公司董事长李光宇出任万方科技学院董事长。① 2009 年3月，河南理工大学万方科技学院新校区（郑州校区）在郑州新区职教园区（现郑东新区）开工建设②，自此学院在郑州、焦作两个校区同时办学。2016 年 5 月 3 日，教育部批准《关于同意河南理工大学万方科技学院转设为郑州工商学院的函》，标志着独立学院河南理工大学万方科技学院正式被批准转设为民办高校。2016 年 5 月 9 日，郑州工商学院揭牌仪式在河南理工大学万方科技学院郑州校区宇华讲堂举行，转设期间学生学籍按“新人新办法、老人老办法”政策执行，即在校学生仍将发放河南理工大学万方科技学院毕业证和学位证，自 2016 年 9 月起入学的新生，毕业后将颁发郑州工商学院毕业证和学位证。原“河南理工大学万方科技学院（焦作校区）”改回“河南理工大学北校区”名称。据 2018 年 11 月学校官网显示，学校将原有建筑工程学院、会计学院、经济管理学院、机械与电信工程学院、文法学院、艺术学院、体育系 7 个系部，合并为工学院、商学院、人文艺术学院、公教部（体育系）、思政部 5 个系部③。截至 2019 年 9 月新生报到后，学校拥有教职工 1 000 余人，学生近 34 000 人，有 53 个本科专业和方向，30 个专科专业和方向。学校建有工程技术实训中心、土工类实训室、宝玉石类实训室、工科实训室、经管类实训室、空乘实训中心、演播厅等校内学生实习实验教学场所，建有图书馆、田径运动场、灯光球场、体育馆等各种体育教学设施，能充分满足教学和课外活动需要。2019 年 11 月 28 日，兰考县人民政府与宇华教育集团正式签订郑州工商学院兰考校区项目合作协议④，据公示信息，郑州工商学院兰考项目位于兰考县产业聚集区内，东至规划边界、西至东泰路、南至南环路、北至航海路，总投资约 12. 8 亿元，计划于 2020 年 3 月 1 日开工，2022 年 10 月 1 日完工。

二、郑州工商学院发展理念和思路

郑州工商学院自 2009 年在郑州成立以来，一直践行“好学力行”校风和“诚信勤奋”校训，“好学力行”是著名教育家蔡元培先生于 1934 年为焦作工学院学生亲笔书写，是河南理工大学宝贵的文化遗产。“好学力行”，源于孔子的“好学近乎知，力行近乎仁，知耻而后勇”，之后，孟子继承孔子的这一思想，并将其发展为“博学之，审问之，慎思之，明辨之，笃行之”。明末清初大思想家王夫之进一步阐释了这一思想，提出“学易而好难，行易而力难，耻易而知难”（《俟解》）。他认为，“学以求知之，求知者因将以力行之也。能力行焉，而后见闻讲习之非虚，乃学之实也”，意即只有“力行”才能“知之真”“学之

① 河南理工大学万方科技学院召开第三届董事会第五次会议，河南理工大学．2011-07-03.
② 引自《大公报》《教育时报》：河南理工大学万方科技学院建新校区．河南理工大学．2009-04-03.
③ 万方科技学院转设民办本科院校——郑州工商学院昨日揭牌．中原网-郑州晚报．2016-05-10.
④ 引自郑州工商学院兰考校区项目签约仪式举行．开封网-开封日报．2019-12-04.

实”，也就是“实践出真知”。“好学力行”要求学生首先须“好学”：要掌握扎实的专业知识和广博的科学文化知识，既要学会学习、学会思考、学会创造，亦要学会做人、学会做事、学会生存。同时须“力行”：要求真务实，身体力行，勤奋敬业，努力做到学行合一、知行合一，将所学的文化知识、专业技能运用于生产和社会实践，在实践中提高分析、解决问题的能力和创新能力，努力使自己成为品行优良、基础扎实、善于思考、适应能力强、综合素质高的社会主义事业合格建设者和可靠接班人。“好学力行”要求广大教师做到学而不厌，诲人不倦；教书育人，为人师表；求真务实，开拓创新；推进素质教育，培养创新人才。

每年新生入学军训时都要把原董事长李光宇先生所提出的“诚信，能感天动地；诚信，使金石为开。勤奋，可愚公移山；勤奋，令精卫填海。做人以诚，做事以勤，悠悠万事，惟此为大！恪诚恪勤者，退可修身齐家，进可治国平天下”作为开学第一必备课学习并印入脑海中，这是学校“诚信勤奋”校训的诠释，十年传承渐渐形成学院的文化。

三、郑州工商学院的管理机构设置

郑州工商学院的管理体制是董事会领导下的校长负责制，学校董事长是由控股集团河南宇华教育集团总裁担任，学校现任高层领导有一名党委书记、一名校长兼党委副书记、三位副校长（其中一位是常务副校长）。学校党委书记由河南省教育厅委任；学校校长在外代表学校形象，内部对学校的所有事务负全责；三位副校长各有分工，互相配合，分管不同的行政单位，协助校长管理好学校的各项事务。郑州工商学院党群组织如图 3-1 所示。

学校的行政机构设有校长办公室、人事处、教务处、学生处、招生就业处、现代教育技术中心、后勤处、图书馆、保卫处、财务处等部门，其中，财务处和后勤处归属学校控股集团公司管理，学校还设立了纪律检查委员会、工会、团委、党委办公室、组织部、统战部以及各分院党支部。学校的院系设置是包括工学院、商学院、人文艺术学院、公共基础课教学部、思想政治理论教学部和继续教育学院，学校在院系管理制度中推行二级管理，各分院设置院长一名，团总支书记一名，由各个分院的院长和团总支书记全权管理所属分院学生和教职工的一切事务。学校的各行政职能部门设处长一名，下设各科室的科长一名，各职能部门分工明确，根据职能分别主抓学校的教育教学、人事、学生管理、网络、财务、保卫、后勤等具体工作，起到统筹协调、上情下达的桥梁枢纽作用。相关学校整体的重大决策由校长办公会讨论、上报董事长审批后决定（包括工资、人事调整等），其余有关学校教学、管理等的各项具体事务通过每周五下午的中层以上干部会集中提出问题、分析问题和解决问题，全体教职工大会每学期召开期初和期中两次集体大会，如果没有重大事项宣布，一般不召开全体会议，由各个分院和部门根据实际情况自行安排部门会议。

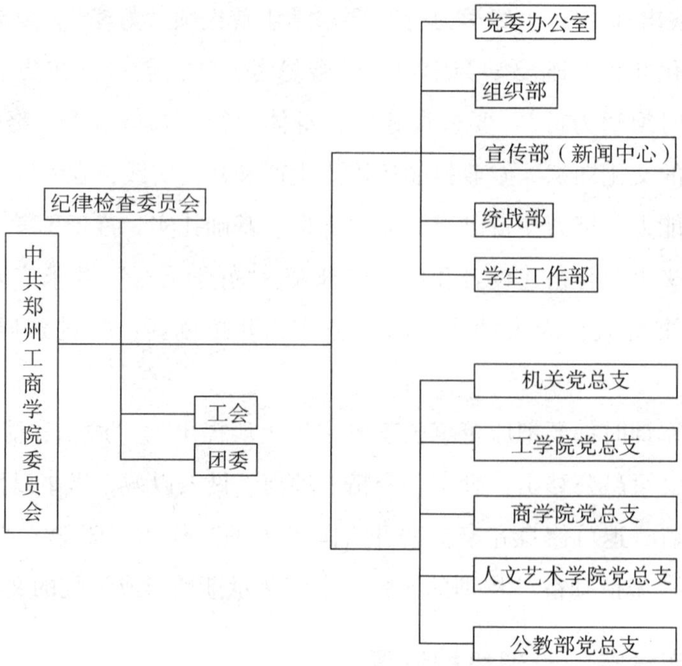

图 3-1　郑州工商学院党群组织

四、郑州工商学院的社会地位和声誉

郑州工商学院原董事长李光宇先生和现任董事长李花女士始终坚持党的教育方针，明确提出“不管公办民办都是党办，不管体制内体制外，执行党的教育方针不例外”。学校在发展过程中注重加强学校的内涵建设，切实提高人才培养质量，学院建校至今的办学理念和取得的成绩得到了社会各界的认可和肯定，近年来学校每年都荣登全国独立学院百强榜，如图 3-2 所示。2016 年 1 月，河南理工大学万方科技学院在 2016 年中国独立学院综合实力排行榜上位居全国第二；同年，河南理工大学万方科技学院顺利转设为郑州工商学院；2017 年，郑州工商学院首次以民办大学身份参与中国民办大学排行榜评选，跻身全国八强；2018 年，郑州工商学院全国排名升至全国第七，稳居河南第一，郑州工商学院荣获由腾讯 · 大豫网主办的第七届教育金鼎奖“2018 年度品牌实力民办高校”荣誉称号，荣获“河南省教育厅高校德育工作评估第一名”“中国品牌知名度民办高校”和“河南省 2018 年度优秀民办学校”等多项荣誉。艾瑞深研究院 2018 年 5 月发布的《2017—2018 中国大学评价研究报告》显示，河南省民办高校位居全国 100 强的有 7 所，郑州工商学院位列全国第七名、河南第一名。2019 年，郑州工商学院又在校友会 2019 中国民办大学一流专业排行榜上排名第六，如图 3-3 所示；在校友会 2019 中国新一线城市最好民办大学排行榜上排名第四的成绩，如图 3-4 所示。2016 年以来学院的一系列跨越式发展肯定了学校的办学思路，为进一步深化教学改革，培养应用技术型人才，扎实办好特色应用型大学注入强大的动力。

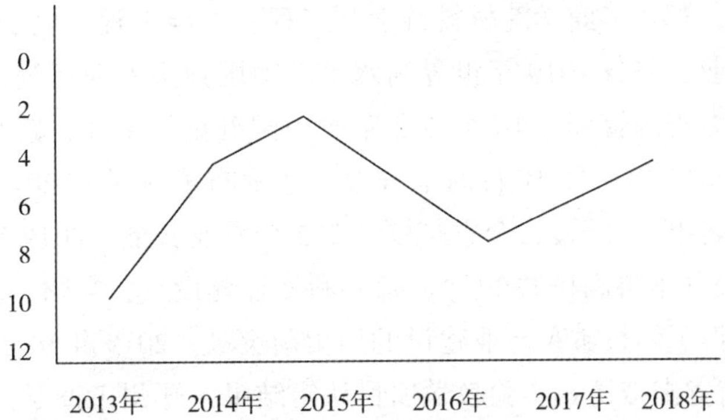

图 3-2　郑州工商学院校友会历年全国排名

校友会2019中国民办大学一流专业排名30强

名次	学校名称	2019年星级专业数					
		6星级	5星级	4星级	3星级	2星级	1星级
1	武昌首义学院	19	13	7	2	0	0
2	文华学院	18	13	8	1	0	0
3	西安欧亚学院	16	10	9	4	0	0
4	山东英才学院	15	12	5	2	0	0
5	三亚学院	14	16	9	5	0	0
6	郑州工商学院	13	16	13	6	0	0

图 3-3　郑州工商学院在校友会 2019 年中国民办大学一流专业中排名

校友会2019中国新一线城市最好民办大学排名20强

名次	学校名称	所在城市	全国排名	星级排名	办学层次
1	武昌首义学院	武汉市	1	6星级	中国顶尖民办大学
2	文华学院	武汉市	2	6星级	中国顶尖民办大学
3	西安欧亚学院	西安市	4	6星级	中国顶尖民办大学
4	郑州工商学院	郑州市	7	6星级	中国顶尖民办大学
5	武汉学院	武汉市	8	6星级	中国顶尖民办大学
6	西安培华学院	西安市	9	6星级	中国顶尖民办大学
7	湖南涉外经济学院	长沙市	11	6星级	中国顶尖民办大学

图 3-4　郑州工商学院在校友会 2019 中国新一线城市最好民办大学排行榜排名

在武书连 2019 中国民办大学排行榜中，郑州工商学院毕业生就业质量和升学率荣列全国前十、全省第一，涌现出国家奖学金获得者、中国大学生自强之星、中国大学生年度人物、赴海外服务的国际志愿者等一大批优秀学生。中国最具影响力和公信力大学排行榜品牌之一艾瑞深中国校友会网公布了 2019 年中国民办大学一流专业排名，郑州工商学院荣列全国民办大学一流专业排行榜第六、中国新一线城市最好民办大学排行榜第四。在 2019 年全国民办专业排行榜上，郑州工商学院材料科学与工程、测绘工程、电子信息工程等13个专业荣膺中国六星级专业，跻身2019年世界高水平、中国顶尖专业行列；地理信息科学、建筑电气与智能化、人力资源管理等16个专业荣膺中国五星级专业，跻身2019年世界知名、中国一流专业行列。2019年9月21日河南省教育厅发布了《关于2019年度河南省一流本科专业建设点拟立项名单的公示》，全省高校共275个专业获批“2019年度河南省一流本科专业建设点”，其中民办本科高校共30个一流本科专业建设点，郑州工商学院国际经济与贸易专业榜上有名，取得了学校本科专业建设的历史新突破。2019年9月26日，河南省教育厅发布2019年度河南省虚拟仿真实验教学项目认定结果，郑州工商学院商学院推荐的“基于云管理的多行业财务虚拟仿真实验教学项目”被评为2019年度河南省虚拟仿真实验教学项目（全省共获批153项），实现了郑州工商学院省级虚拟仿真实验教学项目零的突破。学院学生在国际音乐舞蹈艺术大赛、环球国际模特大赛、全国大学生数学建模竞赛、全国大学生电子设计竞赛、省大学生科技文化艺术节、测量技能大赛、程序设计大赛等国内外比赛中获得各类奖励近千人次，为扩大学校声誉做出了很大贡献。2020年1月14日，学校在郑州市2019年度高校安全工作先进表彰会中荣获2019年度高校维稳安保工作先进单位。

学校近些年不断提升科研水平和科研质量，教师科研成果硕果累累，为学校在民办高等教育领域的知名度和影响力锦上添花。根据河南省科学技术厅《关于下达河南省二〇一八年科技发展计划的通知》，学校4项课题获批立项。河南省科技厅项目属省级项目，申报名额有限，获批立项难度较大，学校通过各课题组与科研处的共同努力，在此类项目上取得进一步突破，每一年都实现递增式进步。根据河南省社会科学界联合会《关于下达2018年度调研课题项目的通知》（豫社科联字〔2018〕17号）文件，学校31项课题获得立项。根据《郑州市哲学社会科学优秀成果评奖办法》（郑办〔2009〕40号）的规定，经郑州市社会科学优秀成果奖评审委员会评定，学校20项课题结项，且经郑州市社会科学优秀成果评奖委员会专家评审，学校喜获优秀社科调研课题一等奖2项，二等奖1项，三等奖5项，并对26项课题予以立项。根据《河南省教育厅关于做好2019年度全省大中专院校就业创业研究工作的通知》（教学〔2019〕20号）要求，学校在高度重视、认真组织、积极申报的基础上，教育厅经网络匿名评审、会议集中评审及公示，批准确定2019年度学校大中专院校就业创业研究立项课题6项，2018年度全省大中专院校就业创业研究获奖课题9项、结项3项，第十二届全省大中专院校就业创业教育优秀论文获奖3篇。根据《2018年度河南省教育厅人文社会科学研究一般项目立项计划》的通知，学校15项课题获批立项，其中资助性计划项目10项，每项资助2万元；指导性计划项目5项。2019年8月，根据《河南省教育厅关于公布2020年度河南省高等学校重点科研项目计划立项名单的通知》（教科技〔2019〕522号）文件，学校6项课题获批立项（其中资助计划项目2项，指导计划项目4项）。2020年2月26日，学校2项课题获2019年河南省高等教育教学改革研究与实践项目立项（其中重点项目1项、思想政治理论专项课题1项）。

第二节 郑州工商学院发展的人才培养模式

郑州工商学院特别重视学校的内涵式发展，在人才培养模式上独创了“素质教育五项工程”和“四个育人”工程，目前已经在省内外享有很高口碑，形成了学校的品牌。学校的人才培养方案在以“强化基础、淡化专业、因材施教、分流培养”的思路下不断改进和完善，通过提升学生的思想品德、人文修养、语言组织表达能力、身心素质健康和社会实践素质，使教育教学的质量和学生的综合能力得到很大提升。同时，这几年学校毕业生就业率和升学率不断攀升。

一、“素质教育五项工程”

郑州工商学院前身河南理工大学万方科技学院自在郑州建立新校区以来，就鲜明提出了学生培养的特殊模式——构建“素质教育五项工程”。“素质教育五项工程”是学校为了契合原董事长李光宇先生倡导的教育理念，自 2010 年开始实施的一项重要校本工程，包括思想品德提升工程、书香校园工程、写作与口才训练工程、身心素质训练工程、社会实践工程，这种培养模式被纳入学生的人才培养方案，并具体落实到学生的第一和第二课堂的教育中。“素质教育五项工程”旨在弘扬学院德育特色，以第一课堂教育为基础，以品德提升、人文修养、语言表达、身心素质和社会实践教育为重点，以提高学生综合素质和能力为目标，构建覆盖课堂教学、校园文化活动和社会实践活动三位一体的素质教育体系和能力培养的长效机制，提高学生的社会适应能力和创新能力，使学生学会做人、学会做事、学会学习、学会生活、学会健体，为学生学业成就与事业成功奠定坚实基础。

（一）思想品德提升工程

“思以洗心品乃成，德以修身行居正。”思想品德提升工程体现了郑州工商学院始终坚持以立德树人为办学宗旨的教育初心，充分发挥了思想政治理论课的德育主阵地功能和辅导员的思想政治工作引领作用，为学生树立正确的世界观、人生观、价值观作出了科学指导，增强了学生的政治理论素养和个人品德修养，让学生首先学会做人。

（二）书香校园工程

“腹有诗书气自华，最是书香方致远。”书香校园工程要求学生在校三年或者四年时间里广泛阅读中外经典名著，利用学生学制的2/3（四或六个学期）定期、定量为学生进行经典名著督导。经典名著督导课被学校纳入学生的第一课堂教育，每周都由学生的班主任给学生上一节经典名著督导课，教学方式涵盖演讲比赛、小组讨论、辩论赛、视频展播、经典名句摘抄、论文比赛等，让学生爱上阅读，掌握阅读方法，培养阅读习惯，扩展知识储备，提升文化修养，丰富精神世界。

（三）写作与口才训练工程

“厚积博观丽章开，锦心绣口妙语来。”应用文写作训练与书香校园一样，被纳入第一课堂的教学环节，由学校的大学语文专任教师为学生进行常规公文类写作规范和技巧的讲解、训练，提高学生的写作能力。口才训练的方式包括课前演讲、辩论赛、角色模拟、主题演讲比赛等多种多样的方式，学生大一入学的军训课的必备环节之一就是口才演讲训练，学生在校三到四年期间利用每周上午第一节课和下午第一节课课前十分钟在讲台上进行口才演讲训练，由任课教师针对演讲情况进行点评和指导。通过坚持不懈的训练和培养，使学生拥有敢于演讲的自信，掌握基本的演讲技巧，切实提高语言组织能力和表达能力，进而提升学生的综合素质。

（四）身心素质训练工程

“动以修身兴吾志，静以养心可全事。”身心素质训练工程要求学生在校每天早晨起床参加晨练，这项工作由各班辅导员督促完成，由学校和各分院督导以及学生处进行监督。除了晨练，还有课外体育锻炼，使学生在校期间能够掌握1～2项运动技能，培养体育锻炼习惯，养成健康的生活方式。目前大学生心理问题比较多，郑州工商学院设置了专门的心理咨询中心，建立“三级联防”工作机制，切实加强学生心理健康教育，解决学生遇到的学习、生活、精神上的困惑，提升学生的心理素质，培养学生心理自我调适和抗挫折能力。

（五）社会实践工程

“纸上得来终觉浅，绝知此事要躬行。”社会实践工程采用学校统一指导和学生自主设计相配合的方式。从学校层面来看，学校的校企合作和社会实践工作享有很高的声誉与社会口碑，赢得了学生、家长和社会的广泛赞誉，每一学年利用寒假和暑假的空余时间，学校就业处和学生处通过深入调研，选择合适的知名企业作为学生社会实践单位，派出辅导员、各团总支书记、各分院院长和学生处的行政管理人员以1∶100的配比为学生社会实践的安全保驾护航，学校与中铁电气化局集团、富士康、索尼电子、昆山纬创、昆山资通、山东歌尔、新浪、百度、腾讯、中国石油、中国石化、中国移动、中铁十八局、南方航空公司、海南航空公司、河南省歌舞剧院等知名企业开展校企合作，实习、实训、就业平台广阔。通过扎实的校企合作和产教融合，使学生所学的理论知识有用武之地，培养了学生独立思考、动手操作的实力，在实践中融会贯通，掌握各项专业技能，把自己打造成适应专业工作需要的应用型高级技术人才和管理人才。从个人层面来说，除了跟随学校统一组织的社会实践团队进行实践之外，要求学生必须在每一个寒暑假进行个人社会实践活动，由学校、辅导员和班主任层层考察和督导，分层推进的社会实践教育体系。这培养了学生吃苦耐劳、感恩奉献、敢于担当的品质，培养了学生的实践能力和探索创新素质，使学生在实践中增长才干，增强社会责任感，促进学生成长成才。

二、“四个育人”工程

为了不断提升学校的内涵，郑州工商学院在坚持建校之初就打造的“素质教育五项工程”之外，又逐步建立了人才培养的“四个育人”工程，即文化育人、教学育人、管理育人、制度育人，坚持以立德树人为根本指针，以提高学生综合素质为教育教学目标，以实现学校的内涵发展为各项工作的主线，狠抓教学质量，为社会培养“站起来能讲、坐下去能写、走出去能干”的“三能”人才。

（一）坚持良好氛围引领发展，把“文化育人”做活

学校对校园文化建设非常重视，始终坚持校园文化是学校发展的软实力，在吸收优秀传统文化的基础上，坚持时刻从实际出发，随时结合学校的校情和学生的学情，凝练学校独具特色的精神文化，通过教育学生时时刻刻关注国情、了解党情，坚定不移跟党走，遵守国法党规、校规校纪，引导学生树立“让尊重成为一种美德”“让宽容成为一种品质”“让文明成为一种习惯”“让读书成为一种修养”“让挫折成为一种资本”的观念，形成良好的校园文化氛围。尤其是通过支援西部计划、社会实践活动、参与公益活动等一系列亲身参与的实践活动为契机，适时对学生实施文化育人，贯彻立德树人教育目标（参见【典型案例】郑州工商学院让“智慧团建”走进乡村，对学生进行适时“文化育人”）。

以学校引导大学生志愿服务西部计划为例，在学校立德树人的教育理念下，每一年都为西部贡献了大量人才。经河南省大学生志愿服务西部计划项目管理办公室、河南省大学生志愿服务贫困县计划项目管理办公室考核评选，在学校团委设立的西部计划项目办公室荣获“2017 年度河南省大学生志愿服务计划优秀高校项目管理办公室”称号，这也是继 2016 年后再次获此殊荣。

自 2009 年以来，学校团委按照团中央、团省委安排部署，高度重视、广泛动员，积极引导学生到西部建功立业，并一直把大学生志愿服务西部计划、贫困县计划作为育人工作和人才培养的重要平台，从强化领导、着力健全组织、完善机制，加强宣传报道力度，按照公开招募、自愿报名、组织选拔、跟踪服务等多个方面推动大学生志愿服务工作，并取得了良好成效。2017 年，学校共有 1 150 人报名西部计划及贫困县计划，根据申报者的学习情况、工作能力、志愿服务等情况进行严格审核筛选，经过个人申请、网上报名、笔试、面试、体检、心理测试等环节，共选派了 23 名志愿者奔赴新疆、西藏、省内贫困县等地，以志愿服务的方式从事为期 1 ~ 3 年的教育、扶贫、基层社区管理、基层法律援助和基层青年中心建设与管理等方面的工作，为加快新农村建设步伐和促进区域经济协调发展贡献力量。

与此同时，学校团委老师与西部计划志愿者保持密切联系，并给予同学们工作和学习上的支持。比如在接到新疆和田志愿者焦兵同学的消息后，院青年志愿者协会即刻联合各分院青年志愿者协会举办“援助和田，传递爱心”活动。活动受到学院领导的高度重视，同学们也积极参与，广泛宣传，纷纷奉献爱心，共捐献衣服 1 045 件、书本 381 本、文具 193 件。活动得到了人民网等主流媒体的报道，受到了社会各界的广泛关注和赞誉。多年来，学校志愿者真诚付出、无私奉献，不惧艰难困苦，投身西部建设，把对祖国的满腔热爱化为具体行动，将青春投入西部事业，用实际行动奏响了“到西部去、到基层去、到祖国和人民最需要的地方去”的时代强音，向社会展现郑州工商学院学子健康发展、蓬勃向上、以实际行动报效祖国的精神面貌。

再比如，学校青年志愿者协会通过绿色出行、公益活动、入驻河南省青少年生态环保社团联盟团体会员等一系列活动，践行把“文化育人”做活的理念。2019 年在河南省废物旧纺织品回收再利用公益联盟评选中荣获“优秀志愿团队”，学校青年志愿者协会紧紧围绕“奉献、友爱、互助、进步”志愿者精神，广泛开展了“衣往情深”爱心捐衣、新疆和田爱心捐助等社会公益活动，通过有序回收旧衣物，将可用的衣物转赠给贫困儿童家庭、不可用的衣物做工业化处理进行循环再利用，充分激发了广大学生社会责任感、奉献意识、环保意识，从而达到勤俭节约、爱心助人、绿色环保、循环低碳的公益目的。此外，几乎每一年的“世界艾滋病日”，青年志愿者协会和后勤处医务室都会通过设立咨询点、悬挂横幅、张贴宣传画、发放宣传资料等方式，宣传艾滋病的传播途径、发病机理、症状、危害、防治措施等知识。广大师生也积极响应，纷纷在横幅上签名，并书写防艾宣言。

【典型案例】

郑州工商学院让“智慧团建”走进乡村，对学生进行适时“文化育人”

为深入学习贯彻习近平新时代中国特色社会主义思想，引领教育广大青年学生在社会实践中受教育、长才干、作贡献，郑州工商学院青年学生积极响应全国大学生暑期“三下乡”社会实践号召，校学生会成立郑州工商学院助力“第一团支书”工作专项服务团前往河南省三门峡市横涧乡雷家村进行暑期社会实践活动。

第一站　“不忘初心 薪火相传”——走访慰问雷家村老党员

2019 年 7 月 1 日是中国共产党成立 98 周年，为庆祝党的生日，服务团在雷家村举办了郑州工商学院助力“第一团支书”工作专项服务启动仪式暨“不忘初心 薪火相传”走访慰问老党员活动，共青团河南省委基层组织建设部古生辉同志出席活动。

志愿者们跟随古生辉同志进入雷家村，在村委会的协助下，一一走访、慰问老党员。其间，古生辉同志亲切地与老党员拉家常，详细了解老人们的身体状况和生活情况并送去慰问品。82 岁的老党员雷爷爷年轻时是村里的一名骨干，在交流过程中他说：“现在孩子们都在城里工作了，前两年卢氏的路不好走，孩子们回来一趟也不方便，村里的驻村书记时常来探望，有什么困难都及时帮我们反馈解决，感觉心里踏实。这两年，县里变化也大了，高速公路通了，听说还要建高铁，生活条件越来越好，来我们这旅游的人也越来越多，感谢组织一直以来关心我们这些老党员，为我们送来健康和温暖。”活动过程中，古生辉同志鼓励青年志愿者毕业后要扎根基层，学习老一辈共产党员坚定的信念和吃苦耐劳的崇高品格，把自己在学校学到的专业知识和技能用于改善贫困地区的经济面貌上，到祖国最需要的地方去建功立业，不忘初心，牢记使命，薪火相传，砥砺前行。

第二站　“青春心向党 建功新时代”主题团日活动

2019 年是中华人民共和国成立 70 周年，也是五四运动 100 周年，为了认真学习宣传贯彻习近平总书记在纪念五四运动 100 周年大会上的重要讲话精神，大力弘扬以爱国主义为核心的五四精神，助力“第一团支书”工作专项行动服务团在雷家村委会举办了“青春心向党 建功新时代”主题团日活动。古生辉同志与郑州工商学院校团委武优老师带领团员青年一起参加主题团日活动，分享交流学习习近平总书记在纪念五四运动 100 周年大会上的重要讲话的体会和收获，进一步明确新时代中国青年坚定不移跟党奋斗的责任与担当。

活动中，同学们重温了入团誓词，积极发言，谈感受、谈心得。志愿者和冠龙同学谈到实践过程中的体会时说："我认为本次实践活动对我来说非常有意义，一直在城市生活的我还是第一次走进农村，感受当地的风土民情。我与村民交流的时候，真正意识到了国家的政策是怎么落实到百姓身上的。在社会快速发展的时代，我们只有紧跟时代步伐，坚定不移地跟党走，努力学习科学知识，才能够让村民们的生活越来越好。"志愿者于吉洁谈道："参加社会实践，我们都有了特别大的收获，我们一起慰问党员，帮老人干农活，陪他们说话，教孩子们写作业，为村子里建立团支部做准备工作，尽我们所能去带给别人温暖。我觉得这是件特别有价值有意义的事情，在自己带给别人快乐的同时，自己的内心也是幸福的。"

交流中，古生辉同志对同学们吃苦耐劳、拒绝安逸、挑战自我的态度表示肯定，并表示，本次实践团队的同学都是郑州工商学院品学兼优的学生，同学们精神饱满、朝气蓬勃的状态展现了郑州工商学院学生的良好风貌，预祝同学们在接下来的实践工作中，一切顺利，收获丰硕成果。与此同时，古生辉同志希望同学们在接下来的实践过程中注意安全，团结协作，在实践中增长才干。

第三站 "特别的爱给特别的你"——支教共筑孩子未来

百年大计，教育为本。国家发展的核心力量载体是人才，教育是培养人才的关键。为了改变落后地区的教育现状，为落后地区提供和培养人才，奠定落后地区发展的人才资源基础，从而改变落后的面貌，志愿者们来到当地，进行了支教活动。

支教团队于早上8：30到达村委，村主任将放暑假回来的小朋友聚集在一起，并帮忙安排好了支教团队的物资需求。此次支教团队主要辅导小朋友们的假期作业。在辅导作业的过程中，支教老师不仅给小朋友们带去了知识，还和小朋友们进行了多种互动交流，小朋友们所表现出的好奇心与学习兴趣让支教团队的成员感到惊喜。支教活动结束后，校长和志愿者进行了热情的交流，他非常支持爱心支教活动，并且希望以后有更多的学子能走进乡村学校进行支教。此次爱心支教活动为志愿者提供了宝贵的教学实践活动平台，进一步提高了同学们的教育技能与教学素养。

第四站 夯实团的基础建设——"智慧团建"进乡村

为落实从严治团的要求，提升基层团的组织力，在郑州工商学院助力"第一团支书"工作专项行动服务团的精心策划、布置下，7月4日，共青团三门峡市横涧乡雷家村团支部成立暨2019年团员大会召开，大会由崔靖主持，驻村第一书记昝红宇、县总工会常务副主席张宝军、共青团卢氏县委副书记李洋、共青团横涧乡团委书记李栋梁、雷家村村委会主任雷随义、雷家村村务监督委员会主任刘海波出席了大会，全村团员参加了大会。本次大会的主要议程是选举产生共青团横涧乡雷家村第一届支部委员会和书记、副书记。

大会伊始，由驻村第一书记昝红宇致开幕词，并对本次大会的顺利召开提出了殷切期望。他表示，要坚持社会主义核心价值观，引导广大青年将个人的理想与国家紧密联系，以实际行动报效国家，服务人民；要通过建立学习型团组织，不断完善机制，从而使共青团工作做到让上级组织放心，让青年满意。之后，县总工会常务副主席张宝军做报告，对将要成立的村团支部工作提出了几点建议：学以致用，着眼于村子发展的新方向，自觉用科学发展观武装头脑；以“脱贫攻坚”为主线，制定切实可行的脱贫规划和发展思路；号召新当选的团委委员围绕组织青年、引导青年、服务青年，不断开创共青团工作的新局面。大会通过了工作报告，并宣读选举投票办法，经举手表决通过了监票人、计票人名单，本着民主、公开、公正的原则，采用无记名等额的方式进行选举，最终决定，由刘海波同志为团支部书记，刘娥、雷波同志为团支部副书记。

选举后，新当选的团支部书记刘海波同志讲话。他指出，接下来要带领广大青年团员，明确青年工作的方向，找准工作定位，制定切实可行的规划，以思想建设为核心，坚持党建带团建，不断提升合作能力和服务能力，为全村发展建功立业。

在激昂的《国际歌》歌声中，大会落下帷幕，至此，雷家村团支部在志愿队员的帮助下正式成立。据悉，这是三门峡市第一个成立的村团支部，是团的思想教育、组织建设和独立活动的根本落脚点，相信在团支部的带领下，雷家村村委工作会再上一个新台阶，团员青年也会成为发展各项工作的先锋。

团支部成立大会结束后，郑州工商学院助力“第一团支书”工作专项行动服务团着手协助雷家村团支部开展“智慧团建”工作。“智慧团建”是在互联网思维下共青团对发展、运作、服务和管理等模式的创新，是对原有共青团工作流程进行高效优化整合的有效举措。在全面了解雷家村的团员分布情况，实践团挨家挨户走访，调研并收集团员信息，规范团员档案管理，并通过“智慧团建”系统做好团员信息录入工作，夯实农村基层团组织建设工作，让雷家村共青团建设实现信息化，更好地凝聚青年，引导青年团员提高对共青团的认识，增强对团组织的信赖。

通过暑期“三下乡”志愿服务活动，郑州工商学院志愿队员不仅与雷家村村民建立了深厚的友谊，全心全意为村民服务，增长了个人的社会经验与日常生活技巧，更引导了大学生深入社会，到条件艰苦的环境中去，培育自觉为人民服务的责任意识，将所学理论知识与社会实践相结合，把党的政策和党的温暖带到农村，还对学校的教育发展建设起了重要的推动作用。

（二）坚持继承创新融合优势，把“教学育人”做实

郑州工商学院在人才培养模式上从来不循规蹈矩、一成不变，而是时刻根据社会发展实际及时改进调整，不断进行教育教学改革（参见【典型案例】郑州工商学院高等数学教学改革综述和郑州工商学院大学英语分级教学改革述评），调整专业设置和人才培养方案，切实提高人才培养质量。着力构建以“一个突出、两个能力、三个注重、四个标准、五个创新”为主要内容的教学体系，不断提升教育教学质量，丰富和完善教学管理机制，坚持继承创新融合优势，把“教学育人”做实。比如，在第十届全国大学生广告艺术大赛中人文艺术学院2016级视觉传达设计专业的谷静娴获得全国优秀奖，成为学校学生首

次冲出河南赛区获得的第一个全国奖项；王子萌、牛璐瑶获得河南赛区二等奖，刘浩宇、贺真获得河南赛区三等奖，孙晓华老师被评为优秀指导老师。此次比赛既锻炼了学生的专业素养和设计水平，也为学生以后的学习和发展起到了重要指引作用。再比如，在首届郑州国际时装周暨郑州国际时尚文化周之国际大学生服装设计大赛中，学校2016级服装与服饰设计专升本学生杨树作品《Bloom》喜获亚军，2015级服装与服饰设计专业学生宋宸作品《Confidence》喜获季军，2014级服装与服饰设计专业学生郑惠贤作品《绽放》与2015级服装与服饰设计学生程帅作品《独孤》喜获“十佳设计奖”奖项，2014级服装与服饰设计专业学生王迪作品《五谷丰登》喜获“最佳创意设计”奖项，同时学校在本次大赛中荣获“优秀组织”奖。本届大赛有来自中国、俄罗斯、韩国、日本、比利时、马来西亚等国家的优秀设计师报名参加，通过层层选拔，最终53位选手的400多套服装入围总决赛。大赛决赛期间，学校学生的设计作品在结构、工艺、材质方面的设计表现得到大赛组委会的一致好评。

【典型案例】

郑州工商学院高等数学教学改革综述

高等数学是一门重要公共基础课，学生对高等数学的掌握情况直接关系其后续课程的学习，也是体现学院教学水平的重要载体。郑州工商学院的办学定位是为社会培养应用型人才，强化基础，淡化专业。根据原董事长李光宇先生的办学理念，公共基础教学部（简称“公教部”）对高等数学课程教学改革的总体思路和做法是因材施教，学以致用。如何教好这门课程？高等数学的课程教学应怎样进行改革？十年来，公教部针对高等数学课程的教学改革做了如下工作。

1. 严把教材选定关，制定符合学生实际的教学大纲

从专科教学情况看，学生普遍基础较差，2009级专科学生使用的教材难度较大，与专科生的文化基础不符。自2010年开始，数学教研室组织教师编写符合学校专科实际情况的《高等数学》教材一部，经过2010级、2011级的教学实际情况和学生考核情况看，内容还是偏难，故2011年又组织编写了第二本专科《高等数学》教材。第二本教材的最大特点是从初中数学公式和高中数学知识点开始讲起，这部分的篇幅占总学时的五分之一左右，但高等数学部分的内容大多数学生还是不容易理解，在一定程度上影响了教学效果。故2014年开始，数学教研室一直在讨论研究专科《高等数学》是否可以改为《专科数学》来教学，如果改为《专科数学》，高等数学教学部分大幅度删减，主要教学内容为初等数学、简单的数量关系和趣味数学三大模块。目前正在调研论证此项工作。本科方面，自2010级开始，工科本科和经济类本科分开，工科本科上高等数学课，经济类本科上微积分课，课时安排为工科两学期168学时，经济类两学期144学时。另外，为适应本学院本科学生实际情况，数学教研室组织教师编写《微积分》《概率论与数理统计》教材各一部，自2012级学生开始使用，从使用情况看，自编教材较受学生欢迎。

2. 改进教学方法与教学手段，不断提高教学质量

为了使老师们互相学习、取长补短，高等数学教师实行了“集体备课、分工钻研”的方法，组织开展互听互评、观摩、优秀教案评选等活动。(1) 每个学期初，教研室召开教学研讨会议，结合本学期情况，提前对教材进行集体研讨，分专业（工科本科各专业、经济类本科各专业)、分层次（专科各专业）确定教学内容和教学进度。(2) 每学期组织7～8位教师讲授教学观摩课，课下大家集体讨论，共同研究教学方法，结合学生实际情况，制定适合本校学生实际情况的教学方法和内容。(3) 单周二系部组织所有教师召开教学研讨会，活动内容包括交流教学体会、讨论设想、信息介绍等。树立改革意识、科研意识与质量意识，不断提高驾驭教材的能力、教学设计能力、课堂教学能力、评价与总结教学的能力。(4) 课堂教学尽量采用启发式教学，注意教学的启发性，培养学生的独立思维。首先，在教师对教材的处理上，照本宣科的教学绝不是启发性教学。教案、讲稿是教师掌握、讲授教材的结晶，但不是一成不变的。因此，应因时、因学生而变。其次，在教学方法上，让全体学生参与教学，共同探讨。让学生独立思考、主动学习，对同一问题可变换角度提问；或在讲授时故意引入错误观点，树立对立面，对比质疑，引发学生独立思考的兴趣。(5) 教学手段现代化。在教学中老师们将传统的黑板、粉笔加教案的教学方法与多媒体教学结合使用，针对部分章节，引进现代教学手段多媒体进行教学。一方面，可使教学内容得到拓宽，除课本内容外还可介绍科技新动态，将传统的数学教学中不能直观表示的抽象概念、定理等通过图表、图像、动画等多媒体生动地表现出来，从而加深了学生的印象，使学生易于理解和掌握，激发学生的学习积极性；另一方面，又解决了课堂信息量不大的问题，使教学过程灵活多样，多媒体教学使教学更为直观，对于一些较复杂的图形可以清晰表达出来，教学更具动感，增强学生的学习兴趣，保证教学效果。

3. 推进试点教学和考核改革

教学方式方面，鉴于专科学生的实际情况，对于2013级新生的分层次教学做了试点（建测系2013级工程测量与监理专业），但由于在大一新生刚入校时分班，不能很好地掌握学生的实际学习水平，并且分班的时候不是学生完全自愿报名，在分层级初期，快班学生学风较好，但是其他课程没有分层教学，快班、慢班仍然在一起上课，班级整体学风日趋下滑，分层次教学并没有取得理想结果。

在考核方式方面，最初专科高等数学考试同本科高等数学考试，第一学期为平时成绩和期末成绩，比例为2∶8；第二学期为平时成绩、期中成绩和期末成绩2∶2∶6；经过认真探讨，现行的考试方式为平时成绩和期末考试各占50%，且专科不再进行期中考试。

4. 配合专业系部制定人才培养方案，注重教学内容

数学教研室参与了全院数学开课系部人才培养方案的制定，在和专业课教师充分沟通的基础上，对专科教学课时初步拟定如下：工科专科高等数学课时不变，开设两学期，每周4

学时；经济类专科各专业学时减半，2 学期，每周 2 个学时。工科本科（建测系、信工系）课时保持不变；经济本科（经管、会计）课时减少 32 学时，变为 112 学时。另外，根据对系部专业课老师征求的意见，本着用多少讲多少的原则，重新拟定了下学年工科类专科和经济类专科各自教学内容。

【典型案例】

郑州工商学院大学英语分级教学改革述评

近几年教育部关于深化高考教育制度改革出台了重大举措，其中提议英语等科目一年进行多次考试，以及调整大学英语四六级题型，使得大学英语教学的改革进入新的阶段。郑州工商学院以培养应用型人才为目标；而大学生大多有独立的个性，思想活跃，有很强的社交能力，但是自制力偏差，大学专业性增强，加上偏科，导致大学英语成绩两极分化明显。针对这种情况，学院大力推行大学英语教学改革，希望从根本上改善大学英语的学习情况。

1. 分班依据

依据学校条件，实行物流和法学两个专业的试点分班，分为 A（提升班）/B（基础班）两个班级。最原始的分班依据是学生高考时的英语成绩，两个法学班以及两个物流班的学生分别进行重新组合。在每一学期期末考试结束，都会有调整，调整比例为 10%，即 A 班的后 10% 和 B 班的前 10% 进行调整，这个调整会在充分尊重学生意愿的基础上进行，以督促学生更好地学习英语，以期达到更高的英语水准。A、B 两个班级所用教材（《新视野大学英语》）一样，便于期末考核调整，但是两个班级有不同的教学大纲和教学进度，内容深浅不同，讲授方法不同，教师依据学生的程度进行授课，在同等程度的学习者中，学生学习英语的积极性会相对高一些。

2. 实施情况

第一，情绪安抚。大学英语分级教学实施的开始阶段，由于思想工作不到位，出现了 B 班部分学生的消极抵抗情绪，学习积极性不是太高，A 班部分学生认为自己底子差，想调到 B 班，造成分级教学的实施产生了一定的困难。经过英语老师的耐心引导以及辅导员老师的开导，学生普遍扭转了学习态度，认真学习，全身心地投入到英语学习中。

第二，大学英语分级教学、分类指导，意在满足不同层次、不同水平、不同学习目的的学生的要求。通过分级，A 班学生学习英语的程度更深，词汇量要求更高，听说读写译各项技能均要求达到一定水准。对于 B 班学生，则要照顾到大多数学生的需求，从入门开始，加强基础训练，补充相关语法知识，适当扩大词汇量，将相关话题引入课堂，在活跃课堂气氛的同时引导学生参与课堂讨论，鼓励 B 班学生多说多用，由浅入深，循序渐进，逐渐增加学生学习英语的兴趣。

第三，授课方式的改变。学校的大学英语是 4 个课时的大学英语读写和 2 个课时的大学英语听说，小班授课，便于管理。改变以教师为中心的教学模式，逐渐启发学生思考问题。A 班学生基础较好，老师可以提供相关话题，让学生自己去找资料进行讨论，老师再加以总结，这样不仅学生能积极参与课堂活动，也能扩展学生的知识面。B 班学生基础较弱，重点在引导学生入门，提高学习兴趣，对学生的要求要松紧有度，不能急于求成。老师尽量使用简单的英语表达，意在让学生听懂，鼓励学生用英语表达，帮助学生用之前学过的相关知识对新的知识进行解释。

第四，增加课外辅导答疑。大多学生不是学不会，而是自制能力差，布置的任务只有个别同学能够认真完成，是因为大多学生应付了事，这给教学任务带来了一定的阻碍。增加课外辅导答疑，意在让老师和学生进行更多的交流，不仅是学习上的，还可以是生活方面的，从情感上培养学生对老师的信任感。老师严格要求每个学生完成任务，适时给予表扬和鼓励，让学生自己有意识地学习英语。

第五，认真总结考核情况。期末考试成绩不仅仅包括卷面成绩，还包括口语成绩、平时成绩等。每学习一个阶段，都考核一次，掌握学生的学习动态。比如本阶段学生普遍听力失分严重，可以在下一阶段的授课中多练习听力，多关注单词拼写以及对话的语境，用黑板写出关键词，帮助学生很好地聚焦听力训练。

第六，老师的认真负责和学生的积极配合是大学英语分级教学实施的关键。老师注重情感交流，多鼓励学生，多帮助学生树立学习英语的信心。学生从内心不排斥英语，A 班学生不骄傲自满，B 班学生不自卑羞涩，都以提高自身英语水平为目标，共同努力，互帮互助，形成学习英语的良好氛围。

3. 分级教学小结

新的教学模式不仅实现了从以教师为中心、单纯传授语言知识和技能向以学生为中心、更注重培养语言运用能力的转变，更是为不同起点的学生提供不同的教学重点，确定不同的教学进度，对学有余力的学生培养特色，使基础薄弱的学生全面发展，真正做到因材施教，打造学生自主学习和个性发展的平台。学校自实施分级教学试点以来，各级领导和部门都给予了极大的关注和关怀。无论是师资的分配、教学大纲的制定、教学进度的安排，还是督导组的反馈、教务系统中学生名单的调整，学校都尽力为提高大学英语分级教学提供条件。从实际的教学效果来看，学生学习英语的兴趣有所提高。

（三）坚持科学制度以人为本，把“管理育人”做细

郑州工商学院无论在辅导员、班主任管理还是学生管理中始终坚持“和学生在一起”的管理理念，通过细化辅导员工作和班主任工作职责，比如辅导员工作的“一、二、三、四、五、六”方针和班主任工作的“六个一”标准，使学生在大学期间与自己关系最密切的管理人员“心”在一起、“身”在一起、“情”在一起、“学”在一起、“玩”在一起、“苦”在一起，班主任老师时刻了解和洞察学生的所思所想，学习和生活的变化，掌握学生的需求，从专业的角度给学生指导职业生涯规划、解答专业知识困惑、解决学生的心理矛盾，做学生的良师益友。

2019 年 10 月课题组对郑州工商学院不同学院、不同专业的学生进行了问卷测试，共发放试卷 200 份，其中有效问卷 195 份，有效率为 97.5%。调查发现，该校辅导员老师具有很

强的责任担当，数据和调研内容见表 3-1 ~ 表 3-13。在与辅导员座谈时候，大部分辅导员对自己思想政治工作引领角色认同度比较高，有的辅导员表示："辅导员的主要职责体现为对学生的心理活动的关注；对学生在生活或者学习中遇到的困难要及时关注，及时解决；对于学生的日常管理要严格，让学生养成良好的生活作风与习惯；在党团建设方面要乐观向上，使学生积极参与。辅导员角色不仅仅是日常管理工作，更重要的是学生的引导，保证学生紧跟党的领导，为社会主义建设做贡献。"有的辅导员表示："作为一名思想政治辅导员，首先要真正地和学生在一起，思想上引领学生保持一致高度，其次是生活中和学生玩在一起、想在一起。对于自己的角色定位，第一为学生学习和人生路上的导师，第二为生活中关心他们的长姐，第三是他们贴心的知心朋友。"

表 3-1　（多选）您认为您的辅导员工作职责有哪些？

选项	A. 日常管理	B. 思想教育	C. 素质培养	D. 监督学习
数量	151	139	158	134
百分比	77. 4%	71. 3%	81. 0%	68. 7%

表 3-2　（单选）您认为您的辅导员最重视的工作是什么？

选项	A. 日常管理	B. 思想教育	C. 素质培养	D. 监督学习
数量	81	55	49	10
百分比	42%	28%	25%	5%

表 3-3　（单选）您认为辅导员对思想政治教育工作重视程度如何？

选项	A. 非常重视	B. 重视	C. 一般	D. 不重视
数量	126	67	2	0
百分比	64. 6%	34. 4%	1. 0%	0%

表 3-4　（多选）您的辅导员平时开展的活动有哪些？

选项	A. 思想理论教育和价值引领	B. 党团和班级建设	C. 职业规划与就业创业指导	D. 网络思想政治教育	E. 心理健康教育与咨询工作	F. 学风建设
数量	157	155	129	110	129	135
百分比	81%	79%	66%	56%	66%	69%

表 3-5　（单选）您认为辅导员扮演的角色是什么？

选项	A. 学生的服务者	B. 学生的管理者	C. 学生的指导老师	D. 学生的良师益友
数量	12	13	38	132
百分比	6%	7%	19%	68%

表 3-6 （单选）您与辅导员的关系如何？

选项	A. 无话不谈，亦师亦友	B. 经常交流，包括学习和生活方面	C. 沟通一般，主要是一些日常事务	D. 很少沟通交流
数量	81	82	26	6
百分比	42%	42%	13%	3%

表 3-7 （单选）辅导员本学期到学生宿舍的次数为多少？

选项	A. 没去过	B. 每周 1～2 次	C. 每周 3 次以上	D. 每月 2～3 次
数量	3	107	52	33
百分比	2%	55%	27%	16%

表 3-8 （单选）本学期辅导员与您谈话次数为多少？

选项	A. 1 次	B. 2 次	C. 3 次及以上	D. 没有
数量	16	47	111	21
百分比	8%	24%	57%	11%

表 3-9 （单选）如果您心理出现问题时，会选择哪种途径？

选项	A. 第一时间找辅导员寻求心理咨询	B. 自己先尝试解决，不能解决时会寻求心理咨询	C. 会在校外医疗机构寻求心理咨询	D. 无论如何都不会寻求任何心理咨询
数量	85	94	0	16
百分比	44%	48%	0%	8%

表 3-10 （单选）您遇到压力和烦心事的倾诉对象是哪个？

选项	A. 知心的朋友	B. 家人	C. 心理医师	D. 自己的辅导员、班主任等老师
数量	142	15	4	34
百分比	73%	8%	2%	17%

表 3-11 （单选）辅导员平时开展思想政治教育工作最常用的方法是什么？

选项	A. 润物细无声地灌输	B. 情感浸润感化教育	C. 在解决实际问题中教育	D. 在日常管理服务中教育	E. 授课注入式教育	F. 民主班会讨论式教育
数量	20	41	53	64	7	10
百分比	10%	21%	27%	33%	4%	5%

表 3–12　（单选）您通过辅导员引导，对学校的论坛、微信公众号等网络平台的关注情况如何？

选项	A. 经常关注，并参与互动	B. 关注，以浏览为主	C. 偶尔关注，随便看看	D. 很少关注
数量	75	95	18	7
百分比	38%	49%	9%	4%

表 3–13　（单选）您的辅导员开展思政教育工作最常用的载体是什么？

选项	A. 班会或学生座谈会	B. 举办讲座，报告会	C. 个人谈心谈话	D. 微信、微博、QQ 等网络平台
数量	137	5	43	10
百分比	70%	3%	22%	5%

各位学生在“您的辅导员对您的影响大不大？您认为他（她）最大的闪光点在哪里？”这个问题的调研中，各位学生普遍反映辅导员老师对自己的影响很大。

同学一：“我认为辅导员对我的影响大。她最大的闪光点是无论在学习、生活、思想、还是平时的琐碎事情上，都积极热情，全心全力地为学生服务。”

同学二：“影响大。善解人意，善于与人沟通，平易近人，尽职尽责，每周都会查宿舍以及开班会，考虑问题全面细致，关心同学，没有老师的架子，与学生能够做到平等交流。”

同学三：“非常大。闪光点：能快速地了解我们每个人的情绪，会在我们遇到情感上的问题或者生活上的某些难题时，给予帮助；为了让我们在大学里的生活和学习规律更加合理，会面面俱到地对我们进行管理和引导。”

同学四：“非常大。一心一意为学生，能为学生考虑到除学习以外的生活方面，以及学校里的各种事情，使同学们感受到温暖，在这种关怀与帮助的环境下全面发展。”

同学五：“影响较大。负责认真，站在学生的角度为学生考虑，经常深入宿舍关心学生生活，督促同学们努力学习，使学生们感受到温暖。”

同学六：“影响大。善于融入同学们之间，平易近人，像知心朋友，可以给她诉说自己的苦恼和烦心事，她也会像大姐姐一样安慰我们。有的时候她又像家长，会要求我们整理好自己的书架、柜子。她以实际行动影响着我们每一位同学。”

同学七：“影响大，考虑问题全面，不管是我们的生活中还是学习上，她都非常负责，帮助我们解决出现的问题，生活中强调我们的安全问题，要求我们时刻保护自己，学习上，要求我们上课不玩手机，不迟到旷课，让我们养成良好的习惯。”

同学八：“我们辅导员漂亮大方，可爱迷人。她坐下来能写，站起来能说。她让我们改变挺大的，对我们有颇深的影响。我们都以她为目标，向她学习。”

同学九：“我认为辅导员对我个人影响很大。他最大的闪光点在平时经常与学生交流，平易近人，在学习、工作中帮了我很多。”

同学十："她只比我们大三岁，她知道我们的想法，很开明，善解人意。我认为我的辅导员对我的影响非常大。她最大的闪亮点在于她用自身最积极的一面来感染我们，使我们始终充满理想与希望。"

同学十一："影响大。老师对学生们认真负责，了解同学们的问题，平易近人，更亲近同学，帮助同学们解决问题。"

同学十二："影响大。对人态度和蔼可亲，平易近人，有原则性。自身魅力很大，做事认真负责、不怕累，非常靠谱，做起事来一丝不苟，以身作则，用实际行动教育同学。了解我所学专业，能指导学业规划。教会我们为人处世，教会我们大学生活应怎样度过，教会我们怎样去感悟大学生活。"

同学十三："辅导员对我的影响很大。老师为人谦和，说话很温柔，能够设身处地地为同学着想，从不呵斥或严厉批评学生，总是用真情实感去关怀学生、教育学生。"

同学十四："辅导员对我的影响很大，亦师亦友，平易近人，好沟通，可以谈心，既是一位好老师也是一个好益友，工作效率高，有想法，责任心强，言出必行，在为人处世方面对我帮助很大，教我们树立正确的三观。"

同学十五："辅导员老师对自己的影响很大。她工作积极认真，对学生负责，平易近人，办事效率是顶尖的。"

同学十六："影响大。比较认真，负责任，对生活中遇到的困难比较上心。在我看来辅导员同时也是一位任课教师，在同学们面前谈笑风生，最值得我们学习。"

同学十七："平易近人，像朋友，像老师，赏罚分明。我的辅导老师最大的闪光点是他严谨、认真、负责的态度。"

同学十八："辅导员对我的影响很大。他最大的闪光点在于平易近人，善于引导学生，时刻为学生着想，是学生的良师益友。"

同学十九："辅导员对我的影响较大。我认为她最大闪光点为对每个学生都悉心教导，在解决实际问题中教育学生，教育成效高，深入人心。"

同学二十："影响大。平易近人，善解人意。以春风化雨之势，助青苗成才。最大的闪光点在于思想觉悟高，管理班级方法多，教我们很多做人的道理，为学生树立榜样。"

同学二十一："影响很大。我非常敬佩辅导员处世的风格与突出的工作能力，他做事认真负责，每一件事都细心安排好。"

同学二十二："辅导员影响了我对大学生活的看法，可以说影响很大。初见她，觉得还像一个刚刚实习的毕业学生，在很多地方跟我们相差无几。经过两年的努力，她已经是工学院非常重要的老师之一了。特别是在知道了她要考在职研究生之后，更是对她勤奋、向上的态度特别欣赏。"

同学二十三："辅导员对我影响非常大。性格温柔善良，考虑学生的感受，时刻为学生着想。指导我们工作，监督我们学习，生活中也常去宿舍谈话，有什么事情在生活中遇到的也可以找她去咨询，认真负责。"

同学二十四："影响大。能够成为我们的朋友，可以畅快地谈心交流。最大的闪光点在于教人方面，她给了我很多帮助。工作认真，会定期找学生谈话，不会特别严厉地批评学生，无时无刻不透露出对每个学生的关心和爱护。"

同学二十五："影响非常大。最大的闪亮点就是认真负责，与学生关系融洽。她在工作中认真负责，全身心投入工作，在生活对待学生时温柔体贴。"

同学二十六："特别大。平易近人，和蔼可亲，认真负责。我觉得可以把辅导员当成自己的朋友，诉说生活中的烦恼。她善于沟通，她总是能在我需要帮助的时候及时地帮我走出困境，当我有疑惑不解的问题时她总会及时地帮我解决。与班级绝大多数同学真正地做到了亦师亦友，对我们每一个同学都很关注，能及时地帮我们改掉恶习。"

同学二十七："我认为辅导员对我的影响非常大。她每天的工作琐碎和繁忙，但在下班后依旧去宿舍了解我们的生活起居和喜怒哀乐。对于我们来说，她不仅是我们的辅导员，更是我们知心的大姐姐。她会在潜移默化中帮助我们坚定理想信念，培养学习兴趣，塑造健全人格，砥砺坚强品质，用自己的热情感染我们，传递正能量。"

同学二十八："影响大。经常深入了解每位同学的日常工作和日常动态。平易近人，随时沟通。心灵优美，温柔大方，尽职尽责，工作认真，情商高。她与同学之间没有代沟，能切实在我们身边解决问题，换位思考。"

同学二十九："影响大。她很细心，对我们很耐心，经常不厌其烦地帮助我们解决大小事情，开导我们。最大的闪光点是经常和同学交流谈心，认真负责，与同学们成为朋友，对学生公平，体谅学生。"

同学三十："影响挺大的。辅导员最大的闪光点在于认真负责，非常注重学生的思想教育。认真负责，处事公平公正。关注学生的心理，对学生友善，经常与学生谈心，随和，有耐心，做事效率高，能引导同学积极向上发展。"

同学三十一："我的辅导员对我的影响挺大的。我认为最大的闪光点是她温柔可敬，非常有耐心，对我们很亲切，能和学生们走在一起，是我们的良师益友。非常务实，真心为学生服务。"

同学三十二："辅导员对我的影响很大。为人随和有耐心。她最大的闪光点在于个人魅力，热情阳光、温柔待人，用真情实感打动别人，善于与学生沟通交流，走进学生内部，思维很超前。"

同学三十三："辅导员对我的影响很大。我认为她最大的闪光点在于公平公正，和蔼可亲、平易近人、为人善良。非常注重学生的文化课与个人思想素质，是良师益友。同每个同学单独谈话，更深入地了解学生并给出关于生活、学习、心理上的各种建议。"

同学三十四："影响非常大。同学生共同进步、平易近人。最大的闪光点是会发现每个人身上的优点。良师益友、就事论事，一对一与学生深入探讨。能够以身作则，为我们树立榜样。总是尽力为学生处理学习、日常生活、心理上的问题，尽职尽责。"

同学三十五："我觉得我的辅导员对我的影响很大。在学习中，尽职尽责，包括自习和早晚自习，老师始终在我们身边；在生活中，老师也给我们无微不至的关心，始终从我们学生角度出发，理解我们。在课下，辅导员更像是我们无话不谈的朋友。老师最大的闪光点是负责，把我们当作自己的弟弟妹妹来看，对我们很好。”

同学三十六：“很大。闪光点在于她漂亮、美丽、大方，说话没有一点架子，很随和。对待工作积极负责、对待学生像亲人一样，责任心强、和蔼可亲。她教会了我如何克服自己紧张的习惯，经常和我谈心，非常负责，对学生很用心。闪光点是像朋友一样，而且教导有方。”

同学三十七：“我的辅导员对我影响非常大。我认为她最大的闪光点在于对自己的学生充满了信心，走到哪儿都有一种自带的气场，让人感觉踏实。对工作认真负责，严格管理，对学生的生活方面格外关心，各项要求落到实处。”

同学三十八：“我的辅导员对我的影响很大。她最大的闪光点是所有事都可以事无巨细地安排好，任何人有困难她都尽自己最大的努力去帮助。”

同学三十九：“我认为辅导员对我的影响挺大的。我的大学生活正因为这样的辅导员，才更加约束自己。我认为她最大的闪光点是真诚地对待自己学生，有时候感觉像姐姐一样照顾我，同时也从老师的角度管理、教育我们。”

同学四十：“对我的影响较大。她最大的闪光点就是认真负责的工作态度，言出必行，做事严谨，对学生的管理十分尽心，对教育工作认真负责，对事物的处理也是尽心尽力。”

同学四十一：“我个人认为辅导员对我的影响挺大的。我的辅导员本身就是个很优秀的人，也会以自己的高标准要求我们。闪光点是对工作认真负责的态度及平日给同学们的亲切感。”

同学四十二：“辅导员对我有一定的影响，无论是在生活上还是学习上都对我们有所帮助。辅导员最大的闪光点就是对学生有耐心，对我们的事情十分上心，是一位负责任的辅导员。”

同学四十三：“辅导员对我的影响很大。为人善良且有耐心，帮助别人，亦师亦友。闪光点是负责任、爱学生。”

同学四十四：“辅导员对我的影响非常大。她最大的闪光点是能力很强，对我们谆谆教导，十分擅长对我们进行思想教育。”

同学四十五：“影响挺大的。在日常生活中遇到问题，都可以和辅导员沟通，她在帮我们解决问题的同时告诉我们处理事情的方法，亦师亦友。”

（四）坚持量化标准规范管理，把“制度育人”做严

郑州工商学院形成了以“全员聘用、制度管理、奖罚分明、量化考核”为核心的管理运行机制，从学校整体上不断完善教务管理、人事管理、学生管理、财务管理、资产管理、后勤管理等学生运营的相关制度和规范，各个分院和各职能部门也不断完善内部考核和管理方案，明确每一个教职工的岗位职责，把工作落实到每一个人身上，形成了“每一项工作都有具体要求，每一个人都承担相应的工作职责，每一件工作都有事后反馈”的工作作风。

学校根据每个部门的岗位职责和考核标准，及时掌握每一位员工的工作动态和工作绩效，及时树立工作典型，第一时间处理出现的工作失误，做到了“功必赏、过必罚、误必惩、绩必奖”。学校把每一位教职工的出勤、工作、奖惩等情况纳入绩效考核范围，通过量化的方式在每学期末汇总后进行统一考核，依据考核的结果确定每个人的工作绩效等级，并作为评优评先、晋升、职称评审的重要指标（参见【典型案例】新学年郑州工商学院百名教职工获职级晋升）。集团公司的对口部门时时加强对学校各个行政管理部门和岗位的监督和检查力度，确保学校的各个职能部门把制度落实到位，给学校提供科学正确高效的服务质量（参见【典型案例】集团人力资源部莅临郑州工商学院开展人资工作检查）。把“制度育人”落到实处，科学有效保障学校的健康高效运营，充分调动了每一位员工的工作热情和积极性，强化了责任意识和职位担当，打造了一支硬核教师队伍，为学生的成长成才和学校的现代化发展奠定了坚实的人力支撑基石。

【典型案例】

新学年郑州工商学院百名教职工获职级晋升

根据《郑州工商学院教师聘任与晋升办法》《郑州工商学院辅导员晋升办法》《郑州工商学院干事晋升办法》等有关规定，经各单位推荐，学校集中考核评审，全校112名教职工获晋升职级，其中，张正亚、邢玮玮、姚恩菊等23名教师晋升副教授，韦晓慧、田亚会、张素杰等26名教师晋升讲师一级；孔远征、党緦等52名辅导员、周玲玲等11名行政管理人员荣获晋级。

一直以来，学校十分重视人才培养与考核工作，积极创造条件鼓励优秀教职工不断成长进步，此次晋升不仅是对优秀教职工工作的充分肯定，同时反映学校人才队伍建设不断加强，教职工整体素质不断提高。晋升的同志要以此为新的起点，不忘初心，牢记使命，积极进取，不断创新，再创佳绩。广大教职工要以此为榜样，立足本职、勤勉敬业，发挥求真务实的实干精神、拼搏奉献的敬业精神、团结奋斗的合作精神，共同推进学校工作再上新台阶，为办好人民满意的大学作出更大贡献。

【典型案例】

集团人力资源部莅临郑州工商学院开展人资工作检查

为进一步规范郑州工商学院人力资源工作的日常管理，准确、客观掌握各项业务的运行状况。2019年5月23日，由集团人力资源部主任华彩红带队，人力资源部相关人员组成的检查组莅临学校进行人资工作检查。

检查组一共分为六个小组，深入院系、处室、课堂、网络分别查阅了教职工招聘、人员信息维护、日常考勤考核、合同档案管理、职工社保等各项工作的实证材料，并对当日的教职工考勤及教师上课情况进行了核查，全方位深入了解学校人事工作各项业务的开展情况。经过一天的密集检查，检查组成员分别就自己查阅情况对学校进行集中反馈。检查组充分肯定了学校人事管理工作取得的成绩，对工作中表现出的良好服务意识和严谨工作态度提出了表扬。检查中对学校个别职工请假销假手续的完善、招聘试讲原始材料的留存及员工宿舍信息维护的及时准确提出了整改要求。此次人资工作检查，进一步理顺了学校人事工作的工作思路，明确了努力方向，为规范学校人事工作提出有效建议和更高要求。人事处将以此为契机，查漏补缺，严格按照集团人资部要求做好人事管理工作。

第三节　郑州工商学院的学生管理模式

郑州工商学院的学生规模能够从 2009 年建校之初的 2 900 多人到 2019 年的 3.4 万人，得益于别具一格的学生管理模式，即学生辅导员和班主任通力配合、分工协作，践行“和学生在一起”理念，打造了坚强有力的学生管理团队。

一、辅导员工作的“一、二、三、四、五、六”方针

郑州工商学院学生管理模式工作中非常具有代表性的是辅导员工作的“一、二、三、四、五、六”方针，通过科学的指导思想指引和具体的指标要求，使辅导员努力做学生的灯塔，做到严而不苛、爱而不溺，有高度，有亮度，指引学生的前进方向，让学生在他们那里找到温暖。

“一”是学生管理工作的主线和指导思想，即“和学生在一起”，包括要和学生“心”在一起：像家人一样，相互关爱；“身”在一起：像战友一样，同甘共苦；“志”在一起：像朋友一样，相互鼓励。

“二”是要求辅导员做好两个转变、避免两个误区。“两个转变”包括学生角色向老师角色的转变，学高为师、身正为范，要注意自己的言行，要学会照顾学生；从其他单位到郑州工商学院后环境适应的转变，要求遵守学校制度，迅速融入其中。“避免两个误区”中的第一个误区是与学生的关系庸俗化，比如与学生称兄道弟、经常一起饮酒、溺爱学生、“护短”、不负责任地和学生恋爱；第二个误区是要求学生过于严格，把民办高校作为少管所。

“三”包括对待学生的“三心”，学生管理工作的“三原则”，学生工作者做人的“三老”。对待学生的“三心”包含着用爱心来树立信心、用关心来换取学生的交心、用耐心来纠正邪心。学生管理工作的“三原则”是明理任责——告诉学生道理、严格管理——对学生严格要求、大爱育人——对学生爱倾注于关心他们的发展和成长成才上。学生工作者做人的“三老”要求是“当老实人”——诚诚恳恳做人，不要小聪明，“说老实话”——说实话，不讲空话、套话、哄骗的话；“办老实事”——踏踏实实做事，不敷衍行事，不好高骛远。

“四”是“四严精神”“四个尊重”“四个坚持”“四种态度”。“四严精神”指严格的要求、严密的组织、严肃的态度、严明的纪律；“四个尊重”要求尊重学校历史、尊重教育规律、尊重全体教师、尊重所有学生；“四个坚持”要求坚持严格管理与思想教育相结合，坚持思想教育与解决实际问题相结合，坚持严格管理教育的科学化、法制化、民主化、人性

化，坚持严格管理与学生自我管理、自我教育、自我服务相结合；“四种态度”要求辅导员对于学生所提意见和建议中合理可行的要限期尽快解决，一时难以解决的问题要给予明确的答复和承诺，对于存在的模糊认识甚至偏激行为要给予耐心教育和制止，对于有决策失当、执行错误的要勇于向学生致歉。

“五”包括辅导员应该发挥的“五大作用”，坚决执行学校的“素质教育五项工程”，养成教育质量考核的“五项指标”，辅导员需要具备的“五种能力”，修炼“五个境界”。其中，辅导员应该发挥的“五大作用”包括辅导员发挥对学生思想上的引导作用、学习上的督导作用、工作上的示范作用、生活上的帮扶作用、交往上的引导作用；坚决执行学校的“素质教育五项工程”，帮助学生提升思想、培养阅读习惯、锻炼写作与口才、提高身心素质、开展社会实践；养成教育质量考核的“五项指标”包含课堂出勤率、五星宿舍率、晨读晨练率、教室卫生、劳动教育；辅导员需要具备的“五种能力”，即基本业务能力——规章制度、操作程序、文件精神和学生手册、熟悉班级学生情况（各类特殊学生）以及必要的知识储备，人格魅力——做事公平公正、有公信力，凝聚力——真正对学生好、有号召力，震慑力——处理突发事件早做预案、及时解决、科学处理，给力——挖掘学生潜力、激发学生斗志、营造学生较好的发展环境。修炼“五个境界”是骄、躁、活、呆、化。

“六”是辅导员日常工作的“六个一”：每周深入所带学生宿舍一遍，在工作日经常坚持深入学生宿舍交流沟通，了解学生所思所想，督导内务整理，检查消防等安全隐患；每周听所带各班一节课，通过每周至少深入一次所带各班学生课堂，了解教师讲授、师生互动情况，课后与任课教师交流班级学风及学生情况；每周给所带班级开一次班会，每周就学院要求、系内安排及学习、生活和社会热点等召开一次班会，布置要求，解决问题，促进班级建设；每周写一篇周记，针对自身工作和学生情况尤其是名著阅读、口才训练、体育锻炼、社会实践和应用文写作五项素质培养的进展情况思考总结；每周与个别学生深入谈话一次，关心全体学生，注重团体辅导，关爱特殊学生，每周至少一次与个别学生进行涉及人生规划、价值理念、感情家庭等问题的深入谈话；每学期写一篇辅导员工作论文，每学期末依据工作实际、工作思考和学院学生管理与服务工作的其他方面撰写较高质量的论文一篇。

二、班主任工作“六个一”标准

学生管理的另外一支队伍是班主任。郑州工商学院自学生大一入校开始，除了全校总体上师生比不低于1∶200的比例配备辅导员之外，每一个行政班级配备一名兼职班主任，由学校的教职工来担任。班主任是所带班级辅导员的好帮手，班主任的岗位职责是在各学院团总支书记管理下，协助辅导员负责所带班级学生的思想、专业学习、人生规划及素质教育等学生培养事务；了解学生个人状况（性格、志趣、情感、品德、才能、成绩）及家庭背景，经常性地与学生交流沟通；促进学生之间彼此了解、建立友谊与互助合作，协调学生内部矛盾；关心学生课业，督导学生名著阅读，引导学生考研考证；协助辅导员处理学生特殊问题。班主任工作职责具体指标是做到“六个一”，具体要求如下。

第一个“一”是要求班主任每周给所带班级学生上一次书香校园课。通过学校学生处每一学期认定经典名著阅读的书目，确定阅读的要求和标准，再通过教务处统一安排，把书香校园课程放进每一个班级的课表，让阅读进入学生的第一课堂，由班主任课下认真备课，根据教学进度和课程计划辅导学生精读所选书目，每学期末与其他必修课程一样进行闭卷考试，学分为每学期0.5分，如果考核不及格，需要参加补考或者重修。

第二个“一”是要求班主任每周深入所带班级学生宿舍一次，查看学生的宿舍卫生情况，了解学生宿舍的安全状况、宿舍生活、人际关系、思想状况等。每次时间不少于半个小时，每次需要到宿舍楼楼管那里进行专项登记，并作为班主任考核的重要指标之一。

第三个“一”是要求班主任每周与所带班级至少两名学生单独谈话交流一次。除了上课、深入宿舍，与学生单独交流更能了解每一位学生的思想和心理，更能走进学生的心里，掌握他们的实际需求，解决他们的实际困难，更加有效地帮助到每一位学生，尤其是特殊学生。

第四个“一”是要求班主任每个月深入所带班级学生组织的社团活动或班会一次。班级团体活动最能够凝聚班风，彰显班级向心力，班主任老师需要参与班级活动帮助学生培养团队精神，提高他们的人际关系处理能力。

第五个“一”是要求班主任每个月通过微信、QQ等线上方式深入所带学生网络社群对学生进行网络思想政治教育一次。当前大学生的网络失范行为非常多，需要班主任老师及时了解所带班级学生的网络言行举止，掌握他们的思想动态，通过网络培育学生的社会主义核心价值观，及时纠正个别学生的不良网络行为。

第六个“一”是要求班主任每个学期给所带班级每一位学生的家长家校联系一次。学生的家长都很想了解学生在学校的表现和学习状况，需要班主任老师通过家校联系把学生在学校的状况反馈给家长，并了解学生的原生家庭环境、学生的性格和特殊爱好，进而更好地教育学生，并让家长放心把学生交付给学校。

第四节　郑州工商学院的日常运营方式

郑州工商学院能够在10年之内取得非凡的成绩，除了独特的人才培养模式和别具一格的学生管理模式外，与日常每一个部门的恪尽职守、兢兢业业，每一项工作的扎扎实实落实密不可分。学校健康有序的工作模式促成了学校的各项事务平稳高效的完成，推动学校取得更突出的进步。以2018—2019学年为例，郑州工商学院在学校董事会的正确领导下，学校各单位紧紧围绕学校中心工作，以立德树人为根本，齐心协力，真抓实干，顺利完成了各项工作任务，取得了较好的成绩。

一、正思想聚人心，党建工作全面提升

2018—2019学年，学校党委继续深入开展“三进”工作，扎实推进“两学一做”常态

化，使教职工的思想政治素质得到了较大提升，为推动学校各项事业又好又快发展提供了强大的政治保证和精神动力。通过组织“法纪·安全”教育月系列活动、坚持进行每月一次安全卫生大检查，有效化解安全稳定风险，确保了学校正常的教学生活秩序。

这一学年领导干部深入班级座谈264次，及时全面掌握学生思想动态。郑州工商学院基层党支部从之前的39个增加为68个；各党总支设置了专职组织员，加强了基层党组织的建设。同时，扎实开展宣传工作，结合媒体环境的变化，对学校的外宣报道重点依托微博、微信公众号运用短视频进行推广，如2018年教师节，校团委组织的郑州工商学院学生为教师亮灯活动视频受到人民日报、中新网等官方微博转发后，阅读量达1 000余万次；另外，校、院、学生组织三级微信、QQ空间、微博矩阵相互借力，有效扩大了学校的影响力，学校微信公众号一学期浏览量达34万余次，2月初《中国青年报》发布了近期全国和河南省高校微信排行榜，郑州工商学院官方微信以650.7的WCI（微信传播指数）值名列全省第四。

具体到二级学院的党建工作来说，各个学院积极围绕学校专业特色和优势，积极开展各式各样的党建和团建活动。比如，工学院党总支2019年12月20日举行预备党员佩戴党徽及入党宣誓仪式，在鲜艳的党旗和党徽照耀下，预备党员庄严宣誓，铿锵有力的誓词直击每个人心房，使在场每一个党员更进一步认识到自己肩上的责任。通过该仪式，进一步引导每一位预备党员牢记初心与使命，时刻警醒自我、规范言行，亮明身份做榜样，充分发挥党员的先锋模范作用。为积极推进“不忘初心、牢记使命”主题教育工作开展，持续推进“劳动育人”特色党日活动，教育引导广大入党积极分子崇尚劳动、尊重劳动，工学院党总支于2019年12月13日组织入党积极分子分别对图书馆、行政楼、一号教学楼、二号教学楼、三号教学楼进行了义务打扫。活动中，同学们积极参加、互相帮助、分工明确，进行了认真细致的打扫，弘扬了劳动精神，展现了新时代大学生优良的精神风貌。此次活动，加强了对入党积极分子的思想教育，引领同学们更好地服务社会、报效国家，努力成为德智体美劳全面发展的社会主义建设者和接班人。同时，为深入贯彻落实“不忘初心、牢记使命”主题教育工作，按照“四个对照”“四个找一找”的剖析要求，剖析产生问题原因，明确今后的努力方向及整改措施。工学院学生党支部于2020年12月5日召开组织生活会。会上，各个学生党支部书记代表支部班子做检视剖析，由各位学生党员进行评议。通过此次会议，所有学生党员对自身问题提出整改，自觉提升政治理论水平，强化服务意识，落实责任担当，加强学习，丰富头脑，净化心灵，努力做到从群众中来，到群众中去。为进一步落实“不忘初心、牢记使命”主题教育工作要求，贯彻党的教育方针，全面落实立德树人根本任务，激励广大教职工热爱并献身教育事业，工学院于2020年12月17日召开了工学院“四有”好教师、“最美辅导员”表彰大会暨“不忘初心、牢记使命，讲好身边的故事”宣讲会。此次大会的召开，营造了争做“四有”好教师、“最美辅导员”，做好学生“引路人”的浓厚氛围，为工学院今后各项工作迈向新台阶奠定了坚实基础。还有，工学院学生党支部进行“坚定理想信念，做政治上的明白人”专题党课，开展“亮身份、当先锋、树形象”微党课，开展学习“凝聚青春力量，传承红色基因”主题党课，工学院党总支组织党员志愿者开展植树活动，组织开展“不忘初心共筑梦，牢记使命勇向前”微党课，组织党员进行“不忘初心、牢记使命”线上答题活动，开展学习十九大四中全会精神暨于瑾同志先进事迹活动，开展21天理论知识学习打卡活动动员会，开展《我和我的祖国》观影研讨活动，组织入党积极分子开展宿舍楼值班活动，组织预备党员开展“砥砺前行七十载，奋斗成就中国梦”主题教育培训活动等。

商学院党总支针对教工党员开展“红色熔炉，锤炼党性”特色党日活动、开展“不忘初心、牢记使命”主题教育——“做党和人民满意的好老师”师德师风承诺签名活动，开展“做堪当时代重任，让中原更加出彩的一代新人”政治理论学习，组织党员参观焦裕禄同志纪念园，开展“严禁贪污纳贿，共营党员纯洁性”党日活动，举办“争做先锋辅导员”特色活动启动仪式，赴中牟县烈士陵园参观学习，开展“戴党徽、做表率”党日活动，不仅增强了党员的光荣感、使命感和责任感，还带动学生党员在实际工作中自觉做好表率。商学院学生党支部组织开展“我和国旗同框”主题活动，开展“心怀责任勇担当”微党课学习，开展“我是象湖环卫工”支部活动，开展“如何发挥团员先锋模范作用，争取早日入党”学习研讨活动，开展“感恩在心，你我先行”支部活动，举行“牢记时代使命，书写奋进之笔”主题演讲活动，举行“红色经典诵读”党日活动，举行“为考研学子送加油贺卡”活动，开展“WTO 18 年，中国在崛起”主题学习，开展“青春活力守初心 美丽校园我先行”主题党日活动，开展“追寻红色记忆，缅怀革命先烈”主题党日活动，开展“学党史，葆初心，践使命”主题党日活动，组织观看大型历史纪录片《初心永恒》等一系列影片，举行“读红色家书，做红色中国”活动，针对学生预备党员开展“学习先进典型”主题培训，进行“党员学生如何在日常学习和生活中落实‘诚信勤奋’校训精神”主题研讨，开展“弘扬红船精神，奋力走在新时代前列”主题培训课，开展“不忘初心，牢记使命”主题演讲，开展“做到两个维护，增强四个意识”党课学习，开展学习“习近平总书记考察调研河南时重要讲话精神”主题活动，使他们充分发挥先锋模范带头作用，履职尽责，开拓创新，争取早日成为正式党员，奋力走在新时代前列。

人文艺术学院2019年11月组织人文艺术学院设计专业全体师生参观渣滓洞、白公馆革命遗址，开启红色之旅，传承红色基因，在此次活动中，同学们一同回顾我党艰苦卓绝的斗争史，感受革命先烈炽热的爱国爱党情怀，接受深刻的精神洗礼和党性教育，让大家重温了初心、感悟了初心、践行了初心，进一步坚定了理想信念，自觉发挥好学生干部先锋模范作用，增强爱岗敬业、敢于担当、勇于奉献意识。为了深入推动“不忘初心、牢记使命”主题教育工作的开展、丰富法学专业学生的课堂活动、培养同学们的道德品质，使同学们真正认识到法学人的责任担当所在，践行省教育厅政法委卓越法治人才培养计划2.0方案，人文艺术学院法律系在大沧海律师事务所成功举办“走进律所，走近律师”法律实践课堂。此次活动让同学们意识到，作为新时期法律人，在全面推进依法治国的新时代，更应认真学习理论知识，重视实践活动，将理论与实践紧密地结合起来，全面提高知识水平与业务能力，

“不忘法治初心，牢记法学使命”，不断涵养自己的家国情怀，努力为建设法治中国奉献自己的青春和热血。与此同时，学生党支部开展“书画青春，热爱党”系列书画作品展活动，开展“关爱老人，传承美德”特色党日活动，开展“新春奋进正当时，听习近平讲奋斗”特色党日活动，举办“忆初心，强党性，当先锋”特色党日活动。通过各种各样的活动，提高学生党员的政治觉悟和党性认识，提升他们的政治理论素质。

二、倡改革促创新，培养应用技术人才

2018—2019 学年教务处和各教学单位在教学改革方面进行了一些很好的尝试。教务处大力推进在线开放课程的立项建设，促进信息技术与学科教学的深度融合；工学院按照学校要求，进一步优化人才培养方案，尽可能增加实验（实训）学时，如测绘专业增加无人机遥感课程；努力探索实践成果导向教育理念，如土建相关专业已实现《BIM 应用技术》全面入课，学生学习效果良好，BIM 作品在相关比赛中频频获奖；商学院专业群建设取得新进展，投资学本科专业开始招生，经济类专业群初步形成；人文艺术学院进一步探索了实践教学与课堂教学相结合的教学模式，如服装专业增加了民族织染等体验内容，师生反馈收获大，效果好；公教部对高等数学课程大胆改革，结合考研大纲要求进行课程讲授，保证学生后续课程应用和期末过关率；思想政治理论教学部在教学中体现本、专科的差异化，专科实行专题教学，侧重生动性和趣味性，提高专科生的出勤率。

不断实施教学改革创新的案例比比皆是。以艺术学院为例，艺术学院通过一系列改革创新的教学方式，培养了一大批优秀学子。针对艺术类表演类专业学生，通过举办声乐、器乐大赛，丰富当代大学生的校园文化生活，进一步推动学生专业素质的提高，为学生提供了极好的展现自己的舞台，很好地促进了学生声乐水平、艺术素养、舞台表现力和审美能力的提高。为艺术类各个专业学生组织和举办毕业汇报专场演出，内容丰富、形式多样，不仅展现了学生在校三年或者四年的专业学习情况，也展现了学生们扎实的专业素质。艺术学院 2016 级服装表演专业学生张贺文荣获 STYLE 风尚国际模特大赛全国总决赛亚军。

针对艺术设计类专业学生，通过举办建筑装饰材料与构造课程优秀模型作品展，让学生对所学理论融会贯通；拉近教学与市场、教学与行业的距离，使学生在掌握一定理论知识的基础上，具备一定的市场观念与实战能力，从而有利于学生从业时的角色转换与未来发展。举办艺术设计专业秋季艺术考察作品展，丰富教学活动，提升学生动手能力，展现实践教学成果。

对于法学专业学生，借助“大沧海杯”模拟法庭实践活动，针对实践中出现的问题继续改进教学工作，并积极探索院企合作新模式，完善法学专业的实践性教学。与此同时，法学专业学生在历年国家司法考试中取得骄人成绩，学院通过将团学工作与教学工作紧密结合，深入学生中间，普及国家司法考试相关知识，同时通过调整人才培养方案，在教学内容上向司法考试知识倾斜，注重理论与实践相结合，开展模拟法庭实训工作，安排学生前往郑州市中级人民法院、郑州市法律援助中心、大沧海律师事务所等地进行参观实习，增强学生

专业实践能力，另外还积极申请成立郑州工商学院法律援助站，开拓实践教学新路径。国家司法考试成绩公布后，学院专门召开会议对法学专业报考及通过情况进行简要交流，总结经验，并组织召开下一年级法学专业学生司考动员大会，为进一步提高教学质量、完善学生服务体系打下坚实的基础，积极推进法学专业及全院学生的就业工作，推动学院各项工作取得新成绩。

对于英语类专业学生，学院高度重视“外研社杯”全国英语写作、阅读大赛，组织参加河南省翻译竞赛赛事，通过举办语音语调大赛。通过形式独特、内容丰富多彩的英语语音展示，丰富了校园文化，彰显了英语专业学生的风采，激发了同学们学习英语的兴趣，从而让更多的学生在轻松愉悦的氛围中体会到学习英语的乐趣。组织和带领学生参加河南省翻译竞赛，进一步提高大学生的英语综合运用能力、思辨能力和国际竞争力，同时调动和激发在校大学生的英语学习兴趣。通过举办“工商学院杯”大学生英语演讲比赛、“工商学院杯”词汇大赛，鼓励同学们在专注于自身专业的同时，顺应国际化、竞争化趋势，提升自身英语表达水平，成为国际型复合型人才。学院不断宣扬英语学习的重要性，充分调动大学生学习英语的积极性，弘扬学校优良的学风，让校园英语文化气息更加浓厚。

工学院和商学院通过组织学生积极参与比赛来检验教学水平，为社会和企业培养更多高素质的应用型技术人才。商学院组织学生队伍参加“CIMA 杯”河南省商业精英挑战赛、会计技能大赛等一系列活动，彰显和检验了学校教学改革的成果。工学院学生在“河南省建设类院校工程造价技能大赛”中力压省内其他高校，取得了骄人成绩，在河南省青少年无线电测向锦标赛中也喜获佳绩。

三、增内涵重实效，提升常规工作质量

2018—2019 学年，郑州工商学院各行政单位增强了配合意识，提高了工作效率，提升了服务水平。一是根据加强二级管理的整体思路，对各教学单位办公地点重新规划进行集中搬迁，以利于按照学院进行教学资源的分配、管理；二是调整部分业务的归属部门，如就业创业教研室调整至思想政治理论教学部，多媒体教室管理职责调整至各学院，进一步理顺了工作机制；三是加强中层干部业务学习，组织中层干部就“预算制度”“公文写作”等主题进行培训，提升了整体工作水平；四是加强全校性活动的协调统筹，通过细化方案、科学分工，完满完成了 2018 级新生开学典礼、省“华光杯”篮球赛、“四强争霸赛”主场仪式、2018 年河南省民办高校土建类专业课骨干教师培训班等重大活动；五是加强分析研判意识，如学生处建立特殊学生档案，做好全校 146 名特殊学生的排查跟踪工作，加强对特殊学生的管理和把控。

四、优服务讲创新，教辅后勤保障有力

2018—2019 学年，各教辅、后勤部门注重服务意识的提升，遇事顾大局、讲奉献，并且勇于创新，努力保证学校各项工作的正常运转。图书馆在新生军训期间分批组织 8 000 多

名新生进馆实地参观，学生入馆人数较同期激增；现教中心引进了支付宝刷卡项目，师生使用手机支付宝扫码便可消费就餐、门禁识别，极大地方便了师生；后勤处针对我省高校结核病预防工作形势比较严峻的情况，在新生体检中增加结核菌素试验项目，把好入口关，做好传染病防治工作，开展郑州工商学院2019级新生消防知识讲座、2019级新生宿舍消防疏散演习、消防安全培训和应急演练，进行全校安全卫生大检查，召开学期资产管理员、申购员业务培训会，“迎民族盛会庆七十华诞”安全工作会议等，确保后勤保障到位。保卫处联合图书馆，主动组织了图书馆消防逃生演练，召开餐厅职工消防安全知识培训会；保卫处消防志愿者参观郑州市公安消防支队，开展抵制黑车宣传活动等。这些都是工作创新意识、服务意识的体现。

得益于董事会的正确领导、各单位的精诚团结、全体教职员工的辛勤付出，2018—2019学年郑州工商学院各项工作顺利开展，学生综合素质不断提高，学校各项事业取得了新进展。学校荣登2018中国民办大学排行榜综合排名全国第七名，荣获“河南省2018年度优秀民办学校”“2018年度品牌实力民办高校”等称号，工学院第四党支部被评为全国样板党支部。3 027名优秀学生获得奖学金，获奖人数所占比例较2017年提高了12个百分点。在国家级、省级学科各类竞赛以及文艺体育比赛中获奖200余项，如跆拳道项目取得了郑州工商学院首枚全国金牌；在2019年5月第十三届国际标准舞全国公开赛、第二十七届河南省体育舞蹈锦标赛中，学校人文艺术学院体育舞蹈专业2018级学生都军、2017级学生苏冰倩获得大学生标准舞A组及院校标准舞A组双料冠军，2018级学生韩巍辉、张鑫获得大学生拉丁舞A组冠军，2018级学生李哲、王馨语获得普通院校单项伦巴冠军，我校代表队获得高校女子六人组冠军；在河南省“华光杯”大学生篮球联赛中，取得女子甲组冠军、男子甲组亚军，男子甲组四强争霸赛冠军。尤其值得一提的是，郑州工商学院毕业生首次返校设立了校友奖学金，2011届优秀毕业生郭拯出资15万元用于奖励商学院优秀在校生。“念念不忘、必有回响”，这正是郑州工商学院自建校伊始一直坚持“立德树人”、全面推行“素质教育五项工程”、坚持“和学生在一起”的回报，培养出来的学生饮水思源，以这种方式表达着对母校的浓厚情谊。

五、用真心靠口碑，招生工作求真务实

“不让一个学生因家庭经济困难而失学”是全国人大代表、郑州工商学院原董事长李光宇先生提出的。郑州工商学院一直坚守初心，牢记使命，为了将“一个都不能少”落到实处，学校将工作做到了前面。新生录取结果出来后，学校立刻对新生进行分班，配备辅导员，建立班级联络群，搭起家校联系的桥梁，了解新生情况，掌握学生动向，对家庭困难、明确不报到或在犹豫中的学生进行精准家访，将国家、学校的关怀送进困难学生家庭，用满腔爱心诠释真心教育。家访过程中，学生们放弃上学的理由不计其数，有的甚至避而不见。为了让他们继续完成学业，家访小组成员克服种种困难，耐心了解每一名受访学生的实际情况，并对其定制个性化方案，为他们实实在在地解决遇到的困难，同时还向家长宣讲了党的

路线方针政策、国家资助奖励政策和学校的教育管理工作等，让家长放心、宽心、舒心。很多家庭困难学生在听到国家资助政策及学校对贫困生的各项助学措施后，意识到自己可以通过国家、学校的帮扶顺利完成学业，纷纷表示一定会按时报到。

【招生典型案例】

风雨兼程我们和你在一起——郑州工商学院开展2019暑期精准家访活动

“大姐，我们国家针对品学兼优且家庭条件困难的学生有良好的政策，每学期还有奖助学金，况且我们学校还设有勤工俭学岗位，咋能让孩子这么小就没学上啊!”郑州工商学院王老师在家访过程中诚恳地对学生家长劝说道。

2019年8月26—29日，郑州工商学院19个家访小组分赴省内18个地区对400余名学生开展精准家访活动。26日上午，家访组来到学生徐晓慧（化名）的家里，先前得知徐晓慧家因为家庭困难，并且家长觉得女孩读太多书没多大用处，就打算让孩子早些步入社会。我校进行家访的老师针对学生家长这种“女生读书无用论”进行了耐心劝解，并详细介绍了学校的教育管理、专业学科、就业优势、奖助学生、生源地贷款等方面的内容。经过一天的努力，学生家长终于改变了原先的想法，同意让孩子继续完成学业。

与此同时，另一家访小组冒雨来到了驻马店蔡小勇（化名）的家中。家访小组了解到，蔡小勇的父母一直在外打工，蔡小勇从小跟着爷爷奶奶长大，从小缺乏父爱母爱的蔡小勇与自己的父母产生了隔阂，以故意放弃上大学来引起父母的关注。得知这个原因后，家访小组的老师为蔡小勇和他的父母策划了一场畅言会，让他们在安静的环境里背对背地坐着，畅所欲言，最终三人解开心结，相互抱在了一起。家访小组还和蔡小勇及其家人一起分析了这些年他们家庭存在的问题及解决的办法，三人认真地听着，并表示今后会慢慢弥补家庭出现的裂缝，蔡小勇也表示会按照通知书上的时间按时去学校报到。

第四章

河南民办高等教育发展现状

河南作为人口大省，占全国总人口的近1/13，经济水平欠发达，教育资源短缺，高考学子的竞争异常激烈，升学压力很大。虽然近些年河南省教育投入持续增加，但依然难以满足大众化教育的需求，况且随着老百姓收入水平的提升和对教育重视程度的增加，人们对优质教育的需求越来越迫切。面对人民群众日益增长的教育需求和优质教育资源不足的矛盾，河南民办高等教育为广大学子增加了接受高等教育的机会。近十年来，河南省民办高等院校办学规模不断扩大，办学层次稳步提升，已进入稳定成长与转型创新阶段，在校生规模稳居全国第二位，坚持把服务地方经济和学生的综合素质提升作为发展的动力，在河南省政府和社会各界以及人民群众的鼓励支持下，不断攻克难关、谋求进步，逐步成为河南教育不可或缺的力量，为河南省高等教育大众化作出了重要贡献。

第一节　河南民办高等教育发展取得的成就

河南省民办高等教育的发展，不仅有效增加了河南的高等教育供给，缓解了政府的教育财政压力，较好地满足了人民群众多样化、选择性的教育需求，培养了大批高等教育人才，而且也刺激了消费，调动了民间资本投资的积极性，拉动了全省经济发展。河南民办高等教育发展的基本情况具体表现为以下几个方面。

一、规模位居全国前列

经过数十年的发展，河南省民办高校发展体量增长态势显著，办学规模居全国第二位。目前河南省民办学校数量、民办学校在校生人数分别占全国民办学校总数、民办学校在校生总数的10.36%（河南省17 718所，全国171 000所）、11.73%（河南省566.27万人，我国4 825.47万人）。

再具体到河南民办普通高校的实际情况来说，河南省民办普通高等院校由2010年的28所增加至2018年的39所（含民办本科学校19所，专科学校20所），民办高等院校本专科在校生人数实现翻番，由2010年的25.37万人增加至2018年的51.05万人，生均规模达到1.3万人，在河南省普通高等院校总数的占比由2010年的17.42%提高至2018年的23.85%，见表4-1。

表4-1　2010—2018年河南省民办高校数量与在校生人数变动统计

年份	2010	2011	2012	2013	2014	2015	2016	2017	2018
学校数量/所	28	33	34	35	37	37	37	37	39
在校生数/万人	25.37	25.89	28.96	33.04	35.51	38.65	41.72	45.66	51.05

（注：以上数据根据《河南省教育事业发展统计公报》历年数据整编）

二、办学质量不断提高

学校办学层次在一定程度上反映了一所高校的综合竞争实力和办学水准，河南省民办高等本科院校的办学层次不断提升，从兴建之初的培训班、助学班等非学历教育模式，经过不断提高办学质量、提升学校综合实力，逐步向高等教育体系上端延伸，发展为实施普通高等学历教育的办学模式。

（一）学校发展水平不断提升

从办学层次来说，河南已由2000年的唯一一所民办高等本科院校——黄河科技学院，成长为2019年的19所具备本科层次学历教育资格的民办高校，见表4-2。河南科技职业大学是于2019年在教育部批准的首批本科职业教育试点高校中，由原民办专科院校“周口科技职业学院”更名过来的，同时升格为本科院校，成为河南省唯一一所民办本科“职业大学”。从表4-2可以看到，除了5所独立学院不仅具备自身发展优势还具备母体（河南省知名公办高校）的社会声誉优势之外，其余14所民办普通本科院校的发展水平也相当高。在校生规模都在1万人以上，有的甚至超过3万人，比如黄河科技学院、郑州工商学院、郑州西亚斯学院和郑州工业应用技术学院。郑州升达经贸管理学院、商丘学院、安阳学院、信阳学院、郑州科技学院、河南师范大学新联学院、中原工学院信息商务学院的在校生规模超过2万，在全国高等学校的规模中也是屈指可数的。

表4-2　河南省民办普通本科高校（2019年数据）

序号	学校名称	创建日期	所在地	升本或转设时间	专任教师数	在校生人数
1	黄河科技学院	1984	郑州	2000升本	1 377	3万多
2	郑州工商学院	2002	郑州	2016转设	—	3.4万
3	郑州西亚斯学院	1998	郑州	2018转设	1 750	3.2万
4	郑州升达经贸管理学院	1993	郑州	2011转设	1 268	2.5万

续表

序号	学校名称	创建日期	所在地	升本或转设时间	专任教师数	在校生人数
5	郑州商学院	2004	郑州	2018 转设	881	1.5 万
6	商丘学院	2002	商丘	2011 转设	1 000	2 万
7	安阳学院	2003	安阳	2016 转设	—	2 万
8	信阳学院	2003	信阳	2016 转设	558	2.3 万
9	商丘工学院	1998	商丘	2011 升本	938	1.6 万
10	黄河交通学院	1995	焦作	2014 升本	717	1.4 万
11	郑州财经学院	1997	郑州	2014 升本	870	1 万
12	郑州科技学院	1988	郑州	2008 升本	1 100	2.6 万
13	郑州工业应用技术学院	1997	郑州	2008 升本	1 359	3 万
14	河南科技职业大学	1981	周口	2019 升本	500	—
15	新乡医学院三全学院	2003	新乡	2003	882	1.8 万
16	河南师范大学新联学院	2003	郑州	2003	—	2.6 万
17	河南大学民生学院	2003	开封	2003	—	1.5 万
18	中原工学院信息商务学院	2003	郑州	2003	690	2 万
19	河南科技学院新科学院	2003	新乡	2003	699	0.9 万

更为重要的是，根据《国务院学位委员会关于印发〈博士硕士学位授权审核办法〉的通知》（学位〔2017〕9 号）和《国务院学位委员会关于开展 2017 年博士硕士学位授权审核工作的通知》（学位〔2017〕12 号）精神，为进一步做好学位授权审核工作，河南省教育厅、河南省发展和改革委员会、河南省财政厅于 2019 年 7 月 11 日联合下发文件，公布了 2019—2021 年硕士学位授予立项建设单位名单（教研〔2019〕513 号），其中信阳学院、安阳学院、商丘学院和新乡医学院三全学院 4 所民办高校与洛阳理工学院、新乡学院、河南工程学院 3 所公办高校入选，包括 2017 年获批进行硕士学位授予立项建设的黄河科技学院，河南省的 19 所民办本科高校中已经有 5 所学校赢得了更高层次、极为重要的建设和发展平台，获得了学校发展的新契机。这几所学校都表示要高标准、高质量、高效率地开展立项建设，为顺利开展硕士研究生教育打下坚实基础，为尽早实现获批硕士学位授予单位的历史性跨越而不懈努力。可以说，这对河南省的民办高等教育发展起到里程碑作用，为河南民办高校加快内涵式建设步伐、提高办学层次、提升学校的核心竞争实力以及培养更高层次、更高素质的应用型人才提供榜样力量，将会让更多的民办高校和打算进军民办高等教育事业的投资者增强信心、抓住机遇、乘势而上，为河南省民办高等教育事业发展作出更大贡献。

河南省民办普通专科学校的发展历程，也能说明问题。信阳航空职业学院创办于 2018 年，于 2018 年 6 月出现在河南省教育厅发布的 2018 年河南省具有普通高等学历教育招生资格的高等学校名单中，成为河南省 21 所民办普通专科高校中的一员，见表 4-3，也是河南省唯一一所民办航空高等职业院校。由表4-3可知，除了民办普通本科高校的发展水平比较高外，河南省民办普通专科高校的发展水平也很高。河南省目前有21所民办高校具备专科层次的学历教育资格（包括2019年新增的全省第一所独立设置的中外合作办学机构——郑州亚欧交通职业学院），在校生规模普遍在0.3万人以上，超过0.5万人的有14所，超过1万人的有7所，超过2万人的有1所。

表4-3　河南省民办普通专科高校（2019年最新数据）

序号	学校名称	创建时间	所在地	在校生人数
1	郑州澍青医学高等专科学校	1984	郑州	1万
2	郑州电子信息职业技术学院	1987	郑州	1万
3	嵩山少林武术职业学院	2004	郑州	0.39万
4	郑州电力职业技术学院	2006	郑州	1.3万
5	信阳航空职业学院	2018	周口	2020年招生
6	漯河食品职业学院	1997	漯河	0.7万
7	郑州城市职业学院	2009	郑州	0.9万
8	焦作工贸职业学院	2010	焦作	0.5万
9	许昌陶瓷职业学院	2010	许昌	0.2万
10	郑州理工职业学院	1995	郑州	1.3万
11	郑州信息工程职业学院	1989	郑州	1.2万
12	长垣烹饪职业技术学院	2010	新乡	0.3万
13	信阳涉外职业技术学院	2011	信阳	0.18万
14	鹤壁汽车工程职业学院	2011	鹤壁	0.55万
15	南阳职业学院	2011	南阳	0.73万
16	郑州商贸旅游职业学院	2011	郑州	0.32万
17	郑州黄河护理职业学院	1993	郑州	0.7万
18	平顶山文化艺术职业学院	1982	平顶山	0.3万
19	洛阳科技职业学院	1988	洛阳	2.7万
20	鹤壁能源化工职业学院	2010	鹤壁	0.6万
21	郑州亚欧交通职业学院	2019	郑州	2020年招生

（二）师资水平不断提高

从师资力量来看，河南民办本科高校的师资力量是非常雄厚的，许多学校的专任教师人数超过1 000人，据调查，这些学校的教师基本上95%以上具备研究生学历，高级职称教师的比重也连年增加。郑州西亚斯学院教师1 750余人，其中外籍教师150余人，外教与学生数量之比居全国前列，坚持中西合作的办学理念，秉承“兼容中西、知行合一”的校训，实施“博雅教育+全人教育+融合教育”的国际化育人模式，致力于培养具有国际化视野的复合型实用人才。黄河科技学院的教师结构中高职称的比例不断增加，师资水平在同类院校中处于拔尖地位。河南大学民生学院等独立学院依靠母体公办学校的先天优势，师资队伍中一半以上的教师是来自公办高校的知名专家和教授，为学校的生源和社会口碑奠定了坚实的师资基础。其他民办高校也在不断加大师资队伍的聘请力度，尤其是掀起了对高级职称教授的返聘和人才争夺战，民办高校把这些职称高、年龄长、教学经验丰富、社会资源充足的老教授聘请到学校，由他们传、帮、带年轻的青年教师。经过数十年的岁月沉淀，目前河南多所民办高校已建立了由学校一手培养起来的副教授以上职称教师组成的中青年教师队伍，并且随着河南省高校教师职称改革下放到各个高校，民办高校高职称教师的比例会越来越高，师资水平也越来越高。

（三）社会声誉越来越好

社会声誉也可以证明河南省民办高等教育事业不仅起步时间比较早，数量增长快，而且发展水平不断提高。2019 年 9 月 2 日，在武书连 2019 中国民办大学排行榜中，河南入围 100 强的高校有 9 所，见表 4-4。其中，黄河科技学院以总得分超出亚军 57.50% 的实力蝉联全国冠军，稳居河南省第一名，优势明显；郑州工商学院由 2017 年的全国排名 23 上升至排名 18，位列河南省第二名；郑州科技学院由 2017 年的全国排名 63 上升至排名 23，位列河南省第三名；郑州升达经贸管理学院由 2017 年的全国排名 41 上升至排名 32，位列河南省第四名；郑州商学院由 2017 年的全国排名 55 上升至排名 35，位列河南省第五名；郑州工业应用技术学院由 2017 年的全国排名 58 上升至排名 38，位列河南省第六名。

表 4-4 武书连 2019 中国民办大学综合实力排行榜中河南入围 100 强的高校名单

全国排名	校名	总得分	人才培养得分	科学研究得分	河南省排名	学校类型	学校参考类型	
1	黄河科技学院	4.462	2.112	2.350	1	理工	文理类	教研 1 型
18	郑州工商学院	1.708	1.356	0.352	2	理工	理文类	教学 2 型
23	郑州科技学院	1.622	1.181	0.441	3	理工	文理类	教研 2 型
32	郑州升达经贸管理学院	1.470	1.044	0.425	4	财经	经管类	教研 2 型
35	郑州商学院	1.345	1.046	0.298	5	财经	经管类	教学 1 型
38	郑州工业应用技术学院	1.309	0.826	0.483	6	理工	理文类	教研 2 型
65	信阳学院	0.991	0.895	0.096	7	师范	文科类	教学 2 型
71	商丘学院	0.961	0.821	0.140	8	农业	文理类	教学 2 型
78	安阳学院	0.877	0.808	0.069	9	师范	文科类	教学 2 型

2019 年 5 月 10 日，《广州日报》数据和数字化研究院（GDI 智库）发布国内首个全样本应用大学排行榜，利用应用指数、学术指数、声誉指数、二次评估指数四个一级指标建构

综合指数，把公办普通本科高校、独立学院和民办院校放在同一体系下进行评价，科学评价国内891所本科院校（非博士培养单位），推出“2019广州日报应用大学排行榜—TOP 800”。在这个榜单中，身为民办高校的黄河科技学院在全国891所大学中排名89位，在河南前20名中排名第9位，位列郑州轻工业大学、河南财经政法大学、许昌学院等8所公办大学之后，位列郑州航空工业管理学院、信阳师范学院、南阳师范学院、新乡学院等一大批河南知名公办大学之前，在河南民办高校中排名第一位；郑州工业应用技术学院在排行榜中名列301~350之间，排名河南民办高校第二位；郑州升达经贸管理学院、新乡医学院三全学院和商丘工学院在排行榜中名列401~450之间，在河南民办高校中分别排名第三位、第四位、第五位，见表4-5。这个排行榜足以证明河南民办高校的办学水平和学校实力。

表4-5　2019广州日报应用大学排行榜—TOP 800中河南排名前20名单

全国排名	院校	综合指数	河南省排名
19	郑州轻工业大学	88.22	1
24	河南财经政法大学	87.15	2
47	中原工学院	82.94	3
49	新乡医学院	82.82	4
56	河南科技学院	81.84	5
69	洛阳理工学院	80.75	6
73	河南工程学院	80.41	7
86	许昌学院	79.63	8
89	黄河科技学院	79.29	9
91	郑州航空工业管理学院	79.28	10
109	信阳师范学院	78.42	11
144	南阳师范学院	76.93	12
152	新乡学院	76.63	13
181	安阳师范学院	75.60	14
201	南阳理工学院	74.98	15
222	商丘师范学院	74.35	16
232	洛阳师范学院	74.10	17
232	黄淮学院	74.10	18
236	郑州师范学院	74.03	19
242	平顶山学院	73.72	20

除了在全国的排名进步幅度比较大之外，河南省许多民办高校在不断发展过程中获得了社会的广泛赞誉和奖励，比如，郑州升达经贸管理学院近年来被有关部门授予全国全民阅读活动先进单位、全国最具社会知名度民办大学、河南省优秀民办普通高等学校、河南省考生

心目中最理想的高校、河南发展（成长）最快的院校、河南省园林单位、河南省数字化校园示范工程高校、河南最具就业竞争力示范院校、河南省普通高校毕业生就业工作优秀单位、河南省大中专毕业生就业工作就业制度改革优秀奖、河南省大中专毕业生信息化建设工作优秀奖、河南省全国大学英语四六级考试优秀考点、河南省全国计算机等级考试优秀考点、河南省国家助学贷款工作优秀单位、河南省书香校园建设先进集体、河南省传染病防控工作先进单位、省会高校食品卫生工作先进单位、郑州市引进国外智力工作先进集体、郑州市涉外工作先进单位、郑州市园林绿化花园式单位、郑州市节水先进单位等荣誉，毕业生冯协当选第四届河南省十大教育新闻人物，办学水平受到社会各界普遍赞誉。

郑州工业应用技术学院凭借自身的综合实力与优势，先后获河南省依法治校示范校、河南省平安校园、最具品牌影响力的十佳典范高校、河南十大领军民办高校、郑州市最具影响力教育微信、2017 年度品牌实力民办高校、省级优秀民办学校、改革开放 40 周年具有国内影响力河南十大民办高校、河南省全民阅读先进单位、河南省普通高等学校心理健康教育试点单位、2018 年度教育行业领军品牌、河南省高校阅读推广突出单位、河南省园林单位、改革开放 40 年优秀民办高校、2018 年度品牌实力民办高校、2018 年度就业竞争力民办高校等多个荣誉。

三、政府帮扶力度越来越大

随着民办高等教育的不断发展，政府和社会也对其提出了更高的要求。各民办高校不能仅仅满足于招生规模的扩大，还要保证教育教学水平的提高，要适应学校经济发展方式的转变，为区域产业转型升级提供合格人才。在这种情况下，河南省政府不断提高对民办高等教育的帮扶力度，对民办高等教育进行分类和管理，明确界定民办高校的地位、性质和作用，帮助民办高校抢抓时代发展机遇，提高民办高等教育的竞争力，加快进行机制创新，实现内涵式发展，使未来河南省民办高校可以往更高层次发展。

（一）出台政策，积极鼓励扶持

一是 2011 年河南省政府办公厅及时转发了河南省教育厅《关于创新融资机制鼓励社会投资的意见》（豫政办〔2011〕30 号），这是改革开放后第一次以省政府名义出台的鼓励民办教育发展的意见。二是 2012 年河南省教育厅出台《关于鼓励和引导民间资金发展教育的意见》。三是 2015 年 12 月河南省政府出台了《河南省人民政府关于加快推进民办教育发展的意见》（豫政〔2015〕76 号）。四是 2018 年《河南省人民政府关于鼓励社会力量兴办教育进一步促进民办教育健康发展的实施意见》（豫政〔2018〕6 号）颁布。在河南省政府示范带动下，各地也纷纷出台政策措施。截至目前，河南省 18 个省辖市、7 个直辖县（市）政府出台了促进民办教育发展的意见。

（二）政策倾斜，大力推进发展

对河南民办高校的政策倾斜主要表现在以下方面。一是在学校设置审批时，向民办学校倾斜。二是招生计划向民办学校倾斜，近几年我省民办高校招生计划的年均增长幅度高于公办高校。三是对民办学校使用土地、税收政策和建设经费等方面的支持。有一部分市县或者乡镇把民办学校的办学用地也纳入城市用地的计划，民办学校甚至可以享受和公办学校几乎同等的公益事业用地及建设的相关优惠政策。四是许多城市对那些建设规模比较大、举办者投入经费多的民办学校，做到帮扶和编制支持，给予一定比例的在编公办教师名额，对这些学校的人事给予支持。

（三）加强培训，帮助提升水平

加大对民办学校举办者和教师培训力度，帮助他们提高办学水平。自 2012 年起，河南每年都针对民办高校举行不同种类和层次的专题培训班，帮助举办者进一步端正办学思想，帮助管理者和教师提升业务能力，提升民办高校办学水平。河南省教育厅每年都免费举办民办高校专业课教师等培训，培训人员近千人。

（四）规范引导，促进健康发展

河南对民办高校发展的引导表现在三个方面。一是坚持分类指导。坚持以非义务教育阶段为重点，民办幼儿教育突出扩大资源和普惠性，民办职校、高校重点放在专业和学科建设上，强化内涵，提升办学实力，民办义务教育阶段以发展寄宿制学校为主。二是坚持奖优罚劣。通过对民办教育管理先进单位和优秀民办高校的表彰奖励，发挥典型引领作用，同时对工作不力的市县教育行政部门扣减表先名额，通报批评，督促各地落实政策。三是加强监督检查。在加强日常监管的同时，开展对民办学校安全、招生等方面开展专项检查，依法加大对少数乱办学、乱招生、乱收费等违法行为的查处力度，规范办学行为。

（五）示范带动，发挥引导作用

为充分发挥财政资金“四两拨千斤”的杠杆作用，吸引民间资金投资教育的积极性，省财政从 2012 年起设立了 2 000 万的民办教育发展专项资金，并且每年不断增加。资金主要用于三个项目：促发展项目，对近年来投资规模较大的学校给予奖励，调动民间资金投资发展教育的积极性；促规范项目，对长期办学规范、质量较高、声誉较好的民办学校给予表彰，引导民办学校走规范办学之路；促提高项目，对办学时间较长、办学实力较强的民办高校和职业院校特色学科专业予以支持，打造品牌特色学科专业，提升人才培养质量。

四、人才培养质量显著提高

学生是学校的生命线，没有学生办学就如无源之水。对于高等教育来说，就是要为社会培养人才；对于民办高等教育而言，生源、学生的素质和学生就业去向、就业质量等一切关于学生利益的指标是学校能否持续生存和发展的根本。近年来，河南省民办高等教育随着时代的进步和经济的不断发展，越来越注重大学生素质的提升和能力的培养，积极探索应用型大学发展之路，从内涵上提升办学质量，把提高大学生就业质量作为学校进步与发展的核心竞争力常抓不懈，对学生综合素质培养具有积极意义，取得了很大的进步。

“黄河科技学院 35 年来面向地方，服务基层，扎根中原大地办学，在长期的办学实践中构建了‘本科学历教育与职业技能培养相结合’的人才培养模式。学校教改成果‘民办高校应用型人才培养模式创新与实践’获得国家级教学成果二等奖，学校荣登‘2012—2016年全国普通高校竞赛评估结果（本科）TOP 300’。学校大学科技园和黄河众创空间被科技部认定为国家级科技企业孵化器，黄河众创空间被科技部认定为全国首批众创空间，入选‘2018 中国 100 家特色空间’；学校大学生创业孵化园获批‘全国创业孵化示范基地’‘全国大学生创业示范园’。学校的就业率保持在年均 97% 以上，就业的满意度和契合度连年提升，为国家培养了 16 万余名‘下得去、留得住、用得上、干得好’的高素质应用型创新人才。2014 年，学校被教育部评为全国毕业生就业典型经验高校（全国高校毕业生就业工作 50 强）。2016 年，学校荣获教育部首批全国创新创业典型经验高校（全国高校创新创业工作 50 强）。2017 年以来，国务院‘双创’专题督查调研组、国家创新创业专题调研组和国务院大督查创新驱动组先后到学校调研，均给予了高度评价。2018 年，学校被评为河南省示范性应用技术类型本科院校年度考核一类学校、教育部‘互联网+中国制造 2025’产教融合促进计划建设院校、全国首批深化创新创业教育改革示范高校。学校毕业生中涌现了一大批优秀人才，2011 届学生李威成功创办郑州飞轮威尔实业有限公司，就得益于学校在办公场地、技术攻关、专利申请等方面给予的帮助和支持，其产品远销全球 50 多个国家和地区，产值近亿元。2015 年被哈佛录取后选择休学创业的赵杰，创办公司入驻园区，分别获得真格基金和阿里创投 1 300 万元和 1 亿元融资，目前公司估值 1. 5 亿元。自主创业的马维祥荣获‘河南最美大学生’称号并入围‘第十三届中国大学生年度人物’候选人”。①

在武书连 2019 中国民办大学排行榜中，郑州工商学院毕业生就业质量和升学率荣列全国前十、全省第一，如图 4-1、图 4-2 所示。毕业生综合素质出众，历年就业率均在 95% 以上，研究生考取率为 14. 5% ~19%，涌现出国家奖学金获得者、中国大学生自强之星、中国大学生年度人物、赴海外服务的国际志愿者等一大批优秀学生。在国际音乐舞蹈艺术大赛、环球国际模特大赛、全国大学生数学建模竞赛、全国大学生电子设计竞赛、省大学生科技文化艺术节、测量技能大赛、程序设计大赛等国内外比赛中获得各类奖励近千人次。2019 年 11 月，学校在首届河南省大学生跨境电商创新创业运营能力大赛中，两支代表队分获本科组特等奖（第一名）和高职组特等奖（第一名），在“全国第三届灯具设计大赛”“河南省第八届艺术设计作品展”“河南省教育厅第四届学生体育舞蹈锦标赛”“第九届 POCIB 全国外贸从业能力大赛”、河南省注册会计师协会第七届“会长奖学金”选拔考试等多项省级以上赛事中喜获佳绩。2019 年 12 月，又有 3 名学生在第四届 OCALE 全国跨境电商创新创业能力大赛中获得本科组二等奖的好成绩。2020 年 3 月 27 日，根据《教育部办公厅关于实施一流本科专业建设“双万计划”的通知》（教高厅函〔2019〕18 号），经各高校网上申报、高校主管部门审核，教育部高等学校教学指导委员会评议、投票，郑州工商学院国际经济与贸易专业被评为 2019 年度省级一流本科专业建设点。

① 摘自黄河科技学院官方网站.

2019全国民办大学本科毕业生就业质量排名

排名	校名
1	吉林外国语大学
2	无锡太湖学院
3	文华学院
4	温州商学院
5	云南工商学院
6	潍坊科技学院
7	郑州工商学院
8	武昌首义学院
9	皖江工学院
10	黑龙江东方学院

图 4-1　郑州工商学院荣获 2019 中国民办大学本科毕业生就业质量第 7 名

2019全国民办大学本科毕业生升学率排名

排名	校名
1	吉林外国语大学
2	文华学院
3	无锡太湖学院
4	皖江工学院
5	云南工商学院
6	郑州工商学院
7	信阳学院
8	潍坊科技学院
9	温州商学院
10	武昌首义学院

图 4-2　郑州工商学院荣获 2019 中国民办大学本科毕业生升学率第 6 名

除了黄河科技学院和郑州工商学院之外，河南省其他民办本科院校在对学生进行人才培养时候也是不断探索新的模式，使学生质量不断提高。比如，郑州商学院在创办者王光亚先生先进教育思想和理念的指引下，特别重视学生培养和就业质量，几乎每年都能保证毕业生就业率达到90%，还涌现出一些民办高校学子的典范，学校2014 届毕业生胥红岩在2018 年《非你莫属》求职节目中，凭借优秀的综合素养和出彩的学识受到多家知名企业的当场签约邀请，一度在河南大学生队伍中被热议和学习。郑州升达经贸管理学院学生在“全国国际标准舞公开赛”中获得冠军，在河南省第三届合唱文化艺术节比赛中荣获黄河金奖（最高奖），在河南省首届音乐金钟奖技能大赛中获得金奖，在河南省大河风合唱音乐会中获得大河奖（最高奖），在第六届全国大学生创业设计暨沙盘模拟经营大赛河南省总决赛中获得团体第一名，在河南省第十二届大学生科技文化艺术节中获得多个一等奖，多次获得河南省英语演讲比赛第一名、第二名的好成绩，并数次代表河南省参加全国比赛，成绩斐然，在首届河南省“外研社杯”全国英语演讲大赛中获得一等奖，在河南省首届大学生日语演讲比赛中，学生获得了专业组第一名、非专业组第二名的优异成绩；学校毕业生中涌现出受国家领导接见的王杰班战士王楠、放弃高薪扎根西藏被中国军网等媒体报道的军官毛泉通、为勇救落水学生而壮烈牺牲的“河南省十大教育新闻人物”之一冯协等优秀校友。建校以来，郑州升达经贸管理学院应届本科毕业生考取北京大学、清华大学等重点大学硕士研究生的已达

2 000 人，更有多名学生考入牛津、剑桥、哈佛等国外知名高校留学深造。[①] 郑州工业应用技术学院学生在第三届、第四届全国康复治疗相关专业学生技能大赛中荣获单项一等奖、本科组团体一等奖和三等奖、专科组团体三等奖，第十届“新道杯”全国大学生创新会计人才技能大赛特等奖，学校微信公众平台“郑工新青年”在河南省第二届大学生新媒体原创作品大赛暨 2017 年度十佳高校新媒体平台评选活动中荣获最佳网络人气奖，在全国高职高专人力资源管理技能大赛（北部赛区）荣获一等奖，第三届“踏瑞杯”全国高职高专人力资源管理技能大赛中荣获一等奖，在“高教杯”全国大学生先进成图技术与产品信息建模创新大赛中获团体一等奖、河南省特等奖，在第四届全国移动互联创新大赛中获得一等奖，在 2018 年全国大学生数学建模竞赛中荣获河南省一等奖 1 项、二等奖 2 项、三等奖 2 项，在第二届河南省大学生机器人竞赛“华大杯”人形机器人足球项目中获冠军、武术擂台仿人非标组冠军。

河南省除了民办本科院校越来越注重人才培养质量，民办高职院校的办学目标主要侧重于培养生产服务一线的技术技能型人才，近几年在内涵转型发展过程中更加强调对学生健全人格和社会紧缺型技术技能人才的培养，培养出了许多对社会作出很大贡献的优秀毕业生。比如，郑州澍青医学高等专科学校于 2015 年康复治疗技术专业被评选为国家财政支持专业；临床医学、护理、中医学、药学、医学检验技术专业被精心打造成河南省品牌专业；学校成为河南省特色学校，还有多个专业成为郑州市重点专业和示范专业。学校建成了二级综合医院的附属医院，郑州市政府批准了郑州市中心医院为学校的附属医院，同时学校与河南省 18 个地市的 63 所三级甲等医院和二级甲等医院建立了教学医院关系，为临床教学提供了条件。2016 年学校以“树澍青精神，展技能风采”为主题的首届专业技能展演活动取得了很大成功，使“36 学时特色技能培训”活动得到了实践检验，在毕业生就业质量提升中也凸显优势。学校建成了 6 000 多平方米的医学博物馆，并成为郑州市的科普基地，它含有医德馆、药学馆、生命馆、人体馆、医学馆，使学生从中激发学习的热情和开阔知识的眼界。学校毕业生中先后涌现出荣获国际博士学位的孙贤华，“全国五一劳动奖章”获得者李武强、付亚杰，中央电视台“寻找最美乡村医生”独臂青年马云飞，“世界和平奖章”获得者张浩，“贵州省优秀青年志愿者”张体鹏，“河南省十大杰出青年志愿者”郝凤娟，“河南省最美乡村医生”秦为民，“最美路人”张楠等大批具有时代特色、引领社会正能量的优秀毕业生，为河南省实现人人享有卫生保健目标作出了积极贡献。河南省还有许多其他民办高校在人才培养方面都取得了不俗的成绩，这里就不一一列举。

综上所述，随着我国教育强国目标的不断迈进，河南省民办高等教育无论是办学规模和办学层次、发展速度，还是学生培养质量和社会声誉，都并不比公办学校差。到目前为止，已经逐步形成独具特色的办学模式，个性化和差异化办学特征日益显著，为河南省高等教育事业所作的贡献也越来越大，在河南省教育领域的地位越来越高，越来越不可替代。

---

① 摘自郑州升达经贸管理学院官方网站学校简介.

第二节 河南民办高等教育发展的特点和经验

民办高校是我国高等教育领域办学体制大胆改革与实践的成果，通过梳理河南民办高等教育发展所取得的成绩，我们可以看到，改革开放四十多年来，河南民办高等教育发展非常迅速，成长很快，在办学数量、办学层次、学生培养质量、社会声誉等各个方面都获得了很大进步，河南民办高等教育发展呈现出办学模式多样化，学生培养模式多极化，硬件设施现代化、高科技化，教育服务理念个体化、开放化、差异化等特点。

一、办学模式多样化

河南省民办高等教育取得了很大的成就，在办学主体和办学模式等方面的探索进行了积极的尝试，多样化越来越明显，逐步形成了涵盖各种渠道的投资办学方式，对河南人口大省教育资源短缺的现实起到了极大的补充和完善作用。从办学模式上看，目前河南民办高等教育投资主体和办学主体涉及的领域包括教育集团公司控股、中外合作、公办转型、知名企业投资、个人筹资、政府财政补助、社会力量捐助、托管等，充分体现出自主办学的体制和灵活的运行机制特点，民办体制的主要表现之一是在管理模式上实行理事会或董事会领导下的校长负责制。

中外合作办学模式的典型代表是郑州西亚斯学院，“美国投资使学校具有坚实稳定的教学资源，美国西亚斯基金会与教育顾问团提供基金支持和教育督导，郑州大学和美国富特海斯州立大学分别向学校提供丰厚的教育资源及管理经验，实现了中外优势互补、教育资源共享。在教育实践上完美体现了中西合璧，由中国教育专家与美国资深大学校长联袂进行教育管理，中国与美国大学教师以及留学归国学者协作完成课程教学，中国的学年制与美国的学分制相结合，中国重知识教育的传统与美国重创新教育的特长相得益彰。这种独特的办学机制与办学模式独具特色，为培养‘英语精，知识新，技能强，视野广’的国际复合型人才提供了优越的现实条件和发展空间”①。

河南民办高校中的五所独立学院中，有三所的办学模式是采用由一些教育集团或者企业注资与河南比较知名的公办大学合作办学的形式，包括河南大学民生学院、新乡医学院三全学院、中原工学院信息商务学院。其中，河南大学民生学院是2009年由河南日报报业集团注资，河南大学与河南日报报业集团签订合作协议，共同建设而成的；新乡医学院三全学院是由新乡医学院与中美集团签订合作办学协议，共同建立的；中原工学院信息商务学院是由中原工学院与郑州纺织机械股份有限公司、宏大投资有限公司、全国纺织教育学会合作举办，实行董事会领导下的院长负责制，具有独立法人资格。

河南师范大学新联学院（郑州校区）也是河南民办独立学院的代表，它的办学模式是

① 摘自郑州西亚斯学院官方网站学校简介.

个人投资。“李香枝女士于2008年在河南省郑州市郑东新区职教园区新征522亩（1亩约等于666.67平方米）土地，与河南师范大学合作举办了本科院校河南师范大学新联学院，次年成立董事会，确定学院第一个四年规划，注资六亿资金建设郑州新校区，2009年9月迎来了第一批学生。创办人和董事长李香枝女士多次被评为省、市先进教育工作者，先后获河南省第六届‘十大女杰’、河南省‘三八’红旗手、河南省‘巾帼创业’之星、河南省‘巾帼创业’带头人、河南省‘巾帼科技’带头人、河南省首届最具影响力‘十大女杰’、河南省‘双学双比’‘巾帼建功’先进个人、河南省‘民办教育系统十大杰出人物’等荣誉。”①

河南科技学院新科学院作为河南民办独立学院的代表，办学模式侧重于政府与企业的联袂合作。2018年11月16日，河南科技学院新科学院新校区举行开工奠基暨伟光汇通文旅古镇启动仪式，该项目是新乡市委、市政府高度关注的项目。新校区的总投资高达55亿元人民币，其中一期投资的33亿元主要用于高校的教学、办公和学生宿舍楼等硬件工程建设，二期投资的22亿元主要用于配套的由新乡县委和县政府谋划的文旅小镇项目相关的道路、园林项目和其他基础配套设施的建设，新校区所在地朗公庙镇党委在此次项目中承担重要角色，全力配合河南科技学院新科学院和文旅小镇项目施工，这个项目由新乡投资集团有限公司、新乡市新投实业有限公司、伟光汇通旅游产业发展有限公司（简称“伟光汇通”）合作建设，古镇充分发挥新乡投资集团的资金优势，伟光汇通成熟的文化旅游古镇建设运营模式及资源，契合郑新融合战略发展规划，最大限度地拓展第三产业。古镇与河南科技学院新科学院融合发展，既提升了古镇的文化品位，又满足了大学城周边服务的需求，将极大拉动当地经济的发展，提供大量的就业机会，特别是随着城市基础设施建设的完善和周边环境的改善，将带动相关产业的发展，为新乡市南部区域经济发展增添新亮点。项目将按照国家5A级旅游景区的标准，高起点规划、高标准设计、高质量建设，将文化古镇与河南科技学院新科学院相结合，建成具有中原特色、将中国传统文化与现代教育相结合的特色古镇，在政府和企业的共同努力下打造新乡市的城市会客厅、文化名片。

郑州工商学院的办学模式也是非常具有特色的，经历了合作办学和企业控股以及纯民办经营几种模式的变迁。学院的前身河南理工大学万方科技学院先后由焦作工学院与焦作万方集团、郑州竹林集团共同举办，河南理工大学与焦作金冠电力有限公司共同举办，2009的郑州新校区是由河南理工大学与河南宇华教育集团合作举办。宇华教育是集学前教育、基础教育、高等教育于一体的大型民办教育集团，总部位于河南省郑州市，2020年1月9日，胡润研究院发布《2019胡润中国500强民营企业》，宇华教育集团以市值140亿元位列第498位，目前拥有从幼儿园到大学共29所知名学校，校区遍布河南、湖南、山东三省10个城市，还有一所国际学校“泰国斯坦福国际大学”。2016年，原河南理工大学万方科技学院转设为郑州工商学院，成为河南宇华教育集团教育链条上的一所学校，2017年2月28日于

---

① 摘自河南师范大学新联学院（郑州校区）官方网站学校简介.

香港主板上市。自控股集团上市之后，郑州工商学院成为民办高校分类管理中的营利性民办大学。郑州工商学院前任董事长李光宇是十二、十三届全国人大代表，全国劳动模范，中国民办教育协会副会长，北大光华 EMBA 校友总会代理会长。现任董事长李花女士是宇华教育总裁，李花是十二届全国青联委员、共青团全国十七大代表、河南省政协委员、河南省青联副主席、郑州市人大代表。

郑州升达经贸管理学院和郑州商学院两所民办高校的前身分别为郑州大学升达经贸管理学院和河南财经政法大学成功学院，是由祖籍河南的台湾教育家王广亚博士为董事长的台北广兴文教基金会捐赠创办。王广亚博士一生在海峡两岸创办了郑州升达经贸管理学院、郑州成功财经学院、内蒙古经贸外语学院、台湾育达科技大学等十余所学校，培养了百余万建设人才，曾获“台湾十大杰出教育事业家”“感动中原 60 年 60 人”“全国教育行业最具影响力人物”“中原之子”“中国民办教育终身成就奖”“中国突出贡献教育人物”“中国教育事业领军人物”“黄河之子”等殊荣。

黄河科技学院是 1984 年由胡大白女士一手创建的，是改革开放以来我国办学历史最悠久的民办高校。1994 年经国家教委批准面成为第一所实施专科学历教育的民办高校，2000 年成为经教育部批准的第一所实施本科学历教育的民办高校；2004 年取得学士学位授予权。胡大白女士既是黄河科技学院创办人、董事长、教授，又是中国当代教育名家，第九届河南省人大代表，第十届全国人大代表，河南省第七、八、九、十次党代表大会代表，享受国务院政府特殊津贴专家，中国民办教育协会监事会主席，河南省民办教育协会会长。1984 年她在身体遭受意外伤害情况下，办起了学习班——郑州高等教学自学考试培训班，之后一步步发展为国内知名的民办高校。“鉴于学校创办人、董事长胡大白教授对民办高等教育事业的突出贡献，先后获第三届‘中国十大女杰’，全国‘三八红旗手’，河南省‘三八红旗手’、‘河南省劳动模范’、河南省‘巾帼建功标兵’，河南省‘十大女杰’，河南省‘十大新闻人物’，河南省‘助残先进个人’，河南省‘优秀共产党员’、‘中国最具魅力校长’等荣誉称号，入选改革开放 40 年‘教育人物 40 名’、新中国成立 70 周年‘河南省突出贡献人物’，荣膺首届‘中国当代教育名家’、第八届‘世界大学女校长终身荣誉奖’，第十届全国人大代表，兼任中国民办教育协会监事会主席、河南省民办教育协会会长。”① 新华社、《人民日报》《光明日报》、中央电视台“东方之子”栏目、“半边天”“对话”栏目、新浪网、《中国教育报》《中国妇女报》《瞭望》《中国青年报》、中国教育电视台等各大媒体都曾专题报道过她的先进教育管理经验和办学事迹。校长杨雪梅教授享受国务院政府特殊津贴，获“全国五一劳动奖章”“全国五一巾帼奖章”等荣誉，先后当选第十二届、十三届全国人大代表，任中国民办教育协会副会长、河南省高校创新创业协会会长等。

此外，郑州工业应用技术学院（原郑州华信学院），由集教育、医疗、医药、房地产、酒店等于一体的中原华信商贸集团投资开办；信阳学院是 2003 年经教育部批准由信阳师范

① 摘自黄河科技学院官方网站董事长简介.

学院与河南羚锐制药股份有限公司、信阳天泰投资有限公司按照民办机制合作举办的。

二、学生培养方式多极化

河南民办高等教育在学生培养方式上紧随时代发展和社会进步不断更新、完善，适应受教育者的需求和社会对人才的要求，各个民办高校都在追求自己的育人特色，出现了许多在全国都享有盛誉的学生培养品牌，具体列举如下。

作为河南民办高校的资深者和佼佼者，黄河科技学院始终把学校人才培养方式的改进作为学校发展的生命线。近年来，学校将创新创业教育融入人才培养过程，实施就业、创业、升学的分类培养，在职业定位上，强调技术应用；在培养要求上，突出能力本位；在服务面向上，强调面向工程技术、经营、管理一线。各专业结合实际，探索“双证书”培养、“订单式”培养等多种人才培养方式，取得了丰硕成果。在就业指导方面独具特色，学校自建校以来都始终立足学生未来的职场发展，对学校毕业生的就业帮扶和教育形成了以“校内两次大型双选会为主体、百场专场招聘会为延伸、网络就业市场为载体、就业基地为依托”的市场体系，依托就业信息网、翻转校园 APP 及微信平台等，为毕业生精准推送政策、岗位、服务，每年学校组织专场招聘 80 场，大中型双选会 4 场，提供就业岗位 26 000 多个，每个学生有三个以上的就业岗位可选择。对毕业生中弱势群体专门开展就业援助和对口帮扶，对已经走出校园的毕业生实施跟踪调研，及时掌握他们的职业发展情况，了解市场动向，培育社会口碑，广泛收集毕业生所在单位对学校培育效果的意见和建议，每年撰写学校毕业生的实证调研就业质量年报，如此良性循环，使学校的人才培养质量和就业质量不断攀升。

郑州升达经贸管理学院始终把立德树人作为第一标准融入人才培养的全过程，在王光亚先生的“伦理、创新、品质、绩效”的办学理念、“勤俭朴实，自力更生”的校训、“爱国爱校，宁静好学，礼让整洁”的升达精神和“德育为先，养成为要、全员参与、全程渗透”的教育理念指导下，经过将近三十年的积淀，在人才培养方面构建了“三大教育、三大竞赛、三方育人”的独特模式，即注重立德树人，坚持开展爱国教育、劳动教育、感恩教育“三大教育”；注重养成教育，持续组织“秩序礼仪”竞赛、“文明宿舍”竞赛、“学生整洁”竞赛“三大竞赛”；注重全程渗透，不断强化教书育人、服务育人、环境育人“三方育人”。还有升达特有的“三三三制”办学要点：第一个为“三心”，即“关心、爱心、耐心”；第二个为“三严”，即“严管、严教、严考”；第三个为“三特色”，即“两证多照”的教学特色、“守时、守信、守法”的品德特色、良好风度仪态的形象特色。这些汇聚成升达学院与众不同的学生培养特色。同样是王光亚先生投资开办的郑州商学院继续坚持他的教育理想和理念，结合郑州商学院自身的办学定位，在培养人才方式上紧紧结合当地经济发展需要和社会环境的实际情况，创造了“一主二辅”的人才培养模式，即 70% 的学生三年修完四年的课程，第四年专门针对应用技能进行社会实践，积极寻求校企合作、订单培养、工学结合等多样化的人才技能培养模式，达到“良才”的培养目标；针对学业成绩非常优异的 20% 的学生，专门为他们设立考研辅助和培训的机构、老师、资源，助力他们考研成功，达到“英才”培养目标；针对剩余 10% 的知识水平比较薄弱、学习能力比较差的学生，主要培养他们的动手能力，帮助他们拥有一技之长，成为有用之才。三种渠道齐头并进，“良才”培养为主，“英才”培养和“有用之才”培养为辅，彻底实现分流培养和因材施教，充分体现了民办高校个性化和差异化培养的优势。

再如，郑州西亚斯学院采用国际化人才培养模式，学校的外籍教师占教师总数一半以上，国际部学生的外籍教师使用全英文授课，给学生提供非常丰富的外籍原版书籍及影音资料，全英的语言环境使学生的英语口语、英语听力、翻译和理解等能力得到快速提高，学生通过直接、面对面的方式聆听美国教授的学位课程，收获了中外优势互补、中西文化融合的特色教育。学校每一年都组织相当数量的学生和教师出国交流学习，频繁邀请各种形式的外国代表团到学校进行人文交流，举办许多大型、高规格外事活动，建立西亚斯国际女性成长论坛、跨国项目研究中心、环境与社会责任学院、电脑实验室、应用软件实验室、环球信息技术实验室等中外合作交流的机构，让学生能够充分了解全球政治经济文化等的差异，培养学生的国际视野、国际意识和国际眼光。学校的“住宿书院制育人模式”非常具有创新性，从实践操作层面全面成功落实大学“立德树人”的根本任务，这种育人模式以学生全方位发展的求学需求为切入口，通过对学生的生活社区进行文化建设和育人服务的方式实施全面育人，住宿书院承担学生的思想政治教育、心理健康辅导、行为养成培养、就业教育等日常管理和教育任务，在学生的第一课堂教育之外创造了第二课堂育人场所，把各个专业的学生在生活社区中的时间利用起来，实现学生与学生之间、专业与专业之间的良性互动和渗透互补，为学生在课堂之外营造了和谐的生活氛围，全时段、全方位提升学生的人才培养质量。

郑州科技学院对应用型人才培养方案不断进行优化和完善，从学生培养和教师培育两条途径出发，一方面利用对课程体系、教学内容、教学方式、学分设置、学科竞赛等指标的优化和整合，培养学生创新学习的积极性和主动性，另一方面通过企业教师工作站和学校专任教师工作站的“两站”建设方式，构筑“双师双能”师资队伍建设机制，不断把企业技术人才“引进来”，又经常派专业教师“走出去”，实现了“校、政、行、企”多方合作、产教深度融合发展，开创了独具特色的“教”与“学”齐头并进的人才培养模式。再如，“新乡医学院三全学院对学生的培养方式重点遵循‘全面适应社会需求，全面实施素质教育，全面培育医学英才’的理念，建立‘课间见习、暑期见习、临床实习’的全过程实践教学模式，以保证教育教学质量不断进步。学校 2012 年与卫计委中国医师协会合作成立‘中国医师人文医学执业技能培训基地’，2013 年成立国家技能鉴定站，在学生培养方式上逐步成为特色鲜明、优势突出的应用型高等院校”①。

河南民办专科高等院校的资深代表和佼佼者郑州澍青医学高等专科学校，以“把握教育标准，提炼核心知识，保障教学质量；调研市场需求，选准特色定位，培养适用人才”为原则，以“培养技能训练为特色的医学职业教育，培养健康服务型人才”为转型发展指导思想，开创了“利用 36 学时，教会学生一项适应社会需求的技能”品牌活动，要求各个专业学生志愿参加，在完成本专业学业的前提下通过学校的 20 多项特色技能培训课程，再

① 摘自新乡医学院三全学院官方网站新闻.

掌握一项或两项技能。学校在面向健康服务业人才培养上，拟出了新的办学模式，临床医学、中医学、护理、药学等传统专业要依照与公办院校错位发展的理念办出专业特色。康复治疗技术专业、医学检验技术专业、医学美容技术专业、医学口腔技术专业和卫生管理等专业根据社会需求办成特色专业，各专业根据社会发展积极创新养老、育婴、保健、市场营销、健康旅游等适用专业，各专业在转型发展中相互合作，以项目为目标，开创新的课程或专业，形成多个专业群，开创学校人才培养的新局面。

三、办学条件现代化

虽然高等教育的质量更多地靠学校文化、优质师资，但先进教学设施在高科技飞速发展的今天对于高等教育来说也非常重要。一所声誉良好的高校配上良好的教学硬件设施和优美的校园环境，在很大程度上更能够激发学生求学的积极性，能够为教学质量的提升保驾护航，先进的、现代化的、高科技的硬件配备可以让学生获得更加新奇、便捷和高质量的感官体验，刺激思维，激发师生更多灵感，获得更多实践知识，有助于树立更好的学校形象，提升学校的知名度和信誉度，有助于吸引优质人才投身学校教育事业。对于民办高校来说，由于学校层次、生源质量与公办学校相比存在一定的劣势和差距，在高等教育市场竞争中硬件设施的地位越来越重要，结合河南民办高校的实际情况可以看到，许多民办高校的硬件设施比肩公办院校，甚至在国内位于领先地位，以此提升了学校的竞争力和实力，为提升学校的办学质量作出了重要贡献。以下列举一些实例为证。

黄河科技学院软硬件设施非常强大，学校目前拥有郑州和济源两个地市的四个校区，总占地面积有 2 800 多亩，建筑面积 100 多万平方米，图书馆有 5.3 万平方米，馆藏图书有 355.6 万册，建有河南省院士工作站、博士后研发基地、重点实验室、国际联合实验室、工程技术研究中心、实验教学示范中心等高层次教学科研平台 50 余个。各科类实验室 127 个，实验分室 410 个，校外实训基地 224 个；教学科研仪器设备价值 3.85 亿元，远远超出了教育部的硬件标准。自 2015 年以来，学校投资 1.05 亿元人民币对原有硬件设施优化升级，新建或改造物联网云计算实验室、医学虚拟仿真实训中心等实验分室 214 个，建成 5 000 个座位的体育馆、2 000 个座位的学术报告厅、1 万平方米艺术教学中心，以及科普教育展馆和临床医学技能训练中心等；建有 1.2 万平方米的黄河众创空间，设立了 216 个办公工位，学生创业团队在空间中可以享受到智慧网络、社交等便利化服务，目前入驻的创业团队达到 98 家；建有 1.86 万平方米的孵化器设备，专门为学生创立的小微企业提供个性化服务，包括基础设施、专业技术帮助、高层次的孵化指导服务，目前入驻的创业企业达到 64 家；加速器是用来帮助企业实现加速发展，目前入驻企业达到 15 家。除此之外，最近学校与二七区政府达成合作协议，共同规划创建约 10 万平方米的“U 创港”创新创业综合体，截至目前已经成型的有电子信息、文化创意、生物医药三大创新创业园区，使用面积约 5.7 万平方米，初步创建了一个功能强大、向全省乃至全国高校开放的为创新创业大学生实现创意的全链条创新创业生态环境。这些高层次的、先进的、高科技的优质硬件设备在全国民办高校中是屈指可数的，为提升教学质量和实现学校高质量发展打下了坚实的基础。

郑州升达经贸管理学院的软硬件设施也非常强大，占地面积千余亩，校园的楼宇设计采用中西合璧的风格，在河南省享有“花园式单位”之称。学校图书馆藏书约200万册，图书馆内有小剧场、视听室、音乐欣赏区、休闲区等人性化、个性化和数字化的先进设备，享有“河南省高校图书馆现代化技术应用先进单位”和国家级“全民阅读活动先进单位”的美誉。学校还拥有电脑、语音、多媒体、专业实验室等多功能教学场地200多个，非常具有代表性的是金融控制中心、3D实训中心、同声传译实验室、外语交流园区，这些硬件在河南省高校中居于领先地位。其中，金融控制中心主要针对金融专业学生，是为国际经济与贸易、物流服务、审计等经济类专业学生打造的综合性实践教学场地，在教学过程中可以开展证券投资的模拟教学，学生可以在这个平台中获取即时的股票行情、期货和外汇等金融产品最新数据信息，获得高质量的模拟交易体验和学习。3D实训中心主要用于旅游相关类专业学生，学生可以享受到立体三维、身临其境的导游体验，不用到各个旅游景点就可以达到相关导游讲解、导游能力培训、导游考核等现场真实效果。同声传译实验室主要针对英语、法语、西班牙语、汉语、俄语、阿拉伯语等8种口译类专业学生，通过模拟联合国会议现场设计的同声传译实验中心，让学生在实验教学中感受国际会议召开现场的同声传译气氛，高仿真效果使学生的实践能力得到大幅度提升。外语交流园区内设置外文报刊阅览室、外文电视放映室、小剧场等场所，让学生体会别具一格的东西方交流感受。

四、教育服务理念个性化

教育现代化是社会主义现代化建设的重要环节，是实现中华民族伟大复兴的基础，而教育现代化的核心是实现人的全面自由发展，因此对教育服务的个性化、开放化和差异化的需求和要求越来越高。一刀切、满堂灌、订单式的教育理念早已过时，以人为本的教育理念是现代大学的首选，因材施教、学思并重、知行合一、注重个体差异、让学生自主选择人生、促进学生的个性发展等思路是高等教育追求的方向。河南民办高等教育许多学校都抓住了这一重点，在教育服务理念上更加人性化，始终以学生为中心，全心全意服务于每一位学生，对家长和社会负责。

黄河科技学院始终坚持在教育理念上体现个体性、开放性和差异性，教育改革的原则是针对全体学生、保证人人成才、采用因材施教、坚持分类培养，尊重学生的个体差异，尤其是把“大众创业、万众创新”教育融入就业指导过程，对学生的培养从就业、创业和继续教育三个方向进行分类，更有针对性、个体性和实效性，为学生的未来发展提供最大可能。具体而言，第一类，针对毕业即就业的学生，强化他们的实践能力，课程设置上通过与合作企业、各专业的市场需求调研等实证，建立以“实务、案例、问题、标准、流程”为主的实践性课程，目前已经专门开发对应就业的热门特色课程119门，加强对学生实践能力和动手能力的教育。各个专业的专业课学习上，对应就业需求，开设了项目驱动下的“学中做，做中学”的教学设计模式，推行“课程设计、真实训、创新设计、毕业设计”前后贯通的

改革思路，建立了“内容综合化、形式多样化、过程全程化”的多元型课程考试新模式。通过一系列配套动作，使毕业即就业学生的全面素质和实践能力得到有效提升，在择业时的竞争力更强，参加工作后的上手能力更强，在社会中能够更快、更好立足。第二类，针对毕业先创业的学生，学校专门开发了一整套不断优化完善的创新创业课程群，搭建起创客工作室、创客工厂、实验室三位一体的“实验平台”，为尝试创新创业学生的创意提供实训场地，另有黄河众创空间、孵化器、加速器三位一体的“创业园区”，可以为不同创业阶段的学生提供个性化的服务。目前为止，学校建设的“创客工厂—众创空间—孵化器—加速器—产业园”全链条创新创业生态体系和“课堂+园区+企业”“三元合力”的教育服务方式与创新创业人才培养模式，使学生的创业能力得到显著提高，参与创业实践的学生目前已经取得 1 317 项国家级科技竞赛奖励，在全国“互联网+”大学生创新创业大赛中获 2 银 5 铜的好成绩。学校黄河众创空间获评全国首批众创空间，与大学科技园区双双被纳入国家级科技企业孵化器管理服务体系，学校被评为全国首批高校创新创业 50 强、全国首批深化创新创业教育改革示范高校、全国首批大学生创业示范园、全国创业孵化示范基地等。第三类，针对毕业后继续接受更高一级学历教育的学生，学校为他们创建了考研培训班、专升本强化营，这类学生的基础课学习比重加大，在日常教育教学过程中采用分级教学的方式，对学习程度不一的学生辅之以不同的教学内容和方法。考研班的学生不仅理论知识教育的比重增加，学校还配备了专业的考研帮扶队伍，采用一对五的导师制，五名学生分配一位考研导师，专门对他们进行基础课程、专业课程、选择学校、志愿填报、心理辅导等全程跟踪特殊服务，有针对性地为这类学生提供全方位的继续教育指导。

郑州西亚斯学院一直奉行“以学生为主体”的教育理念，学校从董事会到普通教职工都践行着“一切为了学生，为了学生的一切”的教育服务精神。学校成立了对学校教育教学和学生管理进行全面监督的“家长监督委员会”，使学生家长能够时时感受到学校人性化的管理方式以及学生在学校的学习生活状况，使家长更加放心地把学生交付给学校。学校还构建了在学校领导和普通学生之间帮助沟通交流的“校领导学生助理团”，通过这个桥梁机构使学生对学校管理以及教师的任教情况等方面的意见和建议得以上传，更好地实现为学生服务的宗旨。学校还组织“师生对话会”等活动，让教师通过面对面或者网络等方式及时解答学生学习、学业发展、生活实际上的问题以及未来发展规划等困惑。学校自 2007 年以来，每年都会举行一次“西亚斯国际女性成长论坛”，为学校的女学生搭建与全球成功女性交流学习的机会。学校 2005 年与美国西康涅狄格州立大学商学院建立了跨国合作研究中心，帮助学生加强校企合作和接受国际化教育搭建平台。2008 年学校成立了环境与社会责任学院，为学生树立环保与社会责任意识打下了坚实基础。2010 年学校预防研究中心成立，通过学习和借鉴国外先进的帮扶措施与教育方式，对当前大学生中经常出现的心理问题和社会问题进行积极预防和有效干预，大大提升了学校学生的心理健康素质。学校最有特色的是国际导师项目，通过这个项目为在校大学生联系国内知名专家、学者、企业家或社会人士做他们的国际导师，使学生获得更为广阔的对外交流窗口与机会，这些导师社会声誉高、人格魅

力大、社会阅历丰富，对学生的学习和成长起到了积极的影响和价值。学校还不断对学生的学分制进行改革，增加实践学时的学分，倡导“学科交叉、促进发展”，使学生除了自身专业可以取得学分之外，对自己感兴趣的任何专业亦可通过考核获得学分。学校还设立了许多可以让学生直接参与学校管理的实践岗位，让他们参加各种团体社会实践、勤工俭学、国际学习交流等丰富的课外活动，全面提升学生的能力和素质，开阔他们的眼界，丰富他们的人生阅历，培育他们的创新能力。除此之外，学校成立了100多个非常富有特色的学生社团，这些社团都有专业的教师指导，其中有在国内影响力很大的军乐团和交响乐团。学校每个月都会开展至少一个以师生为主体的大型文化活动，包括迎新烛光晚会、开学典礼、国际文化节、科技文化节、艺术节、访校日、校运会、创新大赛、毕业典礼、夏令营、国际冬令营等，这些活动形成丰富多彩的校园文化，为学生提高综合素质、施展自个人才华、培养个人特长、丰富个人阅历、保持个人特色搭建了平台，使学生在学习之余了解社会，感受中西文化的差异，享受校园生活的快乐与美好，实现个人全面自由发展。

郑州工业应用技术学院注重学生的养成教育，学校始终坚持“以生为本、育人为本”的理念，构建了“教书育人、管理育人、服务育人和环境育人”的育人工作体系，格外重视大学生综合素质的全面教育和全方位培养，坚持培养的主阵地是课堂教育，主力军是教师。2015年以来，专门把素质教育纳入本科学生的人才培养方案中要求落实到位，构建了学生素质拓展平台，规定学生的素质拓展学分不少于8分，学校还为此专门制定实施方案，用制度抓落实。学校在人才培养领域形成了独具特色的“五个一”工程，作为素质教育的主题活动，“五个一”工程的主要内容是每月精读一本书，每月提一条合理化建议，每周给家人打一个感恩电话，每天锻炼一小时，每天做一件好事。为了教育学生认真落实和践行社会主义核心价值观，引导学生具备更高的道德修养和社会责任意识，学校编印了《大学生“日行一善”100例》手册，摄制了《“日行一善”青春修炼手册》微影像，经常通过学校公众微信平台“郑工青年集结号”对学生进行推送。学校体现以人为本的理念，建立了非常细化的日常生活配套设施，比如事务综合服务中心、自修专用教室、长明灯教室、学生活动室、免费学习机房等，为学生学习和生活营造了更优质的环境和氛围。

第三节　河南民办高等教育现代化发展的劣势

虽然河南民办高等教育在四十余年的发展历程中取得了很大的成长和进步，具备自身独特的优势，但是受高等教育市场环境比较复杂，相关民办高校的政策支持不到位，人们对民办高校的偏见等因素影响，河南民办高等教育在当前的发展现状中呈现出来的劣势也比较明显。

一、河南省民办高校数量有限

根据教育部公布的全国高校名单，截至2019年6月15日，全国高等学校共计2 956所，

其中，普通高等学校2 688所（含独立学院257所），成人高等学校268所，国家承认民办大学名单一共有756所，民办本科学校434所，民办专科学校322所，具体各个省份各类高校的数量分布见表4-6。从2019年全国各个省份各类高校的数量分布表中能够看到河南省高校在全国高校中的占比以及与其他省份比较的情况，尤其是河南民办高校总量、民办本科数量和民办专科数量在全国的比重。从表4-6可以看出，河南省民办高校的数量非常有限，与全国其他省份相比，处于明显弱势地位，与河南的人口大省和高考生源大省的身份难以匹配。

表4-6 2019年全国各个省份各类高校的数量分布

省（市、自治区）	人口数量/万人	高考报名人数/万人	高校总量/所	国内双一流大学/所	公办高校/所	民办高校/所	民办高校占公办高校的比重/%	民办本科/所	民办专科/所	民办本科高校占民办高校总量比重/%	民办专科高校占民办高校总量比重/%	民办高校占各省高校总量比重/%
江苏	8 029.30	33.90	167	15	115	52	45.22	31	21	59.62	40.38	31.14
广东	11 346.00	76.80	154	5	100	54	54.00	29	25	53.70	46.30	35.06
山东	10 047.24	55.99	146	2	106	40	37.74	26	14	65.00	35.00	27.40
河南	9 605.00	超100.00	141	2	101	40	39.60	19	21	47.50	52.50	28.37
湖北	5 917.00	38.40	128	7	86	42	48.84	32	10	76.19	23.81	32.81
四川	8 341.00	65.00	126	8	80	46	57.50	17	29	36.96	63.04	36.51
湖南	6 860.20	49.90	125	4	94	31	32.98	20	11	64.52	35.48	24.80
河北	7 556.30	55.96	122	0	86	36	41.86	24	12	66.67	33.33	29.51
安徽	6 323.60	51.30	120	3	89	31	34.83	15	16	48.39	51.51	25.83
辽宁	4 359.30	24.40	115	4	82	33	40.24	23	10	69.70	30.30	28.70
浙江	5 737.00	31.50	108	3	71	37	52.11	28	9	75.68	24.32	34.26
江西	4 622.10	42.10	103	1	72	31	43.05	21	10	67.74	32.26	30.10
陕西	3 835.44	32.59	95	8	64	31	48.44	23	8	74.19	25.81	31.58
北京	2 170.70	5.90	93	34	77	16	20.78	7	9	43.75	56.25	17.20
福建	3 941.00	20.78	90	2	53	37	69.81	16	21	43.24	56.76	41.11
山西	3 702.35	31.43	82	1	67	15	22.39	10	5	66.67	33.33	18.29
黑龙江	3 788.70	20.40	81	4	63	18	28.57	12	6	66.67	33.33	22.22
云南	4 800.50	32.60	81	1	59	22	37.29	9	13	40.90	59.10	27.16
广西	4 885.00	46.00	78	0	54	24	44.44	13	11	54.17	45.83	30.77
贵州	3 580.00	45.87	72	1	57	15	26.32	9	6	60.00	40.00	20.83
重庆	3 048.43	26.40	65	1	39	26	66.67	9	17	34.62	65.38	40.00

续表

省（市、自治区）	人口数量/万人	高考报名人数/万人	高校总量/所	国内双一流大学/所	公办高校/所	民办高校/所	民办高校占公办高校的比重/%	民办本科/所	民办专科/所	民办本科高校占民办高校总量比重/%	民办专科高校占民办高校总量比重/%	民办高校占各省高校总量比重/%
上海	2 423.78	5.00	64	14	44	20	45.46	8	12	40.00	60.00	31.25
吉林	2 717.43	16.27	62	3	44	18	40.91	12	6	66.67	33.33	29.03
天津	1 559.60	5.60	56	6	44	12	27.27	11	1	91.67	8.33	21.43
新疆	2 444.67	22.09	54	2	45	9	20.00	4	5	44.44	55.56	16.67
内蒙古	2 534.00	19.90	53	1	43	10	23.26	2	8	20.00	80.00	18.87
甘肃	2 625.71	26.28	49	1	42	7	16.67	5	2	71.43	28.57	14.28
海南	925.76	6.00	20	1	11	9	81.81	3	6	33.33	66.67	45.00
宁夏	681.79	7.17	19	1	15	4	26.67	4	0	100.00	0.00	21.05
青海	598.38	5.50	12	1	11	1	9.09	1	0	100.00	0.00	8.33
西藏	337.15	2.76	7	1	7	0	0.00	0	0	0.00	0.00	0.00

注：以上数据根据中华人民共和国教育部政府门户网站《2019 中国大学名单》和 2017 年 9 月 21 日教育部、财政部、国家发展改革委联合发布《关于公布世界一流大学和一流学科建设高校及建设学科名单的通知》等文件数据整编。

通过对表 4-6 中各类别显示的数据进行详细分析和对比，我们可以得出以下结论：首先，从总体上来说，河南省作为人口超级大省，人口数量位居全国第三位，排在了广东和山东之后，但相比于这两个省份，河南省的高考报名人数却在逐年攀升，历年的高考报名人数都位居全国前列，2019 年河南高考报名人数超过了 100 万，是全国唯一一个超过百万的省份，位居全国第一，而人口数量第一名的广东省的高考报名人数只有 76.8 万人，人口数量第二名的山东省的高考报名人数只有 55.99 万人。由此可以明显感受到河南省高等教育的压力和紧迫性，只有匹配比重相当的高等学校才有可能满足河南高考考生的需求，但是河南高等教育的现实却很残酷，具体表现是：从重点高校数量来看，整个河南省仅有 1 所“211”高校，没有 985 高校，比高考报名前三位另外两省广东省（76.80 万人）、四川省（65.00 万人）都要少，广东省拥有 2 所“985”高校、2 所“211”高校，其中 2 所被评为双一流大学；这 2 所同时也是世界一流大学；四川省也拥有 2 所“985”高校、5 所“211”高校，8 所双一流大学，其中 2 所是世界一流大学。河南因为历史的因素，优质高校资源很少，除了作为 211 高校的郑州大学外，河南大学刚被增加为双一流高校，世界一流顶尖高校的资源更是没有，高考竞争的激烈程度可想而知。不仅如此，从河南省高等院校总量来看，河南仅仅以 141 所的数量在全国排第四名，相比于前三名的江苏省（167 所）、广东省（154 所）、山东省（146 所），河南省拥有的高校数量与河南省的人口数量、高考考生数量之间差距非常

明显，远远满足不了老百姓对高等教育的需求。

其次，从河南省民办高校的数量来看，相较于河南的人口数量，河南省的高等教育尤其是民办高校数量与发达省份还有很大差距，还没有得到充分的发展。河南省民办高校以2019年最新数据显示的41所（包括2019年新增的全省第一所独立设置的中外合作办学机构——郑州亚欧交通职业学院）的数量在全国排名第四，比连续几年一直数量相等的山东省民办高校多了1所，相比于前三名的广东省（54所）、江苏省（52所）、湖北省（42所），河南省民办高校的数量无论是与人口数量的比重，还是与其他省份的民办高等学校数量的比较，都显示出其局限性。

再次，从民办高校在本省高等院校总量中的比重来看，河南省的高校总量是141所，民办高校的总量是41所，河南省民办高校占省内高校总量的比重是28.37%，在全国31个省（市、自治区）中位居第十五位，处于中等水平，低于前十四位的海南省（45%）、福建省（41.11%）、重庆市（40%）、四川省（36.51%）、广东省（35.06%）、浙江省（34.26%）、湖北省（32.81%）、陕西省（31.58%）、上海市（31.25%）、江苏省（31.14%）、广西壮族自治区（30.77%）、河北省（29.51%）、吉林省（29.03%）、辽宁省（28.70%）的民办高校数量占比。民办高校数量在一个省份的高等院校中的比重能够从一定程度反映这个区域民办高校的发展程度，从河南省目前的状况来看，民办高等院校的数量比重与全国其他省份相比非常有限，还有很大的发展空间，急需加快发展步伐。

最后，在各省份高等院校中的民办高校占公办高校的数量比重排位榜中，2019年最新数据显示，河南省公办高校数量是101所，民办高校的数量是40所，河南省的民办高校数量占公办高校数量的比重是39.6%，在全国31个省（市、自治区）中位居第十六位，处于中等水平，远低于海南省（81.81%）、福建省（69.81%）、重庆市（66.67%）、四川省（57.5%）、广东省（54%）、浙江省（52.11%）、湖北省（48.84%）、陕西省（48.44%）、上海市（45.46%）、江苏省（45.22）、广西壮族自治区（44.44%）、江西省（43.05%）、河北省（41.86%）、吉林省（40.91%）、辽宁省（40.24%）的民办高校数量占比。尤其是与排名比较靠前的几个省份相比，河南民办高校的数量比重显得尤为弱势，比如海南省11所高等院校中有9所是民办高校，民办高等教育发展对海南省的高等教育发展起到了决定性作用，再如福建省有53所公办高校、37所民办高校，重庆市的公办高校是39所、民办高校是26所，四川省有80所公办高校、46所民办高校，广东省有100所公办高校、54所民办高校等，从这些省份公办高校与民办高校的比较可以看出河南省民办高校数量发展的不足。

与此同时，从2009—2019年河南省公办高校与民办高校的数量上来看，河南省高校数量从2009年的99所增加至2019年的141所，共增加了42所，其中公办高校数量从2009年的76所增加至2019年的101所，增加了25所，公办高校在河南省高等院校总量中的占比一直保持在70%以上，占据绝对地位，但民办高校数量在2009—2019年之间仅从23所增加至40所，增加了17所，民办高校在河南省高等院校总量中的占比也仅仅从2009年的

23.23%增加至2019年的28.37%，见表4-7。由此可见，从时间纵向上来看，河南省民办高校无论是发展速度，还是发展数量，增长幅度都是比较缓慢的。

表4-7 2009—2019年河南省公办高校与民办高校的数量和比重比较

类别	2009年	2010年	2011年	2012年	2013年	2014年	2015年	2016年	2017年	2018年	2019年
公办高校	76	79	84	86	92	92	92	92	97	101	101
民办高校	23	28	33	34	35	37	37	37	37	39	40
合计	99	107	117	120	127	129	129	129	134	140	141
公办高校比重/%	76.77	73.83	71.79	71.67	72.44	71.32	71.32	71.32	75.19	72.14	71.63
民办高校比重/%	23.23	26.17	28.21	28.33	27.56	28.68	28.68	28.68	27.61	27.85	28.37

注：表中数据根据中华人民共和国教育部政府门户网站《2019中国大学名单》中河南省各高校具体分布情况整编。

二、河南省民办高校办学层次有待提高

办学层次的高低很大程度上能够反映学校发展的质量和水平，河南省民办高等教育除了民办高校数量增幅与全国大部分省（市、自治区）相比显得比较缓慢之外，办学层次与其他省（市、自治区）比较更为落后。

首先，从民办高等教育的硕士学位授予资格方面来看，河南省民办高校层次重心偏低，在目前的40所民办高校中，至今还没有一所学校具备博士、硕士学位授予单位资格和开设研究生层次教育的资格，只有黄河科技学院、信阳学院、安阳学院、商丘学院和新乡医学院三全学院5所民办高校分别于2017年和2019年获批为硕士学位授予立项建设单位，但从立项建设到真正具备授予资格还需要很长的时间，必须严格按照国务院学位委员会制定的学位授权审核申请基本条件进行相应条件的建设和完善，才能在规定的时间通过评估获取资格。这与海南、浙江、山东、重庆等省（市、自治区）相比，在办学层次上差距非常大。

同时，即使从目前民办本科层次学校和专科层次学校的分配情况来看，河南省民办高校办学层次也处于明显劣势。从表4-6可以看出，现今河南省专科层次的民办高校有21所，占河南省民办高校总量的比重是52.50%，本科层次的民办高校有19所，占河南省民办高校总量的比重是47.50%，与民办高等教育发展形势比较好的省份民办本科层次的高校所占比重相比，办学层次劣势非常突出。从表4-6中得知，目前在民办本科层次高校在全省民办高校总量所占的比重排名中，河南省在全国31个省（市、自治区）中位居第二十一位，处于明显落后水平，远远低于宁夏（100%）、青海（100%）、天津（91.67%）、湖北省（76.19%）、浙江省（75.68%）、陕西省（74.19%）、甘肃省（71.43%）、辽宁省（69.70%）、江西省（67.74%）、河北省（66.67%）、山西省（66.67%）、黑龙江省（66.67%）、吉林省（66.67%）、山东省（65.00%）、湖南省（64.52%）、贵州省（60.00%）、江苏省（59.62%）、广西壮族自治区（54.17%）、广东省（53.70%）的占比。

三、河南民办高校地域分布不平衡

从地域分布方面来看，河南民办高校呈现出的区域性特点非常明显，大部分民办高校集中于经济发展较快、高等教育资源相对丰富的省会郑州市，郑州的公办高校以 15 所的数量居全省第一名，目前 40 所民办高校（包括 2019 年新增的全省第一所独立设置的中外合作办学机构——郑州亚欧交通职业学院）中也有 20 所位于省会郑州，占据了河南省民办高校总数的 50%，见表 4-8。

表 4-8　河南省各地市各类民办高等院校分布数量和比重

地市	公办本科/所	民办本科/所	民办本科占民办本科高校总量比重/%	民办专科/所	民办专科占民办专科高校总量比重/%	民办高校合计/所	民办高校占全省民办高校总量比重/%
郑州市	15	10	52.630%	10	47.620%	20	50.0%
新乡市	5	2	10.530%	1	4.762%	3	7.5%
开封市	1	1	5.262%	0	0	1	2.5%
安阳市	2	1	5.262%	0	0	1	2.5%
焦作市	2	1	5.262%	1	4.762%	2	5.0%
商丘市	1	2	10.530%	0	0	2	5.0%
洛阳市	3	0	0	1	4.762%	1	2.5%
许昌市	1	0	0	1	4.762%	1	2.5%
周口市	1	1	5.262%	1	4.762%	2	5.0%
南阳市	2	0	0	1	4.762%	1	2.5%
平顶山市	2	0	0	1	4.762%	1	2.5%
驻马店市	1	0	0	0	0	0	0
信阳市	2	1	5.262%	1	4.762%	2	5.0%
济源市	0	0	0	0	0	0	0
三门峡市	0	0	0	0	0	0	0
漯河市	0	0	0	1	4.762%	1	2.5%
鹤壁市	0	0	0	2	9.522%	2	5.0%
濮阳市	0	0	0	0	0	0	0
合计	38	19	100.000%	21	100.000%	40	100.0%

注：表中数据根据中华人民共和国教育部政府门户网站《2019 中国大学名单》中河南省各高校具体分布情况整编。

从表 4-8 中我们可以清晰地发现，除了省会郑州的 20 所之外，名列第二名的新乡市只有 3 所，占据河南省民办高校总数的 7.5%，焦作、商丘、周口、信阳、鹤壁 5 个地市以 2

所的数量并列第三名，均占据河南省民办高校总数的5%，开封、安阳、洛阳、许昌、南阳、平等山、漯河7个地市并列第四名，均拥有1所民办高校，各占据河南省民办高校总数的2.5%，其余的驻马店、济源、三门峡、濮阳四个地市至今还没有建设一所民办高校。从河南省民办本科高校数量的各地域分布情况来看，办学层次分布不平衡的现象更加突出，郑州以10所民办本科高校的数量稳居第一位，占河南省民办本科高校总量的52.63%，新乡和商丘均以2所民办本科的数量位居各地市民办本科高校名单第二位，均占全省民办本科高校总量比重的10.53%，开封、安阳、焦作、周口、信阳五个地市均拥有1所民办本科高校，分别占全省民办本科高校总量比重5.262%，其余洛阳、许昌、南阳、平等山、驻马店、济源、三门峡、漯河、鹤壁、濮阳至今还没有建设一所民办本科高校。从河南省民办专科高校的各地域分布情况来看，仍然是郑州以10所民办专科高校的数量稳居各地市分布榜单第一位，占河南省民办专科高校总量的比重是47.62%，鹤壁以2所的数量名列第二位，占比是9.522%，新乡、焦作、洛阳、许昌、周口、南阳、平等山、信阳、漯河9个地市分别以1所的数量并列第三，比重是5.262%，开封、安阳、商丘、驻马店、三门峡、济源、濮阳至今没有民办专科高校。

第五章

河南省民办高等教育发展困境

河南省为了适应经济发展的需要，必须实现从人力资源大省向人才强省转换，这需要教育提供强有力的支撑。民办高校作为河南省高等教育发展的重要组成部分和有益补充，在发展过程中生源规模居全国首位，办学质量不断取得新突破，师资力量也逐步提高，学校声誉和社会口碑在省内乃至全国越来越好，政府对民办高校的支持和帮扶力度也不断增强，呈现出办学模式多样化，人才培养方式多元化、多样化、现代化，学校硬件设施现代化，教育服务理念个体化、开放化、差异化等特点，逐步形成结合河南省省情和学校自身校情的特色品牌和有益经验。但我们也应该看到，河南省由于历史原因和经济欠发达等一系列因素，民办高等教育在发展过程中存在数量增长速度缓慢、办学层次不高、地域分布不合理等劣势，导致近几年遇到了许多现实问题，面临着一些发展困境，主要表现在生源困境、政策困境、内部管理困境、师资队伍建设困境等方面。

第一节　河南省民办高等教育发展的生源与培养困境

虽然河南民办高校近两年有一部分在人才培养战略上进行了尝试和改进，朝着差异化、个性化方向努力，但大部分民办高校在人才培养领域存在目标定位不清晰、专业设置趋同化等问题。

一、生源竞争异常激烈

由于民办高校的运营基本上全部依赖于学生的学费收入，所以生源是民办高校发展的生命，河南民办高校生源竞争形势日趋激烈，危机四伏。具体而言，这种生源危机表现在以下几方面。

（一）来自公办高校的竞争

近年来，公办高校招生规模不断呈增长态势，对民办高校的生源造成了严重挤压。伴随着我国国力的强盛，对高等教育的投入力度持续加大，高等教育资源供给与需求之间的矛盾也趋于缓解。公办高校与民办高校同台竞争的时候，由于民办高校无论在政府支持方面，还是在办学历史、特色、质量、人力资源、硬件设施等诸多方面都无法与公办院校相比，加之当前国家和政府对公办大学的投入力度还在持续增加，公办高校的实力与日俱增，还在无形和有形中给民办高校的发展带来了很大的竞争压力，尤其是生源竞争的压力。对于受教育者来说，同等条件下公办高校在办学体制和学费等方面性价比远远优于民办高校，自然是首选。同时，在生源数量既定的情况下，一些公办高校的录取分数出现了下滑，规模却在增加，这就给许多学生就读的机会和希望，也给民办高校招生增加了难度。从近几年招生情况看，面对河南高等教育市场中严峻的生源竞争形势，生源分布在公办和民办高校之间的不均衡状况越来越明显，给民办高校的生源造成了严重危机。当然也不乏个别民办高校依靠自身的知名度和社会口碑迎难而上，逆境中依然保持生源稳定增长局面，比如黄河科技学院2019 年计划招生 13 000 人，比去年增加 1 940 人。其中，本科 6 100 人，专科 3 500 人，专升本 3 400 人，专科增加 1 000 人，本科增加 250 人，专升本增加 690 人，最终录取人数为12 126 人，本科 6 100 人（含外省），专科 2 630 人，专升本 3 396 人，录取人数创历史新高。再如，郑州工商学院 2018 年招生规模是 1 万人，2019 年实际报道学生数量是 1.2 万多人。但河南的民办高校中能做到像黄河科技学院和郑州工商学院规模的毕竟比较少，大部分民办高校仅仅只是能够维持现有办学规模，有的学校在生源争夺战中数量和质量都呈现明显弱势。出现了有的民办高校为了招生，不分优劣，来者不拒。根据边际效用理论的逻辑，虽然一定时间阶段内用降低生源质量换取生源的数量，能够维持学校的暂时生存，但从长远角度看，这种做法会慢慢拖垮甚至毁灭一所学校，当前有的民办高校社会口碑差主要源自于此。

（二）民办高校之间的竞争

民办高校之间恶性竞争严重，随着招生形势的严峻性日益明显，民办高校之间的竞争趋向白热化、恶性化，有的学校之间甚至发生了彼此攻击、互相拆台等恶劣行径，不规范招生竞争现象破坏了公平公正的教育环境，对招生秩序造成了极大的损坏，影响了民办高校的声誉和社会评价。部分民办高校为了维持生存、规模扩张或者吸引生源，采用了违规招生的不当行为。其一，虚假宣传的现象时有发生。在学校的招生队伍进行招生宣传过程中，盲目夸大学校的办学条件和基本情况，谎报学校的在校生规模；虚假宣传学校的师资力量，尤其是高级职称教师的比例，有的甚至搬出子虚乌有的与学校毫无关系的知名专家教授；虚夸学校的软件和硬件设备，不切实际地用学生比较关切的空调、独立卫生间、热水器等诱惑学生；有的在学校毕业生就业前景上弄虚作假，给学生画饼，不负责任地承诺就业去向等。其二，对统一序列其他民办高校诋毁中伤。在学校的招生队伍为学生解答同类民办高校比较过程中，故意抬高自己学校的地位，不惜制造谣言毁坏其他学校的名声，甚至用侮辱、诋毁的言语或者瞎编乱造的丑闻中伤其他学校，以增强自己学校的竞争力。其三，借助商业回扣模式进行招生。一些民办高校为了获得生源，与高三班主任或者学生代理私下达成提成、回扣协议，让这些人帮助其招生，许诺只要成功介绍或说服学生报考该院校，将会给予高额的奖励。这种物质引诱的手段非常奏效，一些高三班主任在对该学校具体情况并不完全知晓的情况下，只是单方面听了学校招生负责人的忽悠，就对班级学生做出了报考该学校的引导和推荐，高三学生出于对班主任老师的充分信任，最终听取班主任的一面之词而选择报考该院校。在调研和个人访谈的实证调查时，某民办高职院校领导提道："为了保证生源数量，我们在招生过程中增加了一项重要的成本和开支，加大宣传费用，通过给招生老师高额的招生宣传费，直接进入高中进行招生，给高三班主任承诺只要他们班级的学生来我们学校就读，直接给予每个学生 2000 元 ~3000 元不等的奖励，在学生入校报道后通过数据核算给班主任进行最终的回扣结算。"有的民办高校在这一宣传手段上已经跟许多高三班主任建立了长期合作同盟，在招生提成费用上不断增加或者额外给予批量奖励，把高三班主任变成招生的经销商，实现了所谓的高效"精准招生"。

（三）新生流失率不断增加

因为学校实际情况不符合学生的预期，一些新生选择复读或退学，有的学生虽然报考并被录取，但最终基于各种因素没有按时入校报到，这些情况使部分民办高校新生流失率不断增加，报到率低下，个别甚至不足 30%。按照现行平行志愿的高考志愿填报规则，民办高校始终处于被选择的末位，基本作为学生的保底或备用志愿，加之近几年单招考试政策的开放和实施，一些民办高校对生源来之不拒的行为，导致学校生源质量越来越低，形成了学校办学质量的恶性循环。部分学生入校后发现学校招生过程中的弄虚作假行为，对学校实际情况失望，会选择休学或退学。千里之堤，溃于蚁穴。生源问题随着时间的推移慢慢侵蚀学校的发展前途，导致学校新生流失率不断增加，最终成为摧毁一所学校的致命危机。

二、人才培养目标定位趋同化现象突出

河南民办高校的发展是服务河南和中原经济区经济建设发展的必然要求，也是河南民办高等教育自身发展的现实需要，其目标定位和核心要务在于为社会培养高素质的应用型人才，满足人民日益增长的接受高等教育的需求，为各行各业实现产业升级提供强大人力资本和人才支撑。然而，目前河南省民办高校在人才培养方面存在着定位模糊现象，导致人力资本错位，难以适应当前河南省现代产业创新驱动发展范式、产业组织形态变化和绿色产业发展的新形势对人才素质的要求。

正如表 5-1 所示，郑州工商学院注重"素质教育五项工程"与郑州升达经贸管理学院注重"德育"培养极其类似。以郑州升达经贸管理学院为代表的应用型民办本科高校，整体办学定位同质化严重，未能更好地结合自身及同类高校的实际情况，明确自身存在的优劣势、发展机遇与挑战，确定自身特色，扬长避短，由此增强自身核心竞争力、促进应用型高校合理稳定发展。郑州升达经贸管理学院人才培养强调"德育"，培养综合素质高的学生，在此主要强调综合性；郑州西亚斯学院为中美合作办学，而黄河科技学院为教学型大学；郑州工商学院注重培养综合性人才，重点也在综合性。综上所述，郑州升达经贸管理学

院与郑州工商学院在办学类型中都强调了综合性人才，黄河科技学院强调教学型大学。由此看出，河南大部分民办高校在整体办学类型中依然盲目地强调追求综合性的趋势，导致高校在人才培养及学科专业设置等方面不能更好地引导学生分类培养。应用型大学与研究型大学没有很好地进行职能的区分。应用型高校在办学类型中，仍存在与研究型大学区分不开的问题，未能更好地结合自身实际，彰显应用型大学培养高素质应用型人才，服务于地方经济的主要职能。

表 5-1　河南省代表性民办高校人才培养目标

学校名称	办学目标
郑州工商学院	“素质教育五项工程”，培养综合性人才
郑州升达经贸管理学院	“德育”，培养综合素质高的学生
郑州西亚斯学院	中美合作办学，培养综合性人才
黄河科技学院	教学型大学

三、人才培养模式与输出应用型技术人才目标错位

很多民办高校的人才培养不精准，没有积极实现人才培养目标向培育应用型人才方向的转型。教育部发展规划司于 2019 年 2 月发布的《支持应用型本科高校发展有关工作情况》和《国民经济和社会发展第十三个五年规划纲要》，明确提出推动具备条件的普通本科高校向应用型转变。《国家职业教育改革实施方案》也进一步提出“一大批普通本科高等学校向应用型转变”的发展目标。近几年，教育部通过部门协同、部省合作，持续推动转型改革向政策保障、深度转型、示范引领迈进。但是目前不少民办高校的人才培养依然面向的是传统产业和行业，没有及时根据国家和社会需求进行高效转型，对应用型人才培养内涵把握不准，人才培养目标过于宽泛，定位不够精准，因而难以实现人才培养目标与地方经济建设人才需求的有效对接。以商丘学院、安阳学院等为代表的应用型民办高校，在办学定位中依然以培养综合性大学生为主要人才培养定位。除黄河科技学院具备清晰的服务面向定位以“立足河南、辐射中原为核心，面向地方、面向基层、面向经济建设第一线，为社会培养高素质的应用型人才”外，其余大部分民办高校截至目前还没有形成针对应用型大学建设的清晰方案，也没有以国家政策中引导普通本科高校向应用型转变的政策为出发点，未按照“实际、实用、实践”的原则，选择适应其学校发展的应用型高校办学定位。

郑州工商学院人才培养模式为分流培养政策，即在学生大二时期进行分班，分为两部分：以培养研究型人才为主的学术班级与以培养实践能力为主的实践班。总体来看，依然是研究型与应用型相结合的办学方式，未能真正以应用技术为核心，将专业与实践更好地结合，且缺乏对地方经济发展的支持作用，未能更好地将理论与实践相结合，以找准利于发挥服务社会的职能。郑州升达经贸管理学院人才培养模式为“产教融合、协同育人”，即以德育为主。郑州西亚斯学院主要培养复合型应用人才，具备国际化的沟通交流能力、国际化视野和国际化的思维方式的适应经济全球化发展的合格人才。黄河科技学院采用培养“本科

学历教育与职业技能培养相结合”的人才培养模式。以郑州工商学院为代表的应用型高校在同等原则下，未能优先发展满足地方政府的重大战略需求或具备卓越品质学科，见表5-2。

表5-2 河南省代表性民办高校人才培养模式

学校名称	人才培养模式
郑州工商学院	分流培养政策、同步培养研究型与应用型人才
郑州升达经贸管理学院	“德育”“产教融合、协同育人”
郑州西亚斯学院	中美合作办学，培养综合性人才
黄河科技学院	教学型大学、“本科学历教育与职业技能培养相结合”的人才培养模式

就人才培养质量和效果的重要指标——就业情况来看，据统计，2017年河南民办高校本科生总体就业率为90.11%，比公办院校的就业率略低；根据河南民办高校毕业生的薪酬状况来看，河南民办本科高校毕业生的月平均薪资约为3 500元，河南民办高职院校毕业生的月平均薪资是3 300元，与公办院校相比是比较低的；根据民办高校毕业生从事工作的专业匹配情况来看，河南民办本科高校的专业匹配度均值为3.62，河南民办高职院校的专业匹配度均值为3.14，低于河南各类高校毕业生的专业匹配度平均值3.93；根据毕业生职业目标匹配度的情况来看，河南民办本科高校的职业目标匹配度平均值为3.66，河南民办高职院校的职业目标匹配度平均值为3.33，低于河南各类高校毕业生的职业目标匹配度平均值3.82。由此可见，关于毕业生质量衡量指标的比拼中，河南民办高校的现实情况与公办院校相比处于劣势地位，民办高校人才培养质量必须提高。

四、专业设置同质化倾向明显

在专业设置方面，部分民办高校并没有依据办学特色形成自己的独立方案，专业设置不合理或不科学。由于民办高校在学生专业选择上的自由度比较高，尤其是学生入校后调换专业比较开放和灵活，经常会造成市场上时下热门专业的快速饱和与扎堆，比如前几年房地产行业比较火爆，民办高校的土木工程、建筑工程、测绘工程等建筑类专业异常热门，学生通过报考或者入校的专业调整扎堆选择了这一类专业，有的民办高校仅仅一个土木工程专业就可以开设15~20个班级不等，按照一个班级60人的数量来计算，一届学生就会有1 200人，当这届学生步入社会的时候，极容易造成这个专业的人才在市场上饱和的现象，而培育人才需要3~4年的时间，在这段时间里，还会有2~3届的学生跟随热度选择土木工程专业，以此类推，当第一届1 200人左右的土木工程专业毕业时，后面仍然会有至少相等数量的学生在等待毕业，短短三四年的周期会有近5 000人选择学习同一专业，这还仅仅是一所民办高校的情况，其他民办高校看到这所学校的这个专业报考火爆，也会跟风加大宣传这一专业，如此一来，在不到四年的时间里，仅仅民办高校培养的土木工程专业学生就会快速造成市场上该专业人才的饱和，增加了学生毕业就业的难度和高等教育人才培养失衡的情况。与之相反，一些稀缺专业或者冷门专业的人才，虽然社会需求量不如热门专业，但是这一类专业的人才也是社会不可或缺的，但是学生和家长的选择意愿低，许多民办高校根本不会设置这些专业，这种在专业设置层面的趋热避冷现象在民办高校非常明显，同时加上民办高校之间专业设置趋同和扎堆现象，最容易导致市场上“热门”专业毕业生的快速饱和，也会造成社会上“冷门”专业毕业生供给不足的现象。

据统计，截至2018年5月，黄河科技学院共有6个河南省特色专业、7个河南省民办教育品牌专业、8个河南省专业综合改革试点专业；2个省级实验教学示范中心；30门校级精品课程；1个省级科技创新型团队。郑州升达经贸管理学院具备省级重点学科3个。郑州西亚斯学院现设16个学院，74个本科、专科专业（含方向），1个中外合作办学机构（堪萨斯国际学院），实施美国堪萨斯州富特海斯州立大学的工商管理学士学位、理学士学位和文学士学位3个学位项目，形成了以管理、人文、社科类学科专业为主，共计八大学科门类、多学科协调发展的学科专业体系，学校已有省级重点学科5个、省民办高校品牌专业9个、省级特色专业建设点5个、省级专业综合改革试点5个、省级实验教学示范中心3个、省级在线开放课程2门、省级双语教学示范课程2门、精品资源共享课程1门。

其他应用型民办高校未查询到省级特色专业。近几年河南省民办高校在专业设置方面有关会计类、计算机类、建筑类、艺术设计类等传统专业开设比率非常高，但有关生物科技、大数据、人工智能、传统文化保护等与新兴战略产业发展相关的专业开设率明显低。究其原因，主要是两个方面。一方面，民办高校的办学经费主要依靠学生的学费，专业设置的功利性倾向比较明显，市场的嗅觉和学生家长的心理诉求是他们设置专业的第一考虑要素，对于许多学生家长而言，由于对学生就业市场的敏感度比较低，为学生选择专业时往往会选择前几年已经形成的热门专业，而对于新兴专业的接受度会因为不了解、知之甚少、对前途比较担忧等因素产生排斥心理，因此民办高校不敢尝试新兴专业的设置，或者明知有些专业已经陈旧过时、市场饱和，但也会鉴于家长和学生的选择继续开设。而一些新兴专业或者学生选择度不高但社会上需求量不大、供给量少的专业，民办高校会选择放弃。另一方面，鉴于民办高校的招生规模与毕业生就业率之间的密切关联，民办高校在专业设置方面紧紧围绕学生的报考率和毕业生的就业率这两个参考要素进行，加之开设新兴专业所需的资金、人力、设备等投入，民办高校开设专业的时候会倾向于选择建设经费投入少和已经具备培养优势的专业，而很少去挑战新兴专业或冷门专业。

当然，河南也有部分优质民办高校成为专业调整的领头羊，敢于在专业设置上进行创新和改革，迎合市场的迫切需要。比如，2020年郑州工商学院工学院在河南省唯一一所承担宝玉石鉴定与加工本科学历教育的基础上，新增首饰设计与工艺专业，成为河南省唯一开设该专业的高校。同时，工学院新增数据科学与大数据技术专业，迎合了当今社会大数据时代的市场需求，紧紧抓住了世界信息化时代的脉搏，将为学生的就业率提升增添力量。商学院新增家政服务与管理专业，该专业优势是作为新兴产业，市场需求量非常大，工资相对比较高，能提供满足高端家政管理、经营与服务需要的高素质技术技能人才。再如，黄河科技学院伴随时代和市场需要，不断增设新兴专业，2017年黄河科技学院专科新增服装表演、影视表演、审计专业，本科新增数据科学与大数据技术、道路桥梁与渡河工程和智能科学与技术专业，其中增设的数据科学与大数据技术专业使学校成为河南省第一家获得该专业招生资格的高校（全国共有35所高校具有这个专业的招生资格）。2018年黄河科技学院新增农业工程、戏剧影视文学和运动康复三个本科专业，农业工程专业是根据河南省农业发展进入新阶段，加快农业结构调整和发展方式转变，构建现代农业产业体系、生产体系、经营体系的需求而设立的。2019年学校增加一个本科专业——生物信息学，学生毕业后，可在各级生物信息学的研究机构、高等学校、企事业单位以及在研究和成果产业化过程中涉及生物信息学的相关部门，从事科学研究、教学和管理工作，就业前景非常好。

综上所述，总体来说，除了这两所河南民办高校之外，其他民办高校之间专业设置的趋同化、同质化现象比较突出，敢于尝试新兴专业、选择独一无二专业的民办高校少之又少。河南省郑州市的民办本科高校专业开设情况如图5-1所示。

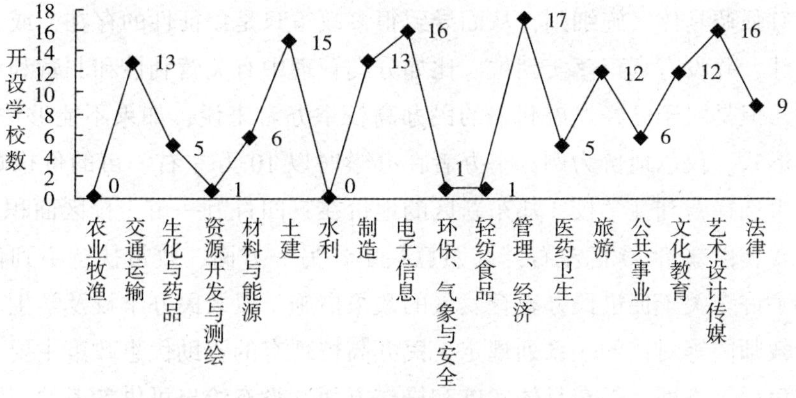

图5-1　河南省郑州市民办本科高校专业开设情况

从图5-1中可以清晰地看到，河南省郑州市民办本科高校专业比较集中地分布在交通运输类、电子信息类、经济管理类、艺术设计类、会计类、计算机类、土木建筑类、艺术设计类等传统专业，但有关生物科技、大数据、人工智能、传统文化保护等与新兴战略产业发展相关的专业开设比率明显低，很难形成专业特色，进而转变为专业优势，在应用型大学的办学定位和竞争格局中巩固自身的核心竞争力。由此可见，“民办高校唯有依赖这种专业设置上精准的市场化定位，灵活多元化的培养模式，从而满足不同学生群体的多元化诉求，增加学生教育选择的机会”①，“推动民办教育最终实现从‘补充型教育’向‘选择型教育’，从‘规模集聚效应’向‘质量凸显效应’的历史转型”②。

① 阎凤桥，林静．商业性的市民社会：一种阐释中国民办高等教育特征的视角［J］．教育研究，2012（4）：63.

② 李智军，陆正林．我国民办本科院校发展的各阶段特征与策略建议［J］．浙江树人大学学报，2014（4）：13-18.

第二节　河南省民办高等教育发展的政策困境

高校的发展离不开政府政策层面的强有力支撑，目前河南民办高校在发展过程中与民办高校的政策理论与民办高等教育发展的实际状况有所脱节，来自政府层面的政策困境成为河南民办高校发展面临的一个重要现实困境。

一、政策落实不到位

目前关于河南省民办高校发展相关政策扶持不到位的现象有许多，主要表现在两个方面。一方面，民办高等教育政府政策落实不到位，促进民办高等教育发展的相关立法不健全。河南省出台的关于民办高等教育的规章制度并不少，这些政策都是具有指导性和方向性的规定，并没有强调具体实施细则，从而导致很多政策只是象征性的存在，或者在落实时打折扣、打擦边球，并没有真正落实到位。比如分类管理中有关营利性和非营利性的选择，虽然政策是好的，但是对于已经发展起来的民办高校举办者来说，如果不能够法不溯及既往，分类只会流于形式。仅以地价为例，举办者在办学时以 10 万左右一亩的价格购买的教育用地，现如今如果选择营利性学校，郑东新区的地价在三四百万一亩，校区面积按照 1 000 亩计算的话，需要补偿差价 30 亿左右，谁愿意买单？另一方面，政策扶持不到位。目前，虽然河南省出台了许多关于促进民办教育发展的政策措施，以及民办学校及学生、教师与公办学校、学生、教师同等对待的一系列规定，民办高校现有的资助优惠政策主要表现在拿地建校及社会捐赠免税等方面，但在具体实施和操作方面并没有给出可供参考的规定。民办高校无法享受与公办大学同等的税后优惠政策，从公共财政政策看，尽管河南省政府出台了一系列针对高校的财政政策，但河南省民办高校无法直接获得政府的财政补助，很难从中获益，通过社会力量办学也缺乏具体可操作的路径，这些都成为河南省民办高校现代化发展的制约因素。

二、执法力度疲软

政府对民办高校的行政执法力度疲软，监管内容和范围有待商榷。政府对民办高校的监管如果力度不够的话，很容易导致民办高校在学费标准上任意妄为，出现在招生宣传过程中虚假宣传、对统一序列其他民办高校诋毁中伤、借助商业回扣模式进行招生等违规招生行为，在内部管理方面呈现出越位、缺位等混乱现象，伤害教师和学生的利益等一系列不良行为。如果政府在民办高校资金分配使用方面监管力度不够的话，很容易造成民办高校资金使用不合理、不到位，把政府给予的专项资金挪作他用等不良行径。比如，政府补贴的学生专项奖学金、助学金等，倘若在这方面的监管力度不到位，很可能导致学生与组织者之间的矛盾、学生与学生之间的冲突、贫困学生心理疏导的缺失等，最终适得其反，影响到奖学金、助学金等资金的资助价值，出现一些学生得到政府的资助资金后盲目攀比消费、吃喝玩乐，而没有真正发挥这笔专项资金的助学激励作用，严重违背政府的资助和扶持愿景。对此，只有政府加大监管力度和提升监管水平，才能减少此类现象的发生。

同时，政府监管不到位还体现在对民办高校招生流程、招生手段等方面的监管缺失，比如，一些民办高校在生源争夺战中为了招生，学生不分优劣、来者不拒，甚至盲目夸大学校的办学条件和基本情况，谎报学校的在校生规模，虚假宣传学校的师资力量，虚夸学校的软件和硬件设备，在学校毕业生就业前景上弄虚作假等。对于此类行为，如果政府的监管不到位，必会导致学生入校后发现学校的弄虚作假行为，对学校实际情况失望，甚至对教育失去信心，对学习失去兴趣，对前途失去希望。

此外，政府监管不到位也体现在对民办高校教职工满意度的调研和权益的保护不充分，缺少对民办高校组织资源管理、师资队伍建设、薪酬管理等方面的监督。民办高校由于体制与公办高校不同，民办高校的师资队伍一直不稳定，流失率比较高，除了民办高校自身的因素之外，政府的监管不到位也是造成这种现象的重要原因之一。政府对民办高校教师的招聘、师资待遇、职称评定等切身利益方面的政策不明朗或者政策疲软，对民办高校聘请公办高校的教师兼职或者在职研究生给学生授课的等现象不加以监督的话，很容易使民办高校的教育质量难以保证，损害到学生和家长的切身利益。诸如此类的问题，都要求政府加大对民办高校的执法力度。

三、政府财政支持力度有限

在对待公办高校和民办高校的政府资金扶持方面，河南省民办高校的待遇明显不佳，政府财政支持力度非常有限，大部分民办高校经费完全依靠办学规模的大小、生源的多少。经费的严重不足和经费来源的单一，致使民办高校只能把心思放在尽快扩大招生数量上，而没有多余的心力去考虑如何提升办学质量和内涵。

民办高校自产生以来，资金主要包括学生学费、举办方投入、捐赠款、政府拨款、学校自营收入等方面。根据对河南省几所主要民办高校的调查显示，财务报表上学生的学宿费收入已经在学校年度收入总额中占据了90%左右的比例，而来自政府的扶持资金所占比例只是个位数，正如中国民办教育研究院副院长蒋国华所总结的“民办高等教育特有的两个90%现象”，即90%以上的民办高校90%以上的经费靠学费收入。剩下的不足10%的经费还主要有赖于银行贷款，这种“以学养学、滚动发展”模式在高等教育竞争日趋激烈的市场中生存空间已经越来越小，因为主要依靠学生学宿费的发展模式造成民办高校极高的财务运营风险，一旦学生生源下降和规模缩小，学宿费收入就会骤然下降，对民办高校而言会是致命打击，直接关系民办高校的生死存亡。然而，政府对民办高校应该成为非营利性机构的办学定位使得民办高校发展限制偏“硬”，但在资金扶持上却又过分区分民办与公办的头衔，导致扶持偏“软”的尴尬境地。比如，公办高校每年可以向银行大额借贷，并享受政府贴息的特殊待遇，但同样从事高等教育事业的民办高校则并非如此，几乎难以享受到政府的贴息补助。并且，之前很长时间里民办高校教师无法与公办高校教师一样获得政府的科研项目研究资助，直到2008年这种局面才被打破，有两所民办高校首次获得国家科学项目资助。政府对公办高校和民办高校财政资金扶持和政策上的这种双轨制直接造成民办高校社会地位不高和发展受限。虽然近些年来，民办高校的办学经费中政府支持的力度不断提高，但与民办高校发展所需经费相比，占比比较低，增幅非常有限。结合河南省的实际来说，情况也是如此，数据显示，自2012年起河南省政府在对民办高校的资金支持方面设立2 000万元针对民办高等教育发展的专项资金，随后逐年递增，2015年增加至4 000万元。虽然河南省对民办高校的财政拨款随着国家政策和河南省政策的倾斜每年都在增加，但这些资金与民办高校的办学经费总需求量相比，比例依然相当低。

面对这种情况，民办高校由于经费问题带来的矛盾非常多，学费设置低的话，学校连正常运营都难以维持，收费过高的话，超出了很多家庭的承担能力，生源数量会明显下降，依然会导致学校资金链发生断裂的风险和学校不能正常运营的危险。而关于民办高校的性质，教育家潘懋元教授早就指出“他们在国家没有直接投入的情况下为社会培养了大量人才，弥补了高等教育供应不足的缺口，满足了人们对高等教育的需求，其公益性是主导方面的”。[①]《中国民办大学报告2010》中也提到，“中国民办大学增加了高等教育机会，促进了教育公平；扩大了高等教育规模，为我国高等教育进入大众化阶段作出了积极贡献”。[②] 因此，鉴于民办高校的特殊公益性特点，理应按照公办高校的标准，享受政府合理合法的财政经费支持，而不是当前呈现出来的所作贡献与享受待遇之间的不匹配。

第三节　河南省民办高等教育发展的内部治理困境

通过对调研数据的分析，结合综合大学内部治理的相关理论，当下河南省民办高校内部治理仍存在诸多问题，例如，学校内部决策主体越位管理学校事务、管理层人员变动频繁、内部利益相关者参与度不高、内部监督主体缺位等。

一、内部治理观念缺乏现代治理思维

一方面，在内部治理的总体指导思想方面，缺乏现代化治理思维。当前民办高校的发展始终面临着两大瓶颈：第一，民办高校的运营没有国家财政的支持；第二，民办高校的生源没有保障。这种状况无论对于民办高校的投资方还是被雇佣方，都是再清楚不过的事情。作为投资方来说，不得不首先考虑短期的现实利益；作为民办高校的教师来说，也不得不为自己的将来打算。因此民办高校在制定各项制度（包括教师管理制度）时，会缺乏现代化发展的思想，仅仅局限于短期使用的层次。

另一方面，在具体制度和管理模式方面，不能平衡各方利益。一是在薪酬制度的设计和绩效考核层面，忽略了民办高校教师作为知识型员工的特征。知识型员工的概念是美国著名

① 潘懋元. 关于民办高等教育体制的探讨［J］. 上海高教研究，1988（3）.

② 徐绪卿. 我国民办高校治理及机制创新研究［M］. 北京：中国社会科学出版社，2017.

管理学家彼得·德鲁克于1959年提出来的，知识型员工即那些掌握、运用符号和概念，利用知识或信息工作的人。教师是传授知识和经验的人，是典型的知识型员工。民办高校教师作为知识员工的一分子，一般具备比较渊博的知识、较高的智力水平和创新能力，在他们从事教育工作之前都进行了高额的前期教育投入。民办高校在统计教师的工作量时，主要考察教师所授课时。而上好一节课的真正时间成本不是课堂上的那几十分钟，而是为上好这一节课而进行准备的备课时间。因为授课对象是大学生，所以对每节课的知识广度和新颖度有较高的要求。在知识开放、日新月异的时代，在网络充斥每个角落的时代，在各种娱乐吸引学生眼球的时代，能让学生心甘情愿地坐在教室里，求知若渴地听老师讲课，老师在课前所付出的努力，绝不是几个课时所能衡量的。而民办高校在统计工作量时，往往不考虑老师的备课时间。另外，教师的教学投入不仅仅是教师在教育教学活动中所投入的时间和精力，还有一个很重要的方面，那就是情感的投入，因为育人是教师职能的重要组成部分。从需求理论的角度来看，民办高校教师与其他公办院校教师一样具有薪酬满意、环境和谐与职业发展三个层次的需要。但民办高校的教师薪酬管理制度在设计上却忽略了教师作为知识型员工的特征。二是在绩效考核制度方面，也背离了教职工被尊重的诉求。90%以上的民办高校将招生效果纳入教师考核的范围。如果招生任务没完成，即便是其他各方面十分优秀，也要被一票否决，无缘于优秀教师的评选。这必将背离教师的本职，严重影响教师专心教学工作的积极性。

此外，在用人策略方面，缺乏长期合作共赢的土壤。当前民办高校在对各方利益主体的使用上，过分强调挖掘和发挥其才能，却轻视了对人才的培养，双方出现不科学管理与消极工作的最糟糕组合，所以一般情况下2～3年是民办高校教师任职的基本周期，这个周期之间民办高校教师流动性非常明显，民办高校时刻处在大换血的不稳定境地，严重影响学校的发展和学生的教育质量。

通过以上分析可发现，民办高校从自身利益诉求出发所采取的教师管理体制存在很多不科学的地方，既与教师的利益诉求相冲突，也不利于双方利益的最大化，因此应对现行的教师管理体制进行优化。

二、校长及管理人员权力受限

《中华人民共和国民办教育促进法》对民办高等院校实行董事会领导下的校长负责制进行了硬性规定，校长和管理层作为董事会决策的具体执行机构，对决策事务起到承上启下的作用，稳定的管理层有利于员工的沟通。河南省大部分民办高校的管理层会随每次的机构调整有较大的变动，在实际运行过程中，许多民办高校在商业化运营与公益性教育服务之间难以实现平衡，董事会组织中的绝对话语权基本上掌握在民办高校的投资者、举办者手中，校长的权力受到极大限制，甚至对学校发展相关的人事、财务、基建等重要领域没有实际管辖权，导致很多学校的校长变动非常频繁，这种困境的表现主要在两个方面。

一方面，董事会和校长的关系比较混乱，校长权力受到董事会的严重牵制。有学者指出，“民办高校的创办者是民办高校的舵手、灵魂和最高决策者，其职能范围包括凑集和分配经费，处理学校内外部关系（尤其是与政府的关系），制订学校发展规划，决定校级领导（包括校长）和中层干部的任命等”①。河南大部分民办高校的管理体制基本上采用董事会领导下的校长负责制，按道理来说，董事会主要负责学校的重大事务，校长应该负责学校事务的运营和管理，但就目前河南民办高校的情况来看，校长的选择多种多样。

比如，黄河科技学院的校长杨雪梅是北京大学博士后，教授，博士生导师，第十二届、十三届全国人大代表，第十届河南省政协常委，民建中央委员、河南省委常委、文化委员会主任，全国青联常委，河南省青联副主席，中国民办教育协会副会长，河南省民办教育协会常务副会长兼秘书长，河南中华职业教育社副主任，河南省高校创新创业协会会长，河南省督学，河南省教育评估中心首批评估专家、河南省高等学校设置评议委员会委员，曾获“全国五一劳动奖章”“全国五一巾帼奖章”“全国青年五四奖章”“全国三八红旗手”“河南省青年联合会杰出贡献奖”等荣誉。其致力于民办高等教育领域理论研究，近年来出版著作10余部，主持参与“民办高校应用型人才培养模式创新与实践”等省部级以上课题20余项，发表论文40余篇。曾荣获高等教育国家级教学成果二等奖、河南省发展研究奖一等奖、河南省高等教育教学成果特等奖、河南省社会科学优秀成果一等奖等10余项，入选教育部“全国首批万名优秀创新创业导师人才库”，被授予首批“2012年度河南省学术技术带头人”“河南省十大科技领军人物”“河南省教育厅优秀教育管理人才”等荣誉称号。

又如，郑州商学院校长吴泽强为南开大学哲学博士，教授，1996—2004年在郑州升达经贸管理学院工作，2006—2009年任郑州商学院办公室主任，2009年8月—2017年7月任郑州商学院副院长，2015年6月，参加教育部在国家教育行政学院举办的第一期全国民办高校校长进修班。现兼任郑州市人大代表、河南省督学、河南省法学会教育法学研究会副会长，曾获得河南省民办教育先进个人、河南省“依法治教年”活动先进个人等荣誉称号。主编或参编著作6部，出版个人学术专著1部；在《中国高等教育》《逻辑学研究》《新疆社会科学》《河南师范大学学报》等核心期刊发表学术论文26篇，其中部分论文被《新华文摘》转载；主持或参与并完成国家级、省部级科研项目6项，主持并完成地厅级科研项目5项；获得省厅级及以上政府部门科研成果奖8项。

再如，郑州西亚斯学院执行校长王甲林，教授，郑州大学硕士生导师，留英访问学者。其主要负责学校办公室、外事（港澳台）、后勤基建、安全保卫、中外合作办学机构工作，分管学校办公室、国际交流处（港澳台事务办公室）、后勤基建处、保卫处、堪萨斯国际学院的管理工作，曾任光山县政府副县长、郑州工业大学工商学院院长并兼任西亚斯国际学院院长、郑州大学工商学院院长和郑州大学管理工程系主任、郑州大学国际教育学院院长并兼任郑州大学佛罗里达国际学院院长。早在1998年就参与郑州工业大学西亚斯国际学院前期的创办与管理工作，主持并组织申办河南省首个中外合作办学项目；1999年在河南省高校

① 王一涛．我国民办高校创办者群体特征及其政策启示［J］．高等教育研究，2014（10）：57.

中率先开展研究生层次的中外合作办学校际交流项目；曾率先在河南省高校中开展双专业双学位教育；2004 年初负责筹建郑州大学国际教育学院，主持中外合作办学和来华留学生教育的全面工作；2007 年与美国佛罗里达大学合作负责创办郑州大学佛罗里达国际学院；曾率先在河南省开办首家孔子学院和首家孔子课堂，并被批准为河南省首批汉语国际推广师资培养基地；在郑州大学任职期间，曾被聘为国务院学位办中外合作办学评审专家，也曾主持并接受过多个国家评估组织的评审，特别是英国教育质量控制总署（QAA）评审团到郑州大学来评估与英国合作的研究生项目，均受到好评。曾荣获共青团中央、全国青联先进个人，国家科委、香港学者协会振华科技基金奖，郑州大学“三育人”先进个人等多项奖励。

再如，郑州升达经贸管理学院校长郭爱先，教授，新乡学院原副院长，兼任河南师范大学外语学院英语教育专业硕士导师，现任郑州升达经贸管理学院校长，兼任全国高等师范院校外语协作组副组长，河南省高校外语教学委员会副主任，河南省高校外语教学委员会专科英语专业分会会长，河南省院校设置委员会委员，中国经济规律研究会常务理事，中国教育发展战略学会理事和中华出版促进会理事。其被国家人事部和教育部评为全国模范教师暨教育系统劳动模范；河南省教育系统巾帼建功标兵，并被评为新乡市优秀教师、新乡市三八红旗手；荣获曾宪梓高校教师基金奖。曾在北京大学英语系和美国弗吉尼亚州东门诺大学做访问学者；到英国东伦敦大学和德国的职业技术学院考察学习；作为中国英语教师代表团成员之一（共 7 人）分别参加了在英国和马来西亚举行的国际英语外语教师学术年会。作为主持人，完成教育部教学改革工程重点项目 2 项、省级教学改革重点项目 3 项，发表专业学术论文 18 篇；主编专业著作 3 部。

从以上介绍的几位河南知名民办高校的校长的基本情况可以看到，民办高校的校长多是某一领域的专家，大部分拥有非常高的地位，职称也非常高，职业能力很强，有的是来自公办院校的管理者，有的是民办高等教育界的知名人士，管理经验非常老道，业务能力很突出。但是，有的民办高校校长长期受到董事会的牵制，在权力方面放不开手脚，不能独立自主地进行有益于学校内涵发展的事项，最终选择离开，或者董事会直接换人，或者校长长期忍受董事会明显不够科学的决策，给学校的长远发展带来损失。在执行学校管理事务过程中如果校长不能相对自由和自主地决定自己权限范围内的学校管理工作，将会严重打击校长管理的积极性和管理效果，最终影响到学校的发展。

三、教职工对治理的参与度不高

河南许多民办高校的行政部门管理者和师生对学校的内部治理积极性不高、主动性不强。通过调研发现，这些民办高校内部利益参与者参与度不高主要表现在以下方面。

第一，许多民办高校的教师管理与企业一样，还仅仅停留在人事管理层面，没有达到人力资源管理的高度。对人才的重视程度不够，或者不知道如何去重视人才。比如，民办高校一般将人事部门和督导部门放在一起，简称人事督导处。人事方面的工作主要负责刷卡考勤、请销假、招聘、办理保险等，监督方面的工作就是随时随地监督教师是否正常上下课、课堂管理是否得当、教案或教学进度是否按计划、在不上课的时间是否有私自外出现象等，并及时进行通报批评和罚款。只对人和事进行冷冰冰的机械管理，无疑会将管理者与被管理者直接对立起来。管理中互相推诿、缺乏沟通的情况很多，比如在调研中，一所民办高校的团总支书记反映：“事务性工作占用了大量时间和精力，难以沉下心进行理论提升和思想引领。例如迎新期间，各单位要求报送各种数据，联通公司本属于现教中心对接的部门，直接隔过现教中心，要各种数据；且工作安排频繁变更，增加了工作负担。再如，军训期间按照体育系的工作安排统计体质测试，由辅导员直接统计身高、体重等学生个人信息。建议相关部门理顺工作程序，创新工作思路和方法，例如设计一个小软件平台，让学生自己登录补齐体质测试需要的信息，类似于登记注册，之后由辅导员统一把关，再由体育系统一导出信息，以减少辅导员老师一个个去统计和输入学生信息的工作量。”

第二，根据调查发现，在管理制度的建设方面，存在两种极端现象，有的学校管理文件堆积如山，十分详尽。可是连管理者自己都记不清其中的内容，临时要用了，再去翻文件查找，更别说被管理者了，时常是被罚了还不知所以然。另一个极端是，学校没有多少具体的操作规范，完全听凭决策者，因此常常出现朝令夕改、教师无所适从的现象。在决策方面，要么是完全没有相应的教师参与决策的制度，要么就在执行中完全走样。现存的教师评价制度，也是以民办高校管理者意志为转移，做出的评价结论无法让教师信服。管理部门并不直接创收，因此往往被高度压缩。在民办高校，尤其是非学历类高校中，一个管理者总是身兼数职，管理部门的撤并、管理人员的变更十分频繁，以至于出现教师有时候都不知道自己的主管领导是谁的现象。比如一些民办高校发生过某位老师去找领导批假时，才得知主管领导已经换人。

第三，对民办高校而言，教学是基础性工作，招生是龙头。为了激发教师招生的热情，教师队伍的提拔、晋升以招生效果为参照，因此管理行列中多半是招生效果好的老师。在我们调研的大多数民办高校中，二三十岁就当上处级干部的招生能手比比皆是。有的管理者管理的内容只限于考勤、批假、签字、核算课时等，管理的真正意义没有体现出来。民办高校讲究的是效率，而该效率是以严厉的惩罚为保障的。民办高校管理者的管理流程基本上是：下达任务—规定期限—超期罚款，后果自负。服从与不服从、执行与不执行，自己掂量着办。同时，在民办高校的管理者和一线教师之间，没有建立有效的沟通机制和沟通渠道，实现二者之间的信息交流，互谅互解，最终使民办高校的管理功能大打折扣，指纹或头像考勤制度和坐班制凸显出，民办高校教学工作的本质是一种雇佣劳动。

第四节　河南民办高等教育发展的师资队伍建设困境

杰克·韦尔奇曾经说过这样一番话：“我最大的成就就是发现人才，发现一批人才，他们比绝大多数 CEO 优秀。这些一流的人才在通用电气如鱼得水。”此番话强调了人力资源管理的重要作用。这个道理同样适用于高校，正如当年清华大学校长梅贻琦先生所言：“所谓大学者，非谓有大楼之谓也，乃有大师之谓也。”① 不管公办高校还是民办高校，教师的整体水平将直接决定一个学校的前景。要发展高等教育就必须重视和加强高校教师的管理，所不同的是，公办院校有其得天独厚的优势，有政府雄厚的财政作为支撑，有稳定的生源，有畅通的职业发展渠道，公办院校教师的管理自然比民办院校简单得多。民办高校因为教师的待遇、社会地位、认同感和获得感不足等因素，普遍存在师资队伍不稳定的情况，影响了民办高校的健康、现代化发展。因此，民办高校的教师队伍建设问题是影响河南民办高校发展的一个重要问题，也是一个核心问题。师资队伍建设的科学与否，直接影响教师的工作热情、创新能力的发挥以及教师队伍的稳定，进而影响教学质量和学校的长远发展。从民办高校的现实情况出发，稳定教师队伍、提高教学质量、促进民办高校的现代化发展，有着重要的现实意义。

一、师资队伍结构不合理

目前河南民办高校教师队伍质量有了很大提高，“2018 年河南民办高校仅有 44.2% 的教师具有硕士学历学位，具有博士学历学位者凤毛麟角。再者，职称层次偏低。具有教授、副教授高级职称的仅占 30% 左右，且多为兼职教师，讲师约占 27.6%，助教约占 42.4%”②。调研显示，一些民办高校的教师一部分是刚刚研究生毕业、走出大学校门的年轻老师，一部分是公办院校退休的老教师，教师结构上两极分化趋势比较明显，年龄结构和职称机构均不合理，缺乏中年骨干师资力量，年轻老师缺乏教学经验和科研经验，无法形成良好的教学和科研团队，严重影响民办高校的教学质量。下面以郑州工商学院辅导员教师队伍的调研数据为例，对民办高校师资队伍结构状况进行分析。

（一）郑州工商学院辅导员队伍的基本情况

据统计，2019—2020 学年第一学期郑州工商学院辅导员一共 172 人，具体分布情况如下。

1. 年龄分布

（1）25 岁以下共 95 人（其中工学院 39 人、商学院 33 人、人文艺术学院 23 人），占比 55.23%。

（2）26～30 岁 59 人（其中工学院 22 人、商学院 20 人、人文艺术学院 17 人），占比 34.31%。

（3）31～35 岁共 18 人（其中工学院 7 人、商学院 8 人、人文艺术学院 3 人），占比 10.46%。

（4）36 岁以上 0 人。

---

① 徐绪卿. 我国民办高校治理及机制创新研究［M］. 北京：中国社会科学出版社，2017.

② 刘爽，赵俊芳. 治理理论视域下民办高校发展的三重困境及其路径探析［J］. 高校教育管理，2018（7）：88-94.

2. 工作年限情况

（1）2年以下工龄共118人（其中工学院44人、商学院43人、人文艺术学院31人），占总人数68.6%。

（2）3~4年工龄的共22人（其中工学院13人、商学院7人、人文艺术学院2人），占比12.79%。

（3）5~6年工龄的共21人（其中工学院6人、商学院10人、人文艺术学院5人）占比12.21%。

（4）7年以上工龄的共11人（其中工学院5人、商学院1人、人文艺术学院5人），占比6.40%。

3. 职称分布

（1）无职称共117人（其中工学院36人、商学院48人、人文33人），占比68.02%。

（2）助教职称共43人（其中工学院22人、商学院12人、人文艺术学院9人），占比25%。

（3）讲师职称共12人（其中工学院10人、商学院1人、人文1人），占比6.98%。

（4）副教授以上职称0人。

4. 性别结构

郑州工商学院辅导员教师队伍中女性108人，占比63%；男性64人，占比37%。

（二）民办高校教师队伍结构存在的困境

1. 年龄小，工龄短，工作经验欠缺

以郑州工商学院的辅导员队伍实际情况看，25岁以下辅导员占总数的55.23%，2年以下工龄的辅导员占总数的68.6%。调研过程中，有的新聘辅导员表示："辅导员工作热情强、执行力高，但新入职辅导员业务能力需要培养，建议增加辅导员实习时间，并要求实习辅导员接触具体事务工作，了解各项日常工作。工作中由于事务性工作较多，占据大量时间精力，理论学习上有所欠缺。"调研中，一所民办高校的团总支书记反映："辅导员队伍理论水平有待提高，缺乏学习提升的平台和途径。从功利的角度说，有些辅导员认为，我的事务性工作没干好，理论思想水平再高，也是要挨板子的。"

2. 学历与职称层次偏低，理论知识储备不够

目前郑州工商学院辅导员队伍整体学历偏低，以本科为主，研究生为辅，博士学历没有；整个队伍以无职称为主，初级和中级职称人员不到整体辅导员队伍的1/3，高级专业技术人员没有。在与一些民办高校辅导员座谈时，关于"您平时阅读思想政治教育工作相关的理论书籍或相关论文撰写情况"，绝大部分辅导员表示"几乎没有时间去读书，论文的撰写更是没有"。有的辅导员表示："民办高校大部分辅导员年龄较为年轻，学历层次不高，很多理论知识储备非常有限，希望学校能够给予帮助。比如，第一步的角色转换及职业认同感很重要；其次是加强自身业务水平，向老辅导员学习，可以实行'老带新、一对一'工作法，以最快的时间熟悉并运行日常事务性工作，把更多的时间和精力放在学生的沟通及学

风建设方面；最后是辅导员团队的凝聚力，加强各年级、分院之间相互的团建工作，无论是在工作中还是生活上，不分级、不分院，建设团学‘家文化’。”也有的辅导员表示：“没有认真学习过类似《辅导员工作要求》《关于加强和改进新形势下高校思想政治工作的意见》等专业理论知识，希望今后加强自身的理论学习，努力提升自己，尤其是关于辅导员职责的要求要熟知，只有这样才能让辅导员认同职业，只有对于本职业认同度高，才能积极工作，深入学生中间，并获得幸福感。”有的辅导员表示：“必须加强理论学习才能深刻理解国家政策，提高自身的业务理论素养，注重思想道德品质的培养和提升，注重个人学习，不断完善自己的知识体系，才不会仅仅将辅导员工作局限于查宿舍、管卫生上。”

3. 性别结构不合理，工作效果不现代化

经过调查发现，大部分民办高校的辅导员队伍或者教师队伍，普遍存在女性偏多、男性较少的现象。以郑州工商学院辅导员队伍为例，女性辅导员 108 人，占比 63%；男性辅导员 64 人，占比 37%。这种性别结构不合理的现状，极容易造成工作效果的不理想。虽然社会上男女平等的意识已经深入人心，但在就业领域女大学生的就业处境依然不乐观，就业结构欠合理，职业期望与现实脱节，职业发展空间受限。针对性别差异对工作的影响，本书的调查样本主要选取郑州工商学院、河南师范大学新联学院、新乡医学院三全学院、郑州成功财经学院、黄河科技学院五所高校不同专业、不同学历层次的女性专科毕业生和本科毕业生作为调查对象。这五所高校各有特色，虽然都是河南三本院校中排名比较靠前的应用型大学，但分别侧重培养理工生、师范生和医学类等专业色彩比较浓厚的学生。郑州工商学院偏理工和财经，男生比重比较大；河南师范大学新联学院偏师范，女生偏多；新乡医学院三全学院男女比例基本持平。调查问卷样书基本情况分析，见表 5-3。

表 5-3　调查问卷样本基本情况分析

学校名称	问卷份数	有效问卷数	男性教师	女性教师	专科毕业生	本科毕业生
郑州工商学院	200	190	57	133	75	115
河南师范大学新联学院	200	185	60	125	85	100
新乡医学院三全学院	200	175	50	125	65	110
郑州成功财经学院	200	170	60	110	50	120
黄河科技学院	200	180	90	90	90	90
合计	1 000	900	432	468	365	535

调研数据显示，大部分民办高校的女性教师比例大于男性教师，虽然女性在教师职业中优势比较明显，比如具备耐心、细心、责任心，善于捕捉学生心理上的变化，并及时通过疏导走进学生的内心，成为学生的知音，有利于学生工作的开展。但是由于社会性别文化和社会性别意识的存在，在劳动力市场中运行规则依然是以男性为主导，男性利益优先，男士占据绝对优势，而女性的诉求被忽视，女性优势得不到施展并受到压制，大多数女性在民办大学的职业发展道路上找不到展示才华和能力的舞台。另外，女性工作三五年之后都面临结婚生子的现实，这时手头的工作需要他人替代，而大学生对辅导员信任感的建立不是短时间就

可以达成的，新辅导员熟悉班级情况也需要很长的时间，这都对班级管理工作的现代化和高效性造成了很大的影响。

二、师资队伍稳定性不高

（一）管理模式：“企业化+行政化”管理

河南民办高校在教师管理模式方面，呈现出一种复合形式，即“企业化+行政化”。这是民办高校基于学校性质和所面临的现实情况，基于短期发展目标的需要而采取的比较合理的选择，但从长远来看，民办高校现有的教师管理体制存在很多弊端。企业化指的是民办高校的教师与学校之间是一种劳动聘用的合同关系，对于学校而言，能用则用，不能用就可以予以解退；对于教师而言，工资待遇合适了、工作压力又能承受，就继续合作，只要有一方面不满意，就会暗寻他处。之所以会呈现企业化，归根结底是由于绝大多数民办院校从本质上来说就是企业，是以教育为载体的特殊化的企业，实现资本的回报，没有利润就没有存在的根本，所以民办院校的一切运营都要围绕着这个目标，时刻关注投资成本这一底线。

从纵向角度来看，在民办高校现有的教师管理体制下，教师往往被排斥在决策之外，只是决策的执行者。学校管理的重心放在监督和奖惩的事后控制方面，缺乏和谐的管理氛围。教师本应该是学校的主人翁，但在民办高校却变成了被管理者，被排斥在决策之外。同时，在民办高校的管理者和一线教师之间，没有建立有效的沟通机制和沟通渠道，从而导致民办高校教师管理关系不和谐。从横向角度来看，民办教师虽然从事的主体工作是教书育人，但这种工作似乎没有真正地融入整个教育主旋律，更多地被当成一种单打独斗的工作，每天自己备课、上课，按课时数拿工资。多数民办高校教师的课时基本被排满，即便是坐班制，同事之间交流的时间也很少。在民办高校营造的竞争氛围下，教师之间的对手成分超过了队友成分。因此，无论是从纵向还是横向角度来看，民办高校的教师在“企业化+行政化”管理体制中缺少人文关怀，团队的凝聚力低下，流失率很高。

（二）绩效考核方面：重个人、轻团队，重教学、轻科研

从绩效考核角度来看，民办高校的教师管理明显地体现出“重个人、轻团队，重教学、轻科研”的色彩。同样是教师，民办高校教师的职业自豪感却远远低于公办院校，被尊重感缺失，工作热情难以激发。更多时候，民办高校教师只是把自己定位为打工者，凭工作量拿报酬而已。民办高校的教师既要会教学，也要会管理，还要会招生，还有其他行政性事务随时需要顶上，能够有充足时间和精力一心一意搞教学或者搞科研是基本不现实的。大学教师的尊严感、体面感、优越感在民办高校的教师中很难体现，这就导致教师的工作积极性难以持续。团队的重要性，早已被证实，并且被渗透到现代管理理念之中。但民办高校在具体的实践当中，在绩效考核方面，还是重个人、轻团队。民办院校中一些教学、科研能力相对较强的人更喜欢单打独斗，根本原因在于民办高校的教师与学校之间的联系是基于真实意义上的合同关系，双方都处于不断的观望之中。从教师层面来看，教学工作的数量和质量不仅直接关系自身的收入，也决定了自己在该高校能否立足，许多民办高校的绩效考核或采用按

月考核的方式，或采用按学期考核的方式，按照考核结果实施末位淘汰制，连续两个学期评教成绩或者个人绩效排在单位后 1/10 者面临着被解聘的命运。大部分民办高校对教师的科研不重视，长期形成了广大教师忽视科研的氛围，很多民办高校教师一提到学术、科研，都觉得那是博士、教授干的事，自己能教好书就行，大多数学校无人组织职称评审，因而在民办高校的实践中体现出教学一头重的现象。

（三）用人策略方面：重使用，轻培养

拿民办高校的辅导员队伍来说，辅导员的工作常常被简化为学生事务管理，只要学生不出事就好，处理学生工作缺少主观能动性，许多辅导员自嘲为“高级保姆”。在许多民办高校调研时，绝大部分辅导员每天从早到晚被零碎的事务性工作所缠绕，工作的繁重与复杂致使身心疲惫，思政引领的主要职责无暇顾及。有的辅导员表示：“自己存在问题主要是长期陷于事务性工作中，事情烦琐，规划不足，占据了大部分精力与时间，导致思想理论、综合知识能力有所欠缺，不利于长远发展。”也有辅导员对自己工作职责的评价是：“其一，工作比较繁杂，尤其是大一辅导员老师统计表格类、资料整理类工作较多；其二，辅导员事务性工作较多，思想引领能力不足，一些新入职的辅导员老师更是如此；其三，辅导员工作认同感和未来出路不够明晰；其四，辅导员工作效率不高且工作效果滞后，即工作计划不足，临时工作安排较多；其五，辅导员工作无固定章法可循，一人一个样，执行统一性不足。”

三、教师薪酬待遇待完善

潘懋元先生认为：“一个学校办得好不好，办不办得下去，最重要的是教职工队伍。过去民办高校教职工待遇还好，而随着公办教师待遇的提高，民办高校就显得不行了。”① 虽然《中华人民共和国民办教育促进法》赋予了民办学校教师与公办学校教师同等的法律地位及权利，但事实上民办高校教师待遇与公办高校相比，有天壤之别。

（一）工资水平偏低

民办院校的运营始终要受投资成本的控制，因此民办院校的师生比远远低于公办院校。这就决定了民办院校的教师必须得多代课。作为激励手段，在薪酬制度设计方面，课时工资就占了很高的比重，课时量多少直接决定工资的高低。因而在民办高校，常常会出现这样的现象：一个愿意多代课的新进教师的工资远远高于一个代课较少的老教师的工资；一个招生好的老师的薪酬会远远超过一个满负荷代课老师的收入。生源是民办高校的命脉，学校的基础设施再好，教师的教学本领再大，没有足够的生源，一切就没有存在的源泉。这一点完全不同于公办院校。民办院校基本上是以生养校，这就决定了民办高校教师不仅要会教学，还要会招生；要想高收益，就得多招生。因此，民办高校教师的薪酬制度，已经让教师的职能突破了传统意义上的定位。在民办高校，教师想要高工资，就得多代课；想要高收益，就得多招生。

---

① 潘懋元．关于民办高等教育体制的探讨［J］．上海高教研究，1988（3）．

经过对河南省民办高校教师薪酬的调研，发现大部分民办高校教师的工资基本是由“基本工资+课时费+岗位津贴+福利（主要是保险）”构成，按照序列设置工资标准。比如，教师序列是按照职称设置工资的，分为助教、讲师、副教授、教授四大类工资标准，其中讲师又分为讲师一级、讲师二级、讲师三级，每一级别的工作标准不同，总体来说，讲师序列工资水平为一年5万~7万元（不同类民办高校的教师工资待遇略有差异），其中涵盖了这一级别必须要完成的工作量，课时量要求一周不少于12课时，超出的部分按照超课时给予相应的超课时费用；副教授工资水平为一年9万~11万元，教授工资水平为一年11万~14万元。辅导员序列也按照类似的情况设置同样多的级别，不过工资待遇远远低于教师，类似讲师级别的工资与同类级别教师相差1万~2万元，副教授职称以上的辅导员工资与教师相比差得更多。行政岗位的工资水平是所有序列中的最低标准，本科学历的科员工资基本处于每月两千多块钱的水平。由此可见，民办高校的工资水平相当低，高负荷的工作量与工资不成正比。另外，有的民办高校给每一位教师都安排有招生任务，每一学期绩效的第一个参考指标就是招生情况，如果招生任务量没有完成，绩效工资会被扣除一部分。

（二）福利性薪酬较少

公办高校教师享受的是事业编制，工资由当地政府财政拨款，退休养老保障也由政府承担，甚至工作的稳定性也由政府决定，除非教师做出了有违师德师风的恶劣行为，任何高校无权随意解聘任何一位有编制的教师。最重要的是，公办高校教师的薪酬待遇会随着国家发展和教育投入比例的增加上涨，增幅比较大，养老保险和公积金比例也相当高，再加上房屋补贴、公办高校的集资房、公办学校配备从幼儿园到初中甚至高中的附属院校，解决了广大教职工的房子和子女教育等人生中最重要的事项。正因如此完善的福利待遇，公办高校的教师稳定性非常高，主人翁和归属感非常强，可以没有任何后顾之忧投入到教学和科研事业中，不断提升自身的职称和综合能力。但民办高校教师在这些方面处于明显弱势地位，民办高校教师与高校之间仅仅是劳动合同关系，大部分民办高校给教职工缴纳的养老金是按照企业的标准缴纳的，比例相当低。调研过程中还发现，很多民办高校并没有给老师们缴纳公积金。民办高校教师虽然从事着与公办高校教师同样的工作，但福利待遇差异极大，这严重挫伤了民办高校教师的积极性，高昂的生活成本与常年不变的低工资也使民办高校教师队伍极不稳定。

同时，在涉及教师职业成长的在职培训、再教育等隐性福利待遇方面，民办高校教师与公办高校教师也是相差甚远。经过访谈和调研发现，大部分民办高校教师没有参加学术交流、高规格学术论坛、培训的机会，几乎没有参加过学校组织的集体免费旅游、考察等活动，与兄弟院校之间的交流更是少之又少。长期处于封闭的环境中，靠自律和自费提升自身的能力。

如今，党和国家对共建共享发展越来越重视，随着教育事业的不断发展，教育公平性也不断提高。但公办高校和民办高校教师薪酬却有着较大差距，使民办高校教师心理失衡，发展的空间受到种种限制，不利于激发教师工作的热情，不利于教师能力的提高，使得民办高校教育质量提升成为难题。

第六章

河南省民办高等教育发展的经验借鉴

我国浙江、湖北、湖南、山东、陕西等地的民办高等教育发展比较成熟，拥有在全国民办高校排行榜上一直名列前茅的佼佼者。从国内的知名民办高校发展过程中借鉴和汲取它们的有益经验，对河南省民办高等教育发展的优化升级有着指导意义。本章选取我国民办高等教育发展比较好的地区进行研究分析和梳理总结，从这些民办高校的发展过程中找到可供河南省民办高等教育发展采纳和推广的经验。

第一节　国内典型地区民办高等教育的发展经验

国内许多省份的民办高等教育发展形势非常好，许多民办高校以独具特色的办学模式和卓越的办学能力在全国民办高校中走在了前列，比如福建、浙江等省的民办高校，为河南省民办高等教育发展树立了榜样。

一、浙江省民办高等教育发展的经验

浙江省的民办高等教育在改革开放几十年的发展历程中，不断壮大、成熟，创造了许多全国第一，缔造了浙江“高教强省”的称谓，塑造了民办高等教育发展的“浙江模式”。2019 年浙江省人口总量为 5 737 万人，高考报名人数为 31. 5 万人，全省高等院校总数为 108 所，其中公办高校 71 所，民办高校 37 所，37 所民办高等院校中民办本科高校为 28 所，民办专科院校是 9 所。从民办高校占据本省高等院校总量的比重排行来看，浙江省民办高校占全省高校总量的比重是 34. 26% ，位于全国第六名；在各省份高等院校中的民办高校占公办高校的数量比重排位榜中，浙江省民办高校占公办高校的比重是 52. 11% ，在全国排行第六位；在民办本科层次高校在全省民办高校总量所占的比重排名中，浙江省民办本科院校占民办高校总量的比重是 75. 68% ，位居全国第五名。经过对浙江省民办高校基本情况与全国 31

个省（市、自治区）的比较，更能清晰地看到浙江省民办高等教育的优势和地位。民办高等教育发展的“浙江模式”，主要体现在以下几个方面。

（一）坚强有力的政府支持

浙江民办高等教育在政府的大力支持下，走上了一条“扶持与规范并举”的康庄大道。自第一所全国知名民办高校浙江树人大学建立之后，政府不断加强对民办高等教育的扶持力度。仅1998—2002年的五年时间里，在政府帮扶下，社会力量投入民办高等教育的经费达到440.5亿元，在同期全省高等教育总经费中所占的比重是39.4％，有效缓解了浙江省存在的高校扩招和政府经费有限之间的矛盾。近些年，浙江省政府对民办高校的支持性政策越来越多，力度越来越大，比如2012年颁布的《关于进一步扩大民办高等学院办学自主权若干意见》，2013年颁布的《关于促进民办教育健康发展的意见》，2016年颁布的《关于支持独立学院发展的若干意见》，2017年围绕中央精神制定的以《关于鼓励社会力量兴办教育促进民办教育健康发展的实施意见》为主体的“1+7”政策体系①，针对涉及民办高等教育发展的诉求给予了积极的政策支撑。

（二）不断开辟新的办学模式

新时代民办高校教育发展迎来了新机遇和新挑战，对此自2010年以来，浙江各地兴起举办高等教育的热潮，不断尝试和开辟新的办学模式，主要为体现以下几种类型。

第一种类型是县域办学。据不完全统计，“2009年以来在杭州的9所民办高校和独立学院探索县域办学，非在杭的独立学院也往县级城市转移，如2015年温州医科大学仁济学院在温州市洞头县（今为洞头区）建设新校园，浙江师范大学行知学院在兰溪市建设新校园，浙江海洋大学东海科学技术学院迁建岱山县项目正式签约；2016年，宁波大学科学技术学院慈溪校区进入规划建设阶段；2018年，宁波大红鹰学院象山校区开工。县域办学成为浙江省在改革开放后继中心城市办大学、高教园区建设之后的第三次区域高等教育布局调整的重要特征。”②

第二种类型是高起点办学。民办高校的底层系定位是我国民办高校发展的瓶颈，但浙江省做出了敢为天下先的举动，首创了全中国第一所具备新机制的高水平民办大学。2015年4月，以施一公教授为代表的7位倡议者递交的《关于试点创建新型民办研究性的大学的建议》，获得了国家的支持。2018年4月，获得教育部正式批准成立的西湖大学由杭州市西湖教育基金会举办，学校所学专业集中于世界发展科技最前沿，主要是以理工科为主，各个院系的领衔人是国际国内顶尖人才，学校先招收博士研究生，之后再招收本科学生，还获批设立国家级博士后科研工作站，拥有独立招收博士后研究人员资格，杨振宁任西湖大学校董会名誉主席，钱颖一教授为校董会主席，施一公教授担任西湖大学首任校长。2018年10月20

① 宋斌．改革开放40年浙江民办高等教育的发展历程、变化及启示［J］．浙江树人大学学报，2018（11）：9.

② 胡坤，徐军伟．县域办学：浙江省独立学院转型发展路径探析［J］．宁波大学学报（教育科学版），2017（1）：51-55.

日，历经三年时间浙江西湖大学成立，让国人见证了“浙江速度”。西湖大学是一所非营利性民办高校，这所大学的高起点办学模式在全国首屈一指，为浙江这个“教育强省”高等教育人才培养结构呈现出来的“低中高”全链条办学画上了圆满句号。浙江的高起点办学创新模式是浙江为全中国民办高校的发展做出了独特贡献，也为民办高等教育办学水平的提升起到了积极影响和带动作用。

第三种是独立学院回归母体高校。浙江在高教强省的征途中不断创新，开创了独立学院回归公办的新模式，2018 年 4 月和 5 月，先后有两所民办高校宣布实行公费招生，即浙江大学城市学院和浙江大学宁波理工学院。这两所独立学院与其他省份的学校一样，是“名城+名校”“政府+高校”合作模式的典型案例，也是教育部认可和赞誉的全国独立学院样板，2018 年两所学校回归母体高校的事实，使浙江省再次成为全国民办高校制度创新和办学模式创新的典范。

（三）坚持民办高等教育改革创新

教育的生命力在于改革，浙江民办高等教育之所以能够形成闻名于全国的“浙江经验”，主要原因在于浙江省坚持民办高等教育改革创新，开创了许多个“全国第一”。浙江省拥有全国首批批准成立的民办高校、全国第一所独立学院、全国第一所中外合作大学、全国第一家博士培养起点的民办大学①。2011 年，在国务院下发的《关于开展国家教育体制改革试点的通知（2010—2020 年）》中，浙江省为全国唯一一个民办教育综合改革试点省份，浙江省的温州市被选为浙江民办高等教育改革的四个先期试点县市之一。温州市先后出台了包括《关于实施国家民办教育综合改革试点 加快教育改革与发展的若干意见》、14 项配套实施办法和政策在内的系列文件，对民办高等教育发展进行全方位的制度重建，对涉及民办高等教育的师资、产权和融资等困境给出了有效的破解办法，形成了“温州经验”。教育部原副部长鲁昕评价：“温州市民办教育改革之力度最大，推进之速度最快，试点之成效最为显著，改革试点之经验值得借鉴。”②

（四）致力于民办高等教育的内涵式发展

伴随着 1999 年后国家对民办高校指出的应用型大学转型发展的定位，浙江省的民办高校积极响应号召，抓住难得的发展机遇，致力于民办高等教育的内涵式发展，把建设应用型大学作为发展目标，进行系列改革，立足当地经济社会发展实际和现实需求，调整和优化专业设置，与公办高校建构“差异发展、错位竞争”的关系，使许多应用型民办高校建设在全国处于领先地位。浙江树人大学从 2016 年以来，在中国管理科学院发布的“中国民办大学排行榜”上，连续两次荣登第一名的宝座；浙江大学宁波理工学院在“中国独立学院排行榜”中，保持着第一名的地位。“根据教师创新能力排名、教学科研效率排名、毕业生质

---

① 宋斌. 改革开放 40 年浙江民办高等教育的发展历程、变化及启示［J］. 浙江树人大学学报，2018（11）：9.

② 鲁昕. 深入学习贯彻十八大精神 促进民办教育健康发展——在中国民办教育协会 2012 年年会上的讲话，2013-01-15，http：//www. canedu. org. cn/site/content/1621. html.

量排名以及综合实力等情况，2017 年共有 11 所独立学院被评选为中国高水平独立学院，其中浙江就占了 5 所。”① 可以说，正是凭借着对内涵式发展的不懈追求，浙江民办高等教育才能取得如此骄人的成绩，这是全国民办高等教育领域有目共睹的事实。

二、陕西省民办高等教育发展的经验

陕西省的民办高等教育在改革开放几十年的发展历程中，逐步形成享誉全国的“陕西现象”，成为陕西省高等教育发展中靓丽的名片。2019 年陕西省人口总量为 3 835. 44 万人，高考报名人数为 32. 59 万人，全省高等院校总数为 95 所，其中公办高校 64 所，民办高校 31 所，31 所民办高等院校中民办本科高校 23 所，民办专科院校 8 所，民办专科高校占民办高校总量的 25. 81%。具体来说，从民办高校占据本省高等院校总量的比重排行来看，陕西省民办高校占全省高校总量的比重是 31. 58%，位于全国第八名；在各省份高等院校中的民办高校占公办高校的数量比重排位榜中，陕西省民办高校占公办高校的比重 48. 44%，在全国排行第八位；在民办本科层次高校在全省民办高校总量所占的比重排名中，陕西省民办本科院校占民办高校总量的比重是 74. 19%，位居全国第六名。经过对陕西省民办高校基本情况与全国 31 个省（市、自治区）的比较，能够更清晰地看到陕西省民办高等教育的优势和地位。民办高等教育发展的“陕西现象”，主要体现在以下几个方面。

（一）重视民办高校教师队伍建设

在政府大力支持和学校的积极调整优化下，陕西省民办高校师资队伍已经成为发展优势。首先，陕西省民办高校师资队伍不断优化结构，提高师资水平，从原来以兼职教师为主转变为以专职教师为主，专职教师在提升教学质量、把握学校发展定位、掌握学生学情和需求、对学生的持续性教育进行指导和服务等方面明显优于兼职教师。从师资队伍的学历和职称方面看，陕西省民办高校教师队伍逐步由过去“低学历、低职称”的哑铃型结构转变为“高学历、高职称”的梯形结构。尤其是近几年，陕西省民办高校在大力提高教师待遇的政策引导下，加大了对硕士研究生、博士研究生和高职称人才的引进力度。其次，从师资队伍的能力培养方面，陕西省民办高校教师队伍建设积极响应应用型大学建设的号召，为了更好地培养应用型和技术型民办高等教育人才，特别重视对广大教师的“双师型”培育，不断提升教师的业务能力和教学水平，引导教师努力践行爱岗敬业、教书育人、管理育人和服务育人的教育思想。同时，陕西省民办高校不断加强对青年教师的培养力度，通过建立专项培训资金，给予青年教师培训机会，或者同在一些领域有突出贡献的青年教师发放绩效奖励，以此激励民办高校的青年教师快速提升综合素质，实现职业成长。陕西省民办高校还建立了与公办高校教师交流学习、互访制度，允许民办高校教师到公办学校学习经验，也大力支持和允许公办高校教师到民办高校代课或学术交流，更鼓励公办高校和民办高校教师之间的合

① 排名统计来源于武书连的《2016 挑大学选专业》（民办大学版）（独立学院版）、《2017 挑大学选专业》（民办大学版）（独立学院版），中国统计出版社出版。

理流动，互相取长补短、博采众长。最后，从民办高校教师的待遇方面来看，“陕西省近几年民办高校按各自的分类属性，为教职工足额缴纳社保和住房公积金，办理职业年金等补充养老保险，落实教师的职业保障，切实做到‘事业留人、感情留人、待遇留人’。”①

（二）实施积极有效的分类管理措施

自《国家中长期教育改革和发展规划纲要（2010—2020年）》颁布以来，民办教育进入营利性和非营利性分类管理的新阶段。在全国很多省份对此只是处于“知晓”状态的情况下，陕西省人民政府于2011年发布《关于进一步支持和规范民办高等教育发展的意见》，2018年1月又相继发布了《陕西省人民政府关于鼓励社会力量兴办教育 促进民办教育健康发展的实施意见》（以下简称《实施意见》）、《陕西省民办学校分类登记实施办法》和《陕西省营利性民办学校监督管理实施办法》等系列性文件。“《实施意见》明确了民办高校的法人性质，非营利性民办学校登记为民办非企业单位或事业单位法人，营利性民办学校在工商行政管理部门登记。”《实施意见》对民办高等教育界非常热门的产权属性问题给予了详细规定，“非营利性民办高校根据办学者的原始出资额和追加出资额给予补偿，并综合考虑办学者的人力资本投入、办学效益、社会声誉等给予物质奖励；营利性民办高校由第三方机构进行财务清算，依法明确财产权属”。其中特别规定：“以划拨方式或公益用途取得的国有土地使用权、建筑物，不在清算范围。”这些规定性意见让陕西省民办高等教育的举办者吃了一颗定心丸，很大程度上回应了他们的诉求，解决了他们思想上的一些困扰和疑惑，不仅仅对选择非营利性民办高校类别的创办人或举办者的投入给予相应的合理补偿，对选择营利性民办高校的创办人或举办者关于产权归属问题的顾虑给出了合理的解决方案，即“享受政府土地优惠政策的产权属性”。这些有关民办高等院校分类管理方面的政策和举措对民办高校分类登记工作起到了积极有效的推进作用，使陕西省在分类管理方面走在了全国民办高校的前列。

自此陕西在全国范围内率先开展了对省内18所民办高校的分类管理措施，为所有民办高校明确了政府的立场，即“凡申报非营利性民办高校的，享受省财政专项资金的扶持”，自此开启了陕西省民办高校发展改革创新的新时期，之后政府出台了一系列支持和规范民办高等教育的地方行政法规。2018年根据教育部《关于“十三五”时期高等学校设置工作的意见》的指导精神，陕西电子科技职业学院、西安汽车科技职业学院按照程序标准和要求，在政府的大力支持下，圆满完成了升本目标。至此，陕西省民办本科高校数量在全国位居前列，31所民办高等院校中民办本科高校占据23所，并在政府积极有效分类管理的指导下，塑造了许多高水平民办高校。“西安欧亚学院、西安培华学院、西安外事学院和西安翻译学院入选中国校友会网‘2018中国民办大学排行榜’前20强，陕西省入选前20强的学校数量居全国前列。”同时，“电子信息科学与技术、法学、汉语言文学、环境设计和会计学等24个专业居‘2018年中国民办大学顶尖专业排行榜’各专业首位，入选星级专业的数量也

---

① 韦骅峰. 分类管理背景下陕西民办高校发展的特点、困境和出路［J］. 浙江树人大学学报，2019，(5)：24.

较全国其他地区有较大优势”。“未来各地政府也应制定分类登记的相关准则，进一步细化民办非企业单位或事业单位法人、非营利民办高校办学者的奖励标准等分类登记的关键问题，完善和落实分类登记。”①

（三）强调民办高等教育均衡发展

陕西省民办高等教育的特点之一体现在均衡发展思路上，这种均衡的局面主要涵盖以下几个方面。第一，高度重视学校数量与人口数量、生源数量之间的均衡。第二，强调民办高等教育发展与公办高等教育发展之间的均衡。陕西省政府非常重视对民办高校的帮扶，自2012年以来，政府每年拿出3亿元专项资金支持民办高等教育发展，从2018年开始增加至4亿元。除了资金支持之外，陕西省在许多领域都努力追求民办高校与公办高校的相对平衡。比如，从放开收费标准、下放高级职称评审权、审批专业硕士研究生等方面给予民办高校办学更多自主权，大力支持民办高校进行师资队伍建设，给予同等公办院校比例的科研申报项目，通过联合培养研究生、对口帮扶措施积极促进民办高校与公办高校之间的合作共赢等。第三，强调专业设置与社会需求之间的平衡，强调学科类别与公办院校之间的错位发展。陕西省的民办高校发展特别关注国计民生，在专业设置上非常重视与当地经济发展需求相衔接，通过对公办院校的积极合作和深入研究，在学科类别上突出特色，避免学科扎堆的现象，规避个别学科过热造成的师资力量薄弱和就业困难的问题。

（四）注重加强政府的资金支持

陕西民办高等教育的健康发展很大程度上得益于政府资金层面的大力支持，陕西省政府每年对民办高等教育的经费支持从直接投入和间接支持两个方面进行。一方面，政府的直接投资力度很大，陕西省政府专门对民办高等教育每年设立4亿元专项专用资金，用于支持民办高等教育事业发展，尤其是支持非营利性民办学校进行内涵式发展。另一方面，间接支持主要包括对民办高校土地、税收、日常水电开支等给予专项优惠支持，向民办高校购买公派就读学位，为民办高校教师提供培训和进修机会，为民办高校的教学、科研、政策咨询提供优质服务等，想尽办法让民办高校从中获得更多的额外经费。陕西省的分类管理经验在政府资金扶持方面也体现出很明显的差异化扶持特点，针对非营利性民办高校，陕西省在间接资金支持方面的表现主要有以下几点：第一，税收层面，这些民办高校与公办高校一样，享受相同的优惠政策，对于非营利性收入的企业所得税采取免除征收的待遇；第二，用地层面，这些民办高校与公办高校一样，享受相同的土地使用优惠政策，由政府统一划拨。非营利性民办高校相比于营利性民办高校，会获得更多的政府资金直接划拨，涉及的社会资源也更加充沛和丰富，公共性自然体现得也更加明显。对于非营利性民办高校，政府为了充分保证这些院校的办学目标是公益性的、非营利性的，学校的运营情况、发展战略、学费的收费标准等都会受到政府的更多关注。对于营利性民办高校，陕西省政府在思想建设和政治保证上给予高度重视，这些学校在确保政治立场坚定，坚持社会主义办学方向，保证教育教学质量的

① 李虔，卢威. 民办学校分类管理十大未决问题探析［J］. 中国教育学刊，2018（8）：5-12.

前提下，可以获得更多办学自主权和支配权，专注于学校的特色品牌建设。以西安外事学院为例，该校结合‘鱼化龙’的精神内涵，通过七方书院创新人才培养模式，包括推出‘学院+书院’的人才培养和学生管理模式，提高对学生的教学和生活管理水平；成立‘创业学院’，着力提升毕业生的创新创业、就业能力。

除此之外，对具备发展潜力和办学水平较高的民办高校给予专项经费支持，2017 年，陕西印发《关于建设“一流大学、一流学科，一流学院、一流专业”的实施方案》，提出“到 2020 年，建成 3 所、培育 3 所国内一流民办高校（包含 1 所民办高职院校）”。在这个方案的执行和评选结果中，入选“一流学院”建设项目的民办高校有陕西西京学院、陕西西安翻译学院和陕西西安外事学院三所，入选“一流学院”培育项目的民办高校有陕西西安欧亚学院、陕西西安培华学院和陕西西安医学高等专科学校三所。自此全国各省民办高校掀起了培育“一流学院”的热潮，其他各地相继学习和借鉴陕西省“一流学院”建设经验，根据各地实际情况，制订地方特色的扶持计划，这种方式不仅对民办高校发展起到了积极的推动作用，更从资金上给予民办高校可观的发展绩效奖励，为民办高校的更好发展注入政府的资金，形成更高水平民办高校建设的良性循环。

三、福建省民办高等教育发展的经验

随着我国高等教育事业的蓬勃发展，福建省的民办高等教育在改革开放几十年的发展历程中，取得了比较显著的成绩。这离不开福建省经济高速发展对人才的旺盛需求，更离不开关注教育事业发展、热心创办投身教育的福建省民营企业家和华侨，比较知名的有由缅甸籍爱国华侨吴庆星先生及其家族设立的仰恩基金会创办的仰恩大学，由新加坡籍爱国华侨蔡天真先生创办的泉州海洋职业学院等。这些民办高校对福建省民办高等教育事业发展起到了积极的推动作用。2019 年福建省人口总量为 3 941 万人，高考报名人数为 20.78 万人，全省高等院校总数为 90 所，其中公办高校 53 所，民办高校 37 所，37 所民办高等院校中民办本科高校 16 所，民办专科院校 21 所，民办专科高校占民办高校总量的比重是 56.76%。从民办高校占据本省高等院校总量的比重排行来看，福建省民办高校占全省高校总量的比重是 41.11%，位于全国第二名；在各省份高等院校中的民办高校占公办高校的数量比重排位榜中，福建省民办高校占公办高校的比重 69.81%，在全国居第二位。经过对福建省民办高校基本情况与全国 31 个省（市、自治区）的比较，能够更清晰地看到福建省民办高等教育的优势和地位。福建省民办高等教育发展的经验，主要体现在以下几个方面。

（一）实行营销定位战略

定位是为了更加突出个性和特色，福建省的高等教育非常发达，高校录取率在 80% ~ 90%，2017 年福建省每所高等院校的平均录取人数是 1 893 人，由此可见，福建省的高等教育俨然已经进入大众化教育时代，接受高等教育的机会已经大于高中学生的需求量。福建省鉴于民办高校数量与学生生源之间表现出来的过剩局面，更加注重塑造学校的特色，以免陷入同质化的困境，失去竞争力。换言之，福建省民办高校的营销定位战略主要体现在根据地域优势进行定位。福建省政府在2004年提出了“海峡西岸经济区”的战略构想，2011年获得了国务院的批准，逐步形成《海峡西岸经济区发展规划》。《海峡西岸经济区发展规划》主要是以福建省为主体，链接台湾，涵盖浙江、广东和江西的部分地区。如今这个战略规划正在热火朝天地建设之中，福建省许多民办高校看到这个千载难逢的好机遇，加强了与台湾地区高校之间的联络，并共建伙伴型营销关系，为自身的可持续发展提供了强大的支撑力量。《福建省人民政府关于加快发展现代职业教育的若干意见》规定：“支持台湾有鲜明行业特征的高校与我省高校联办产业特征鲜明、相对独立的二级学院；扩大与台湾技职类院校的合作办学；促进闽台合作高校课程对接与学分互认。”① 利用政府的支持和有利的地域环境，福建省部分民办高校适时进行人才培养计划的调整和改革，与台湾的合作伙伴共建院校，制订“交换生培养计划”，有的加强了与台湾高校之间有关师资培训、交流和深造的合作关系，有的加强了与台湾合作高校之间关于课程开发和项目联合等领域的合作，凸显自身某一领域的办学优势，并逐步形成了特色和品牌。

（二）建设教学服务型民办大学

“教学服务型大学就是指在尊重高等教育规律的基础上，以现代服务理念为指导来配置办学资源和运行、管理的教学型大学。”② 伴随着《海峡西岸经济区发展规划》的不断贯彻落实和深入推进，福建省对人才的诉求呈现新的特点，传统行业的人才需求量增大，比如石油化工、机械制造、工程建设等领域，新兴行业也出现了旺盛的需求量，比如电商业、人工智能业、生物制药业、海洋工程业等。面对市场上人才需求的动向，福建省民办高校调整人才培养的方向，加大建设教学服务型大学和为社会培养新兴人才的力度。比如，福建泉州海洋职业学院作为福建省唯一一所把海洋类人才培养作为办学定位的民办高校，优势和特色非常突出，“学校利用海洋资源优势开设了航海技术、轮机工程技术及船舶工程技术等核心专业，并拓展至国际航运业务管理、报关与国际货运及集装箱运输管理等相关专业，培养了大批海洋建设方面的人才”③。再如，福建泉州理工职业学院主要瞄准人才市场上对电商等商业人才的旺盛需求，除了开设汽车、机械、建筑及数字媒体等传统工科专业之外，瞄准海峡西岸经济区发展特定产业对电商、物流、市场营销、旅游等人才的需求进行订单式培养。

（三）实施4P组合宣传策略

福建民办高校依据公共产品理论，以为社会提供高等教育产品目标为出发点，实施了以产品策略、价格策略、渠道策略和促销策略为主体的4P组合策略。首先，在产品策略方面，福建许多民办高校不断扩大学校的产品组合，采取交叉学科培养的方案，让受教育者拥有更多更好的选择。比如“福建漳州科技职业学院以茶为元素，先后开设了茶艺与茶叶营

① 吴志雄．市场营销视角下民办高校的发展策略：福建为例［J］．浙江树人大学学报，2018（5）：29.

② 徐绪卿．浅论教学服务型大学的若干问题——兼论地方院校和民办高校的发展定位［J］．教育研究，2012（2）：84-88.

③ 同①

销、文化创意与策划（茶文化方向）以及茶树栽培与茶叶生产加工专业等”①。有的民办高校在科学分析产品的生命周期后，不断优化教育产品的结构。比如针对表演艺术、体育保健和运动康复等专业，根据这些专业的生命周期正处于投入阶段，采取的优化策略是加大建设投入、做好宣传推广；针对邮轮乘务、空中乘务、高铁乘务等专业，根据这些专业的生命周期正处于成长阶段，采取的优化策略是完善专业建设、逐步树立品牌；针对航海技术、轮机工程技术等专业，根据这些专业的生命周期正处于成熟阶段，采取的优化策略是强化专业特色、拓展招生渠道；针对财务管理、物流管理等专业，根据这些专业的生命周期正处于衰退阶段，采取的优化策略是调整结构方向、采取延长措施。其次，在价格策略方面，“福建省民办高校推行学业主修与辅修相结合的定价策略，即学生就读期间在主修一个专业（毕业证书由教育部授权颁发）的同时可以选择辅修专业（学历证明由高校颁发），两个专业缴纳的组合费用应低于两个专业单独缴纳费用之和”②。这种量身定制的价格策略不仅有利于增加学校的学费收入，更有利于提高学生的学习动力，增加学生的就业门路和渠道，提高学生的综合竞争力以及获得社会对民办高校培养人才质量的肯定评价。再次，在渠道策略方面，采用招生的“走出去”渠道和就业的“引进来”渠道。福建在招生方面，不断开发新途径，遵循“走出去”原则，比如利用师资、硬件等资源开设培训班或其他形式的服务，为学院颁发一些行业的技能证书。就业方面则是以“引进来”为主，邀请企业到学校讲课、交流或者召开招聘宣讲，或是举办双选会等，在企业和学校毕业生之间做好桥梁搭建工作。最后，在促销策略方面，利用广告宣传、人员推销、营业推广、公共关系等要素扩大学校的知名度和影响力。福建一些民办高校通过“两微一端”等新媒体平台，加大学校的广告宣传攻势，让网络和广告成为学校的传声筒，尤其是针对生源报考比例偏小的地方，比如宁德、莆田、龙岩、三明和南平等市的宣传力度更大，鼓励当地学生报考。还有一些民办高校把在校生纳入招生队伍，让这些在读的学生返回自己的母校帮助宣传和推销，进行现身说法，提高宣传的可信度和效果。还有一些民办高校通过为特殊学生提供特殊待遇，提高奖助学金比例等物质激励方式进行营业推广。还有的民办高校通过承办各种大型活动、鼓励师生参与国家级、省市级大型比赛获奖等方式扩大学校的声誉，比如“闽南理工学院在 2016 年承办第十六届全国大学生田径锦标赛，这是仅次于全国大学生运动会的高校体育盛会，大大提升了该校在全国的影响力”③。也有的民办高校借助学校发生的具有正能量的公共事件，向社会进行传播，以树立学校的正面形象。

除了浙江省、陕西省、福建省，全国还有许多省份的民办高校发展形成了有益经验，比如安徽省民办高校形成的“创新创业教育模式和特色”在业界很有名，“安徽新华学院构建的‘全覆盖、全过程、分阶段、多形式、开放型’的教育模式，‘创新创业教育与应用型人才培养、大学生素质教育、毕业生创业就业工作’三结合的教育特色，‘大学生创新创业训

---

① 吴志雄．市场营销视角下民办高校的发展策略：福建为例［J］．浙江树人大学学报，2018（5）：29.

② 同①

③ 同①

练计划’三位一体的创新创业教育模式，使该校在2016年成为安徽应用型本科高校联盟轮值主席单位，荣获全国民办高校‘创新创业教育示范学校’，该校学生获当年自主创业类‘安徽省优秀大学生’称号”①。“安徽三联学院学生在省级及以上创新创业大赛、学科竞赛中获得各级各类奖项220余项，2014—2017年共获批大学生创新创业训练计划项目省级137项、国家级77项”②。河南民办高等教育发展实力目前处于全国的中位水平，需要不断总结其他省份的有益发展经验，取长补短，才能切实提高办学水平和办学质量。

第二节　国内外民办（私立）高等教育发展对河南省的现实启示

虽然河南民办高校虽然办学历史比较短暂、发展程度还有待大力提高，但“只要功夫深，铁杵磨成针”，通过不断学习和汲取先进经验，加上各种力量的支持，未来一定会诞生出能够享誉世界的民办高校。

一、发达国家私立高等教育经验借鉴

翻查有关发达国家私立大学发展的有关资料，我们可以看到，美国、韩国、日本等发达国家的高等教育在世界处于领先水平，拥有很多值得河南省民办高等教育发展借鉴的经验，比如政府支持、高效治理模式、多元化融资渠道等。

（一）实事求是地建立扶持性法律法规保障体系

发达国家私立教育的健康快速发展，首先得益于实事求是地建立扶持性法律法规保障体系。这些国家在重要的教育法律法规中，会对私立大学地位、师资待遇等重要问题进行明确规定。“法治是构建公共服务型政府的基本要求和重要保障。公共服务型政府是法治政府，依法行政是公共服务型政府的内在要求。”③ 虽然河南省民办高等教育在发展过程中政府的支持力度明显增强，但是相对于这些国家来说，还远远不够。目前，虽然河南省出台了许多关于促进民办教育发展的政策措施，但在具体实施和操作方面并没有给出可供参考的规定。民办高校无法享受与公办大学同等的税后优惠政策，从公共财政政策看，尽管河南省政府出台了一系列针对高校的财政政策，但河南省民办高校无法直接获得政府的财政补助，很难从中获益，通过社会力量办学也缺乏具体可操作的路径，这些都成为河南省民办高校现代化性发展的制约因素。尤其是对民办高校的营利性、非营利性政策的落实和具体实施政策，以及涉及民办高校的社会捐赠政策等方面，至今没有详细、有力的政策支持。在这种情况下，河南省政府必须不断提高对民办高等教育的帮扶力度，对民办高等教育进行分类管理，明确界

---

① 安徽新华学院2016 /2017学年本科教学质量报告，2018-01-31，http：//www. ahedu. gov. cn/uploads/file/20180131/20180131091452_ 40622.

② 安徽三联学院创新创业教育改革成效显著，2017-09-22，http：//edu. anhuinews. com/system/2017/09/22 /007717466. shtml.

③ 刘厚金．公共服务型政府在法治与市场中的理论内涵与职能定位［J］．求实，2009（2）.

定民办高校的地位、性质和作用，帮助民办高校抢抓时代发展机遇，提高民办高等教育的竞争力，加快进行机制创新，实现内涵式发展，使未来河南省民办高校可以往更高层次发展。河南省须在这些方面学习发达国家的优秀经验，实事求是地建立扶持性法律法规保障体系，鼓励社会捐赠，提升民办高校的实际地位，为民办高校发展奠定坚实的政策基础。

（二）实行差异补助，加大政府财政支持力度

美国、韩国、日本等发达国家能拥有顶尖级别的私立大学，一个重要原因是对私立高校实施差异补助，财政资金扶持力度很大。相比于这些国家而言，在公办高校和民办高校的政府资金扶持方面，河南省民办高校的待遇明显弱势，政府财政支持力度非常有限，大部分民办高校经费完全取决于办学规模和生源，经费严重不足，经费来源单一，致使民办高校只能把心思放在尽快扩大招生数量上，而没有多余的心力去考虑如何提升办学质量和内涵。因此，河南省的民办高校在今后的发展道路上要虚心借鉴国外的有益经验，争取竞争性财政帮助，政府要对不同类别的民办高校开展因校而异的绩效资助。所谓绩效资助主要是对在民办高校的办学评估中教学质量好、办学质量高、社会评价优、学生就业率好的学校采取激励奖励和专项资助，以起到示范带动作用，使民办高校以提升内涵和质量为办学目标，在良性互动中不断提高办学质量。同时，对于政府的财政支持资金管理，政府要加大监管力度，使民办高校把资助经费真正投入到学校的再发展和内涵式发展中。

（三）拓宽融资渠道，打造多元化经费筹集路径

发达国家融资经验充分证明，多渠道融资方式对民办高校的规模扩张和质量提升具有积极推动作用，因此发达国家的多元化融资经验非常值得推广和采纳。从政府层面来说，政府须鼓励社会力量对民办高校进行捐赠，吸收发达国家的经验，逐步把社会捐赠纳入民办高校经费，通过政策吸引、特殊扶持、公开透明、加大宣传力度等方式，联系社会筹资机构或者企业积极投身募捐事业中，实现与民办高校的合作共赢，尤其是针对当前企业的个税问题，政府要专门制定税收减免等优惠和补偿政策驱动社会力量对民办高校的捐赠行为，抑或通过抬高遗产税、抵扣等方式引导个人或企业进行捐赠。从民办高校层面来看，民办高校需要扩大自己的吸引力和竞争力，通过积极寻求校企合作、产学研融合等现代化途径，给企业提供必需的人才和科研帮助，为学校的现代化发展吸引各方力量。随着河南省民办高校的日益发展和壮大，要想在全国从当前的中等发展水平向高水平迈进，发达国家的 BOT（Build-Operate-Transfer，即建设-经营-转让）融资模式契合当前许多民办高校的资金实际情况，民办高校可以在公寓、餐厅等基础设施项目上，尝试采用 BOT 融资模式筹集资金。美国资本市场对私立高等教育的介入为学校提供了充足的办学资金，服务性收益在私立高校办学经费中的比例越来越大，不仅丰富了私立高校的资金来源，还活跃了私立大学办学经费的运转方式，改变了私立高校办学对学生学费的过度依赖状况。政府要尝试进行多元化经费筹集的改革，通过建立枢纽和桥梁的方式，在某些地区、某些高校把这种“产学研”相结合的模式进行初期试点，学习如何使民办高等教育事业发展与资本市场进行嫁接和对接，不断提高民办高等教育的服务意识和服务收入。

（四）及时调整专业，不断提高自身综合实力

民办高等教育的特点是自主经营、自主决策、自负盈亏、自担风险，民办高等教育的学生学费远远高于公办高校，在招生过程中是很大的劣势，需要民办高校以专业的优势、管理的优势等来弥补。从发达国家私立高校和国内民办高等教育发展比较好的省份的实际情况来看，专业优势对学生的吸引力非常大。因此，河南省要想使民办高等教育取得更进一步的发展，必须在专业调整上下功夫。发达国家的这些经验值得河南省的民办高校学习和借鉴，只有不断根据社会需要和学生的就业需要，及时调整专业设置和人才培养方式，才能使民办高校保持持久吸引力和竞争力。

二、国内民办高等教育发展的经验借鉴

众所周知，教育的发展离不开政府的强有力支持，国内诸如浙江、陕西、湖北、广东、福建等省份的民办高等教育发展都受到了政府层面相关法律法规的保障和扶持，浙江省政府对民办高等教育经费投入占到了全省高等教育总经费的近乎一半，可见政府将民办高等教育发展与公办高等教育发展放在同等重要的地位来对待。“继续营造有利于民办高校现代化发展的宽松环境，用制度和政策来保障民办高等教育公平、公正、和谐、现代化发展，是政府部门的一项重要工作。”①

（一）优化专业设置，重视学生培养改革

国内诸如浙江、陕西、湖北、广东、福建等省份的民办高等教育在发展过程中非常重视对专业和学科的调整与优化，紧紧围绕应用型人才培养目标，彰显学校的专业优势。国际上考量高校发展水平的重要指标是“竞争力和可持续发展能力”②，这两个重要指标又主要通过学生培养能力来体现，学生培养能力不仅包括专业数量和学生规模，更指专业优势和学科竞争力，只有根据市场和社会的需求，及时对专业和学科进行优化设置，并按照专业要求进行培养，才能形成独特的办学优势，这也是当前河南民办高校转型发展的必然要求。因此，河南民办高校要按照应用型人才培养的目标要求，根据学校办学资源条件、办学定位等特点，灵活变通专业和学科设置，善于进行教育教学改革，创新教育教学方式，加强与企业、社会、市场之间的“产教融合”，加大学生的实践教学环节，使学生在学校学习到专业实践的部分经验，提高发现问题、分析问题和解决问题的能力，做到理论与实践相结合，突出个人的专业竞争力，步入社会时能够尽快适应工作要求。

（二）更新管理观念，推进现代大学制度建设

生命周期论认为，“事物发展到某一个阶段必然要有相应的模式与之对应”③，民办高校

---

① 李挥．中国民办教育峰会举行［N］．中国教育报，2005-05-19．
② 柯佑祥．民办高校的属性识别及其调控机制研究［J］．教育研究，2012（9）：111-118．
③ 刘存绪，黄麟．新形势下民办高校转型发展的问题及创新路径［J］．浙江树人大学学报，2019（5）：27．

的发展也符合这一理论。浙江、陕西、福建等国内典型地区民办高校都特别注重发展观念的及时更新，不断追求和贯彻现代管理理念，不断推进现代大学制度的建设步伐。杨雪梅（2016）认为，“民办高校应以办学理念、现代大学制度、教育教学改革和产学研用一体化为着力点，主动适应地方经济社会的发展要求”①。民办高校与公办高校相比，最大优势在于体制的灵活性，民办高校要想实现与公办高校之间的错位发展，除了专业和学科上要突出特色之外，还需要在管理体制改革上下功夫。假如民办高校在发展过程中单纯模仿和学习公办院校的管理体制，结果只会失去自我，无异于自断手脚，在竞争中必将丧失发展空间；倘若民办高校在发展过程中套用和照搬照抄企业的管理经验和管理模式，结果也只会因为管得过死过严而丢失人心，挫伤教师的积极性和创造性。台湾四权共治的经验值得推广和学习，台湾私立大学管理体制中董事会行使行政权，校长行使执行权，监察人行使监督权，校务会议行使决策权，董事会、校长、监察人和校务会议之间有序开展工作，互相制衡又密切配合，和谐高效地推动了台湾私立大学的健康有序发展。陕西省积极有效的分类管理经验走在了全国的最前沿，为其他省份树立了民办高校实施现代管理的榜样。这些有益经验有利于河南省民办高校在法人治理结构和管理制度中尝试进行创新，探索制度转型发展，敢于追求优于或领先于公办高校的制度，积极探索和实践现代大学制度，以实现竞争力和办学能力的提升。

（三）坚持内涵式发展，不断提升办学水平

2019 年，国务院印发的《国家职业教育改革实施方案》提出：“职业教育与普通教育是两种不同教育类型，具有同等重要地位。”②这个文件肯定了民办高等教育的应用型办学定位和职业教育的办学目标。教育部等六部门印发的《现代职业教育体系建设规划（2014—2020 年）》指出：“现代职业教育体系应适应发展需求、产教深度融合、中职高职衔接、职业教育与普通教育相互沟通，体现终身教育理念，具有中国特色和世界水平。”③ 这个文件对民办高校的办学层次和水平提出了更高要求。《博士硕士学位授权审核办法》规定：“新增硕士学位授权点以应用型为主，重点新增硕士专业学位授权点。”④ 这个文件中的“应用型”主要针对的是应用型民办高等院校，国家在政策上加大了对更高层次学历学位教育的扶持力度。以上这些文件都对民办高校坚持走内涵式发展道路，不断提升办学水平提供了政策支持。国内浙江、陕西、湖北、广东、福建等省份的民办高等教育在发展过程中都特别重视内涵式发展，浙江省西湖大学先招收博士研究生，之后再招收本科学生，还获批设立国家级博

① 杨雪梅．民办高校转型发展的四个着力点［J］．教育发展研究，2016（17）：3．

② 石猛，张体勤．新旧动能转换背景下民办高校高素质应用型人才培养［J］．浙江树人大学学报，2019（11）：22．

③ 同②

④ 同②

士后科研工作站，拥有独立招收博士后研究人员资格，创建了全中国第一所具备新机制的高水平民办大学。

除此之外，国内典型地区的有益经验还包括加强师资队伍建设、拓展办学模式、积极开拓融资渠道、积极寻求政府的支持等，这些经验对河南省民办高校发展都具有借鉴和启示作用。河南省要积极响应国家对民办高校指出的应用型大学转型发展的号召，抓住难得的发展机遇，致力于民办高等教育的内涵式发展，把建设应用型大学作为发展目标，进行系列改革，立足当地经济社会发展实际和现实需求，调整和优化专业设置，与公办高校建构“差异发展、错位竞争”的关系，获得民办高校在高等教育事业中的一席之地。

第七章

河南民办高等教育现代化发展的优化路径

河南的民办高校在河南高等教育发展事业中发挥了越来越重要的作用，对河南经济发展也作出了重要贡献。随着新时代的到来，经济结构不断升级，知识生产模式也开始慢慢转型，这些新情况为河南民办高校的发展带来了严峻的挑战。因此，河南省民办高等教育工作的主要任务是：促发展、抓规范、提质量、谋特色。今后需要努力在狠抓政策落地生根上下功夫，努力营造良好环境，吸引社会资本发展教育；在依法规范办学行为上下功夫，坚持正确引导，依法强化监管，推动全省民办教育走现代化发展之路；在提升办学水平上下功夫，引导民办学校将重心转到内涵建设上，真正以质量求生存、求发展；在谋求特色上下功夫，引导民办学校充分发挥体制机制优势，及时回应社会需求，不断探索创新，努力打造一批特色学校。所有相关部门一定要全面协调、多方努力，一起为河南民办高校的发展创造良好的环境，最终促进河南民办高校持久、快速的发展。从河南省总体发展情况看，要使河南省达到教育强省的水平，实现将人口压力转化为人才资源优势的目标，就必须解决民办高校发展过程中存在的主要问题，积极为民办高校发展献计献策。

第一节　河南民办高等教育现代化发展的认知优化路径

“根据人才培养定位，教育部《关于‘十三五’时期高等学校设置工作的意见》将我国高等教育总体上分为研究型高校、应用型高校和职业技能型高校三类。”① 研究型大学主要把学术研究作为办学的主要任务，在学校发展过程中更加注重科研成果的研发、撰写，人才培养目标是针对“学术研究的创新型人才”，一般主要瞄准硕士研究生和博士研究生学历层

① 石猛，张体勤．新旧动能转换背景下民办高校高素质应用型人才培养［J］．浙江树人大学学报，2019（11）：19．

次的培养。应用型高校主要把培养“站起来能说、坐下去能写、跑出去能干”的人才作为办学的主要任务，在学校发展过程中更加注重学生实践能力和应用技术的培养，瞄准的对象是服务社会经济发展各行各业的应用型人才，目前这一类针对的主要群体是民办高等院校，学生的学历层次主要在本科。职业技能型高校主要把培育生产管理服务一线的技能人才作为人才培养目标，通过职业教育和职业指导服务，使学生掌握一项生存本领和一技之长，目前这一类针对的主要群体是专科类高校，包含专科类的民办高校，学生的学历层次主要是专科。“应用型高校所培养的人才主要从事非学术研究性工作，其任务是将抽象的理论符号转换成具体的操作构思或产品构型，将知识应用于实践。应用型人才经常在理论创新方面给人们以启发，他们所开展的应用性研究往往具有广泛的意义。”① 当前河南民办高校大多将培养应用型人才作为自身现代化发展转型的目标和定位，在这种背景下，如想精准定位，首要的是在发展观念和认知上扭转落后的思想，因为思想是行动的先导，思想决定行为，必须时刻坚持在党的领导下，坚定政治方向，站在学校可持续发展的高度，准确把握当前形势和民办高校发展的新特点，遵循教育规律，剖析眼下学校发展的机遇和挑战，以全局和长远的战略眼光、战略思维，准确认识自我，深刻审视和思考未来的发展路径，积极适应新时代的形势变化，打破常规，探索革新。

一、坚持正确方向，重塑价值取向

对于民办高校而言，要时刻按照党中央和国家提出的办学要求，坚持把培养社会主义建设者和接班人作为学校办学的目标和方向，重塑价值取向，承担好自己的使命和责任。

（一）坚持社会主义办学方向

2018 年《河南省人民政府关于鼓励社会力量兴办教育进一步促进民办教育健康发展的实施意见》（豫政〔2018〕6 号）颁布，文件要求：“加强党对民办学校（含其他民办教育机构）的领导，创新体制机制，完善扶持制度，加快现代学校制度建设，提高教育教学质量，提高管理服务水平。”作为民办高校的投资者和主要领导干部，要有强烈的社会责任感，明白创办学校的首要目的不是谋取利益，而是为国家培养社会主义现代化建设接班人。目前社会上很多人还习惯戴“有色眼镜”看民办高校，认为民办高校没有公办高校好。为改变这种偏见，民办高校要韬光养晦，不断进行改革，加快内涵建设，提升办学水平，提高培养人才质量。比如，郑州工商学院原董事长李光宇的治学名言是“不管是公办还是民办，都是党办”。在这种办学理念的指导下，郑州工商学院高度重视党建工作，时刻把党建放在一切工作的首位，坚持社会主义办学方向，认真贯彻落实党的教育方针，以立德树人为根本任务，与时俱进，开拓创新，不断推进学院的改革和发展，学院的党建和思想政治工作全面加强，办学条件明显改善，教育教学质量不断提高，为服务河南经济社会发展作出了积极

---

① 阙明坤．民办本科院校向应用技术大学转型的困境与策略——基于全国 141 所民办本科院校的实证调查［J］．复旦教育论坛，2016（2）：79-85．

贡献。

因此，对于河南省民办高校来说，牢牢守住政治红线，坚持党对民办高校的领导，加强民办高校党的建设，办社会主义大学，是培养社会主义事业合格建设者和可靠接班人的重要保证。对于转设成功后身份由独立学院转为民办高校的学校而言，更要站在新的历史起点上，面对新形势、新任务、新征程，以习近平新时代中国特色社会主义思想为行动指南，坚持社会主义办学方向，把立德树人作为学校发展的根本任务，全面加强和改进党的建设与思想政治工作，充分发挥党组织的战斗堡垒作用和党员的先锋模范作用，为推进改革创新和事业发展发挥政治优势，为实现学校自身的奋斗目标提供政治保证。尤其是针对民办大学生的特点，时时刻刻抓好学生的思想政治引领工作，各年级开展思想引领工作的特点不同，大一的学生非常忙碌，思想政治引领工作开展得较少，大四毕业生基本不在学校，思想引领主要集中在大二和大三进行，尤其是大三，可以以就业、对将来工作和生活的打算为切入点，进行思想引领。另外，平日里对学生干部多引领，经常利用开会的机会，对学生的未来发展提出建议。只有抓好党建和学生的思想政治等各项工作，才能站在一个新的起点上，进入新阶段，使民办高校各项改革和发展迈上一个新台阶，为社会主义现代化建设培养更多的优秀人才，为决胜全面建成小康社会、中原崛起作出更大贡献。

（二）坚持以质量求生存的价值取向

河南民办高校经历几十年的发展征程之后，以规模和数量求生存的发展已经不能适应时代发展的需要，在未来的发展理念中，必须树立以质量求生存的价值取向。把高质量发展作为办学宗旨和核心价值追求，抓住国家创造的有利政策环境，用高质量换得政府的资金支持，用优质服务获得家长、学生和社会支持，努力使学校朝高品质人才培育基地的方向发展。目前，河南省的民办高校要善于抓住从国家层面到河南省委、省政府层面大力支持民办教育发展的机会，把发展重点转移到质量和内涵上，放弃“不择手段、无原则、无底线”的扩大生源路线，在稳住数量和规模的基础上，一心一意提升办学质量。这才是民办高校长治久安、永葆生命力的生命线，才是办学的正确方向，一旦忽视了质量，再大的数量总有减少的一天，等到那时一切都来不及了。我国目前正处于全面深化改革的攻坚期和深水区，河南民办高等教育发展也到了转型发展的关键时刻，学校的董事会和管理者要牢牢把握内涵和质量发展的价值取向，用心办教育，办人民和学生满意的教育。“民办高校唯有依赖这种专业设置上精准的市场化定位，灵活多元化的培养模式，从而满足不同学生群体的多元化诉求，增加学生教育选择的机会”①，才能不断“推动民办教育最终实现从‘补充型教育’向‘选择型教育’，从‘规模集聚效应’向‘质量凸显效应’的历史转型”②。

（三）坚持以特色谋发展的价值取向

从河南省民办高等教育现状的调研情况来看，部分民办高校在专业设置方面并没有依据

---

① 阎凤桥，林静．商业性的市民社会：一种阐释中国民办高等教育特征的视角［J］．教育研究，2012（4）：63.

② 李智军，陆正林．我国民办本科院校发展的各阶段特征与策略建议［J］．浙江树人大学学报，2014（4）：13-18.

办学特色形成自己的独立方案，专业设置不合理或不科学，出现专业设置趋同和扎堆现象。民办高校在学生专业选择上的自由度比较高，尤其是学生入校后调换专业比较开放和灵活，会造成市场热门专业的快速饱和，比如前几年房地产行业比较火爆，民办高校的土木工程、建筑工程、测绘工程等建筑类专业异常热门，也会造成社会上冷门专业毕业生供给不足的现象。“千校一面”的囧境是很多高校发展的瓶颈，更有一些高校盲目攀比，没有联系学校自身实际情况，更没有经过科学论证和推敲，盲目学习别的学校和迎合形势，把“品牌”和“特色”挂在自己的标签上。著名教育家、复旦大学教授杨福家曾指出“民办学校的机遇在于‘质量+特色’”①，质量是生命线，是生存的根本，特色则是发展之道。因此，随着国家和河南省创新驱动战略的实施，河南民办高校“只有坚持需求导向、找准办学定位、注重错位发展，重塑以特色谋发展的价值取向，主动与地方经济建设融合对接，找到适合自身的发展路径，才能赢得更为广阔的发展空间”②。

（四）坚持以公益创一流的价值取向

美国经济学家弗里德曼指出：“学校教育具有公共产品属性，私立教育也服务于公共利益，承担了社会责任，从此角度，所有学校都是公立学校。公立教育与私立教育的共同本质是公益性。”③ 目前河南一些民办高校“功利化”和“商业化”运作比较明显，大部分民办高校把自己的办学目标放在专升本、本升硕、学院更名大学等方向上，少了办学的耐心和定力，盲目跟风行为和浮躁虚夸的心理比较盛行，违背了高等教育事业的初心和本质，把高等教育推向了商业化的轨道，这种观念是必须要矫正的。作为河南的民办高校，与公办高校相比，本身劣势就比较明显，必须在发展道路上有所坚守，其中公益性公共产品属性的根本是任何时刻都不能丢弃的，即使选择营利性民办高校，也应该守住这道底线。只有具备发展的定力，坚持求真务实的使命，以世界顶尖私立高校哈佛大学、耶鲁大学为楷模，在追求卓越、争创一流的道路上不懈奋斗，才能赢得未来。同时，要想争创一流，还要树立“小而精”的理念，避免陷入“贪多嚼不烂”的困境，真心真意为学生的成长成才着想，坚持立德树人、百年树人的理念，让学生发自内心尊重和感恩学校的培养，让学生变成学校永续发展的“活招牌”。民办高校的办学效益包括经济收入和社会效益，随着《中华人民共和国民办教育促进法》最新修订方案的出台，民办高校面临着营利性和非营利性的选择。无论作出何种选择，民办高校的本质属性是教育，永远不能偏离“公益性”这个属性，这是教育的终极价值。为此，民办高校在发展过程中要兼顾经济收益和社会效益，将社会效益要摆在首位，办出特色、形成品牌，才能吸引到更多学生；只有全心全意为学生着想，一心一意为社会培养人才，才能赢得社会赞誉，才能在激烈的竞争浪潮中站稳脚跟，找到属于自身的一片天地，实现经济效益和社会效益的双赢。

---

① 田立强．关于民办高校战略路径的新思考［J］．国家教育行政学院学报，2016（10）：64.

② 黄达人．大学的转型［M］．北京：商务印书馆，2015.

③ 王庆如，司晓宏．民办高校发展面临的“高原现象”探析——以陕西民办普通高校为例［J］．高等教育研究，2011（11）.

二、更新办学理念，找准自身定位

2014年9月，国务院发布了《关于深化考试招生制度改革的实施意见》（国发〔2014〕35号），“要求全国各地逐步取消高校招生批次”。根据国务院的文件精神，2015年起越来越多的省份陆续出台相应的招生批次改革方案，把原来的本科二批、本科三批招生计划合并为本科二批。“2017年，23个省的改革取得了重要成就，尤其是浙江实行的高考录取批次改革。截至2017年，已有北京、辽宁、湖北、重庆等23个省份取消第三批次本科，其中天津分二批AB段、山西分二批A/B/C段。上海市率先将本科合并成为一个本科批次；浙江、海南、山东已于2017年不再划分本科一批和本科二批；江西、湖南于2018年取消全部批次，本科招生不再划分高考录取。”① 河南省教育厅发布的《关于做好2017年普通高等学校招生工作的通知》（豫教招办〔2017〕54号），对河南省2017年普通高招的各项工作进行部署和安排，指出该年度招生录取规则中一个非常重要的变化就是“本科三批和本科二批合并”。具体“按照《河南省人民政府关于印发河南省深化考试招生制度改革实施方案的通知》（豫政〔2016〕52号），从2017年起，本科三批与本科二批合并，合并后新的本科二批执行一个分数线，可填报1～9个高校志愿，每个学校志愿可填1～5个专业和是否同意调剂专业，按平行志愿模式投档录取”。自此，河南民办高校的招生遭遇寒冬，本科二批和三批合并之后，民办高校与原来的本科二批公办高校在统一分数线水平上公开竞争，看似获得同等招生机会，但由于民办高校天生不具备公办高校的诸多优势，外加学费昂贵这个天然劣势，合并的结果使原来的三本民办高校甚至遇到“零归档”的尴尬处境，这种局面在其他省份的录取过程中也出现过，比如山东省，导致这些学校面临生死存亡的困境。可以说，录取批次合并政策的出台给河南民办高校的发展造成了巨大的挑战和冲击。

河南民办高校发展迅速，已成为河南高等教育的重要组成部分，具有很多公办高校没有的优势，在人才管理、资源利用、与社会和市场接轨等方面更胜一筹。公办高校和民办高校都是河南高等教育必不可少的部分，二者不能顾此失彼，必须共同发展。河南民办高校必须充分认识自身的特长和优势，准确自身定位，实事求是地制定学校的发展规划。理念属于价值标准，对行为具有指导价值，办学理念决定了“为什么办学”“办什么样的大学”“如何办学”等根本性问题。办学理念对于民办高校来说直接决定了投资方或举办者对高等教育价值、高等教育任务、人才标准、市场动向等方面的价值取向；办学理念是学校的灵魂和文化，是学校发展的方向和指南，对学校的各项事务和工作具有战略指导意义，直接关系学校的前途和命运。民办高校办学过程中必须时刻在科学正确的办学理念下运营，才符合高等教育发展的规律，才能实现办学水平的不断提升。这个科学正确的办学理念就是要坚持将以学生为本作为办学的核心。人才培养是学校存在的重要意义，时刻以办学质量为首要任务，在营利性和公益性之间寻求平衡和统一。民办高校如果偏离了正确的办学理念，对经济利益过

---

① 张远善. 批次合并背景下的民办高校发展战略研究［D］. 武汉：武汉工程大学，2018：22.

度追逐，会丧失教育的本质，违背教育的规律，偏离高等教育的宗旨。为此，河南民办高等教育必须顺应高等教育发展的规律，做好准确定位，不断发展，以适应社会和人民日益增长的各种各样的需求，培育自己的校园文化和精神，注重内涵式发展。

三、校地有效对接，承担时代使命

国务院原副总理刘延东曾明确指出，“认识、适应和引领新常态是当前和今后一个时期经济发展的主旋律，也是教育工作的大逻辑”①。当前面对中国经济发展的新常态，产业结构调整和升级是全行业的重任，对于高等教育亦是如此，各类民办高校必须敏锐洞察，并及时改进，对自身发展进行科学定位，尤其是做好学科专业与人才培养方面关于“类”与“层”之间的平衡与优化。为充分发挥民办高校优势，最大化地为河南高等教育快速发展做出贡献，民办高校应时刻紧贴地方需求，根据市场动向和社会发展需要，适时更新、修订人才培养方案，不断加强专业建设，加大对高职称和高学历人才引进力度，定期制订发展规划，积极探索先进的管理模式，打造特色专业，注重对学生综合素质的培养，严把人才培养质量关，走现代化发展道路，最终获得社会的认可和赞誉。

从河南省民办本科高校数量的各地域分布情况来看，办学层次分布不平衡的现象突出，郑州以 10 所民办本科高校的数量稳居第一位，占河南省民办本科高校总量的 52.63%；从河南省民办专科高校的各地域分布情况来看，仍然是郑州以 10 所民办专科高校的数量稳居各地市分布榜单第一位，占河南省民办专科高校总量的比重是 47.62%。2016 年 12 月，国家发改委发布的《促进中部地区崛起“十三五”规划》中指出“支持武汉、郑州建设国家中心城市”。2017 年 1 月，国家发改委又出台了《关于支持郑州建设国家中心城市的指导意见》，明确指出“郑州国家中心城市建设的三大使命：引领中原城市群建设、支持中部崛起和服务全国大局”。区域经济理论认为，一个区域的经济实力和经济体量直接影响和决定这个地域的人才需求量。河南省省会郑州在改革发展过程中，地域优势越来越明显，交通枢纽和中原核心的地理位置使来自四面八方的企业聚集郑州，人口数量也不断增长，实现了郑州经济的不断腾飞。“2017 年，郑州市经济总量达 9 130.2 亿元，约为 1978 年的 450 倍。”② 伴随着郑州国家中心城市建设方针的贯彻和落实，郑州的地域位置和身价一路飙升，吸引了一大批高端产业集聚，广聚了天下贤人志士，在产业融合过程中新业态和新产业如雨后春笋般相继落地郑州。所谓“新业态是基于市场需求而涌现出来的成长型企业，它对职业化人才不仅需求大，而且吸纳能力强。而目前应用型高校专业设置和人才培养缺乏对新业态如人工智能工程技术人员、物联网工程技术人员、大数据应用技术人员、建筑信息模型技术员、电子竞技运营师、数字化管理师、农业经理人、工业机器人系统操作员等人才需求变化的关注，导致新

① 杜玉波．把握新常态下的高教发展［N］．光明日报，2015-03-02.

② 刘怀丕．变身开放高地，迈向“中心城市”——郑州改革开放发展变化新观察［EB/OL］．（2018-10-18）［2019-05-03］．http：//www. xinhuanet. com/politics/2018-10/18/c_ 1123578639. htm.

业态职业化人才短缺"①。面对社会对人才的新需求、呈现出的新特点和如此有利的地域优势，河南民办高校要做到因地制宜，本着服务地方经济建设的责任和使命，为当地提供高质量应用型和职业型人才。

除了郑州是河南民办高校的集中校址之外，河南开封、安阳、焦作、周口、信阳5个地市均拥有一所民办本科高校，鹤壁、新乡、焦作、洛阳、许昌、周口、南阳、平顶山、信阳、漯河10个地市均开办有民办专科院校。"河南民办高校人才培养的供给侧结构性改革必须与河南经济社会发展中的人才需求相适应，在服务地方的应用型人才培养过程中坚持以问题为导向，在问题解决中强化服务地方的价值理念，在价值回归中强化应用型人才培养。"② 通过人才培养与当地经济建设的无缝连接，通过人才培养的地方性价值功能转化，平衡人才培养的供需关系，为河南城市建设提供人才支撑。"如何把人口资源转化为人力资源和人才资源，培养各类型高素质劳动者和高素质应用型人才，促进河南经济快速发展，是各类民办高等教育机构的首要任务。"③ 如今，社会和用人单位越来越看重高素质人才，为此，河南民办高校要想提高学生就业率，就要在培养具备完整素质人才上下功夫，定位精准，不断打造特色专业，不断创新，找寻与众不同的发展模式和发展道路，摒弃一味地照抄照搬公办高校的办学模式，改变学科专业越多越全越好的错误观念。河南民办高校应结合河南省经济发展实际需求和中原崛起的需要，培养不同层次的人才，注重学生实践能力的培养，制订独特的人才培养目标，走内涵式发展道路。

第二节　河南省民办高等教育现代化发展的生源与培养优化路径

面对河南大部分民办高校在人才培养领域存在的目标定位不清晰、专业设置趋同化等问题，以及日趋明显的生源危机，必须多举措提升生源质量、精心打造品牌专业、建设专业集群和行业学院、不断优化学科专业结构等，全面化解生源数量和质量下降的困境。《中华人民共和国民办教育促进法》（2016 年 11 月 7 日修正案）及配套文件颁布后，有专家建议，"民办教育未来发展应秉持'质量第一、增量第二'的原则。以完善监管评估体系为抓手，推动民办学校提高办学质量"④。同时，河南作为人口大省，经济发展对人才的依赖可想而知。有关研究表明，"劳动力创造 GDP 的指数与受教育程度密切相关，其受教育年限平均每增加1年，创造的 GDP 增数为9%。这一现象在制造类企业中表现得更为明显，员工受教育年限每提高 1 年则能提高 17% 的劳动生产率。河南民办高校已经成为河南教育事业的重要组成部分，通过激发河南民办高等教育发展的活力，可加快推进河南从人口大省向人才大省转化。"⑤ 因此，河南民办高等教育承担着重要的使命和责任，要努力优化人才培养方案，

---

① 朱影影．河南民办高校服务郑州国家中心城市建设的价值回归研究［J］．黄河科技学院学报，2019（11）：8.

② 同①

③ 刘慧辛．发挥高校优势为中原经济区建设服务问题研究［J］．知识经济，2017（16）：43-44.

④ 史少杰．民办教育改革与发展研讨会综述［J］．教育研究，2017（2）：159.

⑤ 朱影影．河南民办高校服务郑州国家中心城市建设的价值回归研究［J］．黄河科技学院学报，2019（11）：9.

改革人才培养模式，更新人才培养理念，为河南培育更多可用人才。

一、多种措施提升生源质量

鉴于当前河南民办高校之间以及与公办高校之间生源竞争异常激烈的形势，必须拓宽渠道，采取多种举措，通过提升生源质量的途径达到维持和提高生源数量的目标。具体来说，第一，用物质激励学生报考。民办高校学费昂贵是一道天然屏障，对于学习成绩不错但家庭条件困难的学生，学校可以设立专门的贫困生资助基金，通过募集捐款的方式鼓励社会组织、社会个体、对口企业、董事会、学校高层管理人员、广大教师等为贫困学生开展捐款活动，既能帮助贫困学生获得学习机会，又能为学校声誉传播正能量，为学校扩大影响力。募捐的资金需要有公开透明的管理制度，可以委派专门的管理人员负责专项资金管理工作，做到专款专用，把钱用到刀刃上。同时，也可以由学校设置免除学费的贫困生标准，对于家庭实在困难的学生减免学费，吸引和鼓励更多优质生源，减免学费的比例和减免对象的标准由学校董事会商议制定，作为学校的一个特色和亮点在招生宣传时让报考学生知晓，扩大宣传面和影响力，吸引到更多生源。此外，对于学校新增专业或者品牌专业，可以通过设立高额奖学金的方式吸引优质生源，为这些学生划定更高分数线，比如 2017 年报考黄河科技学院新增的数据科学与大数据技术和智能科学与技术两个专业考生，只要高考成绩达到一本线，将给予全额奖学金支持。此外，黄河科技学院临床医学专业继续开设创新班，拟招录 30 人，实行全英文教学，考生高考分数达到一本线，且单科英语成绩在 120 分以上，黄河科技学院也将给予全额奖学金，并提供一次免费出国实习的机会。

第二，在有条件的情况下建设留学生基地或开展研究生学历教育。随着高等教育资源供给越来越充足，选择机会越来越多，考生和家长对高质量高层次教育的需求也明显大幅提高，一些有条件的学生选择出国留学。据统计，“从 2008 年起出国留学人数连续 4 年保持 20%以上的增长速度，2011 年达到 34 万。这 34 万人中，近一半是出国读本科”①。出国留学生学生比例的不断增加，一定程度上分流了民办高校的生源，造成了民办高校生源遭遇困境的现实，“在海外的中国留学生仅每年支出的学费、生活费为所在国的‘贡献’为，美国 290 亿元，澳大利亚 900 亿元，英国 200 亿元”②。还有一部分考生和家长对民办高校存有偏见，宁可让学生选择复读，付出更大的代价，也不愿意选择报考民办高校。以河南省复读生为例，据统计，河南高考生选择复读的比例持续增加，许多高中把争取复读生作为任务委派给高三班主任，让班主任在高考成绩下发之后有针对性地对学生进行家访，通过政策优惠和情感留人等方式，鼓励许多成绩过了本科线但是只能上民办本科的学生复读，但这些学生经过一年的复习，往往只有一小部分勉强考上一个专业比较差的公办本科，一大部分学生的成绩依然还是只够得上民办本科，甚至一些学生的成绩出现了严重下滑，只能选择专科类学

① 种昂．民办高校生死劫［N］．经济观察报，2012-09-14．

② 参见中南大学继续教育学院网站 2012 年 11 月 9 日发布的“2013 湖南高考报名人数，湖南复读生报名人数增加”一文。

校。这种情况也是导致民办高校生源质量下降的一个重要原因，针对这种情况，民办高校要想尽办法争取考生。比如，许多民办高校可以借助与国外高校合作办学的资源，为学生提供留学机会，如，郑州工商学院的控股企业宇华教育集团于 2019 年 2 月收购泰国斯坦福国际大学，自此实现了郑州工商学院学子与海外学校之间更广泛、深入的互动及资源整合，进一步提升了国际化程度和教育教学质量。再如，黄河科技学院是全国第一所具有接收国外留学生资质的民办高校，目前，学校与美国国际科技大学共建了“硅谷创新创业基地”，并相继与美国肖特大学、爱尔兰垂利理工学院、美国佐治亚州立大学、日本东京福祉大学、纽约州立大学石溪分校等国外名校合作办学，聘请了 30 余名优秀外籍专家，30 余名海归硕士、博士和近 40 名具有双语能力的教授组成专家师资队伍，形成了开放型、立体式的合作模式，让学生实现“不出国的留学”。

第三，针对新生报到率低的问题，民办高校应该采取更加以人为本的方式留住学生，可以针对录取考生实施精准家访，待新生录取结果出来后，学校立刻对新生进行分班，配备辅导员，建立班级联络群，搭起家校联系的桥梁，了解新生情况，掌握学生动向，对家庭困难、明确不报到或在犹豫中的学生进行家访，将国家、学校的关怀送进困难学生家庭，用满腔爱心诠释真诚教育；也可以在新生报到时为学生和家长营造家的氛围，本着全心全意为学生和家长着想的服务意识，让新生和家长少跑路、省时间，应该在迎新现场设置一站式场地，所有的注册、收费、校园卡办理、学院报到、公寓分配等，都可以在此一站式完成。现场的工作人员要热情回答新生、家长提出的各种问题，用热情周到的服务消除新生初来乍到的陌生感。针对家长对新生未来在学校生活的担忧和顾虑，学校首先要用热情周到的服务和家人般的关怀予以回应，让热心的学长、学姐陪着新生搬行李、领物品，带给新生强烈的亲切感，为家长们设置休息区，所有的报到流程要求学生独立完成，在报到环节通过细节设计把学校的办学理念和人才培养理念传递给学生和家长，让家长对学校放心。同时，为确保迎新工作的顺利和圆满，学校各单位和相关职能部门要以最认真的态度和最饱满的热情全心准备，推行各项人性化举措和精细化管理，科学调配资源，通力合作。利用智慧化方式和大数据平台，为学生完善线上报名、网上选宿舍等各种便利方式。通过细节设置和走心安排让学生在入学第一天对学校产生归属感和亲切感，让学生和家长在欢乐的氛围中一起度过大学的第一天。

第四，设置双学位，鼓励学生报考。2016 年，河南省的民办高校有五所首次获批允许在校大学生申请双学位，即在完成主修专业的学业任务的同时，还可以跨学科门类修读第二个专业学位课程，如果最终通过测评达到授予学位标准，就可以获得另一个学科门类的学士学位，这五所民办高校分别是郑州科技学院、郑州升达经贸管理学院、黄河科技学院、中原工学院信息商务学院和信阳学院，共有 17 个专业获批。其中，郑州科技学院市场营销、计算机科学与技术、国际经济与贸易、食品科学与工程专业获双学位招生资格。黄河科技学院是工商管理、商务英语、法学、工程管理 4 个专业获批，2017 年 6 月又新增人力资源管理、会计学专业。郑州升达经贸管理学院工商管理、英语、法学、计算机科学与技术专业获双学位招生资格。信阳学院汉语言文学、财务管理、经济学本科专业取得双学士学位教育专业资格。开展双学位教育有助于培养具有全方位知识结构和综合素质的复合型人才，帮助学生提高创新创业能力，优化学生的专业教育体系，完善学校的学科人才结构，提高学校的人才培养质量。双学位是对民办高校教育教学能力的肯定，也是对其人才培养能力的肯定。双学位可以在很大程度上破除学生单一学位的学科局限，激励更多学生把大学时光投入到学习中，提升自身的竞争力。因此，双学位也是激励学生报考的重要手段，目前还没有获得双学位的民办高校在这方面加大投入力度，这对提升学校的办学层次和吸引生源有重要的推动作用。

二、创新人才培养方式

人才培养是学校的终极任务和存在意义，对于民办高等教育来说，人才培养的方式方法、培养的质量决定了学校的社会评价、生源多寡以及生存状况。民办高校要实现可持续发展，必须注重人才培养质量，没有生源，学校就成了无源之水，无本之木，就会面临倒闭和破产，而学生培养的质量影响到学校的社会反馈和后续招生工作。民办高校办学水平的提升要求民办高校不能学校定位为把学生的“文凭工厂”或培训班。基于《国家中长期教育改革和发展规划纲要》(2010—2020 年)，民办高校提升办学水平的关键是办出特色，创新人才培养。学生的道德修养、专业能力、语言表达能力、社会实践能力、管理和组织能力等一系列素质以及学生、家长、社会对学校的评价，学生的就业质量，都是衡量人才培养质量的指标。民办高校必须从这些方面入手，对人才培养方案进行完善和调整，培养对社会真正有用的人才，使他们能够拥有一技之长，在社会中谋得一席之地，用奋斗书写自己的人生。

“人才培养模式是人才培养目标及其实现方式，由培养目标、专业设置、课程结构、培养途径、教学运行、质量保障构成。”① 民办高校最大的优势在于专业的灵活度，在发展过程中要努力把优势打造成特色，经过时间、投入、政策等多方面的积淀，努力形成独属于自己学校的具有竞争力的专业特长和人才培养品牌。具体而言，可以从以下几个方面入手。首先，实事求是，找准学校的人才培养目标。河南民办高校正处于转型发展的关键时刻，绝大多数民办高校把自己的发展方向定位于应用型大学，这个目标定位是非常正确和科学的，符合国家的要求，也符合社会对民办高校的期待。鉴于此，河南民办高校要结合河南地方特色，把学校的人才培养目标定位在服务地方经济发展和中原经济区崛起。结合当前河南经济发展的新思路和新动向，民办高校要把人才培养目标对准郑州国家级中心城市建设和郑州航空港区建设的人才需求，把学科和专科聚焦于经济管理、国际贸易、航空、物流、商务、金融、文化等领域，加强对学生创新思维能力、语言组织和表达能力、理论联系实际能力等的培养，强调学生自主学习、人际交往、团队合作、自我管理等习惯的养成，全力为应用型需求培育定向人才。其次，推动应用型专业转型发展，学科和专业的设置要根据人才需求进行调整和优化。比如，河南民办高校的标杆–黄河科技学院长期致力于精心打造品牌学科和专

① 刘慧辛. 发挥高校优势为中原经济区建设服务问题研究［J］. 知识经济，2017（16）：43-44.

业。黄河科技学院拥有河南省重点学科5个，分别为机械制造及其自动化、材料加工工程、通信与信息系统、区域经济学、生药学；河南省特色专业6个，分别为护理学、机械设计制造及其自动化、电子信息工程、音乐表演、计算机科学与技术、材料成型及控制工程；河南省民办教育品牌专业9个，分别为通信工程、材料成型及控制、经济学、护理学、机械设计制造及其自动化、广播电视编导、土木工程、药学、视觉传达设计等；河南省专业综合改革试点专业8个，分别为通信工程、经济学、机械设计制造及其自动化、电子信息工程、环境设计、材料成型及控制工程、工商管理、服装与服饰设计；还有1个河南省本科工程教育人才培养模式改革试点专业，即机械设计制造及其自动化。学校形成了以应用学科为主，多学科协调发展，学科链与产业链关联度高，学科布局与地方主导产业支撑度强的办学优势。人工智能、材料、机械、自动化、文化创意、新能源等一批优势学科专业在国家战略性新兴产业规划的领域中，学校拥有6个，凸显了学校对区域及河南省经济转型、产业升级和行业科技发展的引领和支撑作用。

2015年教育部《关于引导部分地方普通本科高校向应用型转变的指导意见》中明确提出，让地方本科高校的发展目标朝着应用技术型大学转型，这个要求对民办高校尤为贴切。河南民办高校要紧紧围绕国家对高等教育事业发展的总体部署，结合河南地方经济发展特色，对目前的存量专业开展优化升级，尝试用专业试点带动一部分存量专业自主转型，最终推动学校实现整体转型，也可以通过教学改革、课程整合和学分调整等方式，逐步使学校的人才培养方式匹配市场和地方发展所需。这个工程量是巨大的，不是一蹴而就的，需要学校董事会和管理者上下一心、众志成城、克服暂时的困难。当然，除了存量专业的升级之外，还要敢于设置当前的新兴专业，迎合经济发展呈现的新业态对人才的需求。再次，构建新型课程体系，对目前学生的课程体系进行适时优化和调整，广泛调研企业的人才需求动向，与时代和社会接轨，确保学生所学课程体系没有与社会脱节。对于公共课程和通识课程，不能带着功利化思维压缩这类课程的课时量，这些课程恰恰是专业课之外能够让学生学会做人、懂得为人处世之道和提升个人修养的重要课程。比如思想政治理论课，能够帮助学生树立正确三观、了解中国共产党、了解中国特色社会主义制度、认同改革开放和社会主义现代化建设事业，让学生了解我国发展的现状、国家重要的战略方针等，使学生的人才素养得到修炼，提升学生的国际视野、爱国情怀、科学意识。选修课的开设有助于学生拓展知识面，拓宽学科范围，使所学知识更好地融会贯通，尊重和树立学生的个性和创新思维。同时，第一课堂、第二课堂、第三课堂三个课堂联动要更加突出应用型特点。其中，第一课堂要强化理论课程的质量，可以通过提高专业教师的教学能力，加强教师的培训力度和对等方式，为学生提供坚实的专业知识和充足的理论储备；第二课堂要强化课外实践，既可以在学校内部通过理论学时与实践学时的优化组合，提高学生实践学时的课时量，让老师带领学生在校内实验室、实训基地等场所进行理论与实践的结合学习，也要鼓励和支持学生走出去进行校外实践，尤其是通过与校外企业的联合，为学生提供多种途径的实习实训场所和机会，让专业课教师带领学生到专业对口的企业，开展实地教学，加强学生对专业知识实用性的认知和操作性的训练；第三课堂主要是通过向学生提供勤工助学岗位，开展就业或创业培训，设置创业孵化园区，开设实训基地，举办和指导鼓励学生参与各种各样的专业类、综合素质类或技能型竞赛等多元化渠道，为学生提供实践实训平台和机会。第三课堂的作用重在结合学生的专业特点和个性化需求，在专业课与通识课之间建立起中介和桥梁，既在实战中锻炼和提高学生的操作能力，又在人际交往中培养学生团队协作和为人处世的能力，提升学生的思想道德觉悟，解决原有理论课时与实践课时比例失调的问题，通过加强实训课的比重，提高学生的应用能力，贴近应用型大学的办学目标。无论是校内实践或者校外实训，都有助于学生增长见识，拓宽人生阅历，开阔眼界。比如，在学生创业的指导和教育上，三个课堂联动就显得非常重要。老师的角色是农民，在学生这片土地上埋下一颗种子，在观念上植下一个意识，然后松土、浇水，静待种子萌芽成长。学生创业一要认清自我；二要认清周边，了解自己所拥有的资源；三要敢于冒险、勇于尝试；四要对自己创业的领域有所认识，但更重要的是去实践，只有自己经历过才能真正深入内心，不要把自己的思维局限于校园内，要利用自己在校期间的机会，多参加社团活动，多锻炼自身技能，让自己不断成长、有所成就。对于在校大学生创业而言，参加创业比赛是必要的选择，甚至是成长的必经之路，在项目选择时一定要有独特性，要有竞争力；在做出一些决策时，要实地调研，避免拍脑袋决定；在准备项目计划书和 PPT 时，注意条理清晰。更重要的是对于比赛的态度，在任何时候、任何场景都要认真，既然做了就要做到尽善尽美，就要有所收获。

三、开拓多元化、现代化教育教学模式

在做好三个课堂之间的协调工作时，民办高校需要加大对人才培育质量和方案的监控与考核力度，根据当前国家对线上线下混合式教育教学改革的要求，鼓励和推动教师积极参与到翻转课堂、混合式教学的改革队伍中。尤其是结合此次新型冠状病毒疫情防控采取的线上教学模式，积极探寻和改革新型教育教学方式，利用线上线下有机结合的方式，拓展民办高校人才培育的新途径。比如，可以通过建立四级督导督学机制，保障线上教学质量，提高学生的线上学习能力，全方位实行网格化管理，不断完善在线教学质量监控督导体系，用四级督导督学机制层层监督，环环相扣，实时汇报，及时应对，有效保证了线上教学的质量。具体而言，四级督导督学机制可以从以下五个方面来开展。

第一，大胆创新模式，达到机制优化。为保障线上教学顺利开展，确保教学质量不降低，学校要在积极探索线上教学模式的同时，建立校督查室、学校教学督导团、二级学院督导、辅导员督学四个层级的全方位督导督学机制。校督查室负责学校包括教学在内的各项事务全面督查；学校教学督导团负责指导二级学院开展教学督导工作，深入各院（部）检查学校教学工作部署及规章制度落实情况，及时进行教学评估，收集整理数据，形成《教学质量保障与监控通报》；二级学院督导深入课堂一线，积极督导本院（部）教学、科研的开展情况，对教师的教学态度、教学内容、教学方法、教学效果及教书育人情况等方面进行全面评价，及时向上级督导组织反馈信息；辅导员督学重点做好学生管理工作，深入班级课

堂，准确掌握学生情况，与教师做好沟通，开展班会总结提醒，督促学生自主学习，激发学生的学习兴趣。四级督导各司其职，全力做好线上教学指导和服务保障工作，抓实抓好教师线上教学业务培训，多渠道、多方式强化线上教学质量的监控与管理。

第二，采取强力措施，确保教育教学高效运转。线上教学展开之后，四级督导按照分工分别嵌入各教学单位基层组织和教学班级，积极发挥教学质量监控的正向激励引导作用，做到检查与帮助相结合、管理与服务相结合。通过集体培训，使教师逐步熟练使用对线上教学平台，结合各教学平台和通信工具进行教学，有效保证教学效果。对学生学习方面落实网格化管理，实行学习小组-班级-年级-学院-学校五级精细化管理。此外，学校还要充分发挥学生教学信息员的作用，因为学生涵盖面很广，信息员身在班级，比教师更能切身感受并及时了解线上教学状态和学生们的学习情况，能及时反映突出与突发的问题，有利于教学管理部门及时发现和解决在线教学管理、运行以及质量保证等方面的问题，以促进线上教学平稳运行。

第三，开展调查反馈，及时改进。学校对教师的线上教学要不断夯实全方位、多维度的教学质量监控工作，严格落实教学巡视制度、课堂信息反馈制度、领导干部听课制度，监督教学管理，保障教学质量。在线教学期间，可以实行教学质量监控日报+周报机制，巡视人员和教学信息反馈人员利用线上教学巡视的便利性增加巡视和反馈频率，利用学校自创的小程序等信息反馈的新手段，及时、全面、准确地对网上教学进行有效反馈，将学生的问题第一时间反馈至相关教学单位，并跟进各教学单位针对问题的整改落实情况，形成持续改进的完整闭环，确保在线教学秩序的稳定和质量的提升。比如，郑州工商学院实施线上线下混合式教学之后，各级督导共采集线上数据 24 万余条，收集学生建议 4 300 余条，督导听课 1 338 人次，处理教学不规范行为为 14 起，编制校院两级教学质量监控日讯 84 期、周报 20 期，对线上教学质量进行了及时有效的反馈和改进。

第四，加大评价教学和质量监控力度。为全面客观了解师生在线上教学过程中存在的问题，学校需要通过线上问卷的形式对学生进行问卷调查，调查后对收集的数据及时汇总分析，形成线上教学情况通报，将教学基本情况、存在的问题及改进建议及时反馈给各二级学院、相关职能部门和教师，有针对性地进行整改，通过对比数据分析检验改进成效。郑州工商学院在线上教学改革过程中，让辅导员针对学校学生开展了 22584 份问卷统计，各项结果显示学生满意度较高：对开课计划满意的占 99.62%，对平台使用满意的占 97.54%，对教师授课满意的占 94.79%，对线上答疑和交流满意的占 85.26%，对学习效果满意的占 80.03%。线上教学评价有利于让教师查漏补缺、及时整改，针对学生的需求调整教学方法或者教学设计，增强与学生的互动，倾听学生的反馈和心声，使线上教学成为线下教学的有益补充，让学生获得感进一步提升。

第五，通过积极探索，深入挖掘和总结经验。线上教学工作的开展有助于学校加强课程建设、提升教师教学信息化应用能力。民办高校要以线上教学为契机，进一步优化学校教学质量监控体系，积极适应现代课堂教学变革，及时调整并不断完善相关工作，努力实现线上教学质量与线下课堂教学实质等效。此外，要持续多角度深入挖掘、收集、整理在线教学中涌现的优秀案例，挖掘在一线中涌现的优秀教师有效模式，形成可复制、可推广的典型经验和模式，力求推动在线教学成果的固化和优秀课程的培育，教研结合探索在线教育的常态化思路，保障学校线上教学良性运转。比如，有的民办高校教师利用网络课堂，在课下练习环节下大功夫，让学生的学习效果以作业的形式加以反馈，以掌握学生的学习动态。课前通过网络平台集体展示学生作业，采取学生互评、教师点评的方式，让学生听取各方见解，在这种良性的课堂竞争氛围中，让学生积累宝贵的学习经验，激发学生的学习能动性。在教学过程中充分利用互联网平台，结合钉钉、微信、QQ 等软件，随时在线解决学生课下遇到的难题，有效避免了课上听一听，课下无动静的局面。有的民办高校积极探索、勇于创新，运用直播+云课辅助教学平台相结合的授课方式，取得了良好效果。课前先通过云课平台建班建课，以发布任务的形式将授课内容提前发布给学生，利用云课平台的学生预习学情数据分析，教师可以了解学生的课前自学情况。课中以直播的形式进行，通过互动面板与学生实时互动，进行引导式、启发式教学，提升了学生的参与度，采用手机投屏方式，借助云课平台课堂随机点名连麦互动，让学生紧跟上课的节奏而不觉得枯燥乏味。课下建立在线教学圈子，让学生通过圈子交作业，对学生的作业给予评语或鼓励。为了更好地检验学生线上学习情况，每讲完一章在云班级发布测试题，让学生在线测试，通过测试数据分析学生对知识点的掌握程度，针对错误率较高的知识点集中进行讲解，对于个别问题一对一进行辅导。

四、不断优化学科专业结构

要及时根据市场需要调整专业设置，河南民办高校要积极走出去，学习借鉴国内外其他民办高校好的做法，提升教师专业技能，形成学科发展合力，为促进河南经济发展提供专业服务。例如，为服务郑州航空港建设，河南民办高校可以大力发展和建设航空服务、航空物流、航空制造物联网工程等学科。

以黄河科技学院为例，黄河科技学院专业设置的原则是“坚持社会需求导向，主动服务当地经济建设，服务郑州航空港经济综合实验区建设等国家战略”。2015 年以来，该校依据社会对不同专业人才需求情况，主动适应市场，先后增设了纳米材料与技术、数据科学与大数据技术等 9 个社会急需或紧缺专业，增强和提高了服务地方经济社会发展的适应能力。如今，毕业生不仅好找工作，部分专业甚至出现学生还没毕业就被抢签的情况。2017 年，黄河科技学院专科新增服装表演、影视表演、审计专业；本科新增数据科学与大数据技术、道路桥梁与渡河工程和智能科学与技术专业，其中增设的数据科学与大数据技术专业使学校成为河南省第一家获得此专业招生资格的高校（全国共有 35 所高校具有这个专业的招生资格）。2018 年黄河科技学院本科新增农业工程、戏剧影视文学和运动康复专业，2019 年学校本科专业增加生物信息学。近年来，黄河科技学院着力深化专业综合改革，大力推进新工科、新医科、新文科专业建设，打造应用型一流本科和专业。目前，学校已形成电子信息与计算机类、机械与材料类、生物医药类、经济与管理类、文化创意类、土木工程类、外语类、影视文化类特色专业集群，建成圣光供应链管理行业学院、影视文化创意行业学院、西吉动漫行业学院、华为信息与网络技术行业学院、现代制造技术行业学院、智慧建筑行业学院等6个行业学院。近期，华为信息与网络技术行业学院获批教育部产学合作协同育人项目；智慧建筑行业学院获批土木工程省实验教学示范中心，其团队获2019年BIM应用毕业设计大赛全国总决赛一等奖。

第三节　河南民办高等教育现代化发展的政府支持优化路径

《河南省人民政府关于加快推进民办教育发展的意见》（豫政〔2015〕76号）中要求："充分认识加快推进民办教育发展的意义，鼓励多种形式发展民办教育，完善落实民办教育发展扶持政策，正确引导民办教育规范发展，进一步优化民办教育发展环境。"高校的发展离不开政府政策层面的有力支撑，面对河南民办高校与公办高校在政策扶持方面存在的巨大差异，以及当前河南民办高校接受政府政策支持的局限性，需要尽快予以改善，在政策支持力度、强度和宽度上下功夫。

一、加大相关民办高校发展的政策扶持力度

（一）狠抓政策落地

目前河南高等教育正处于发展转型的关键时期，要使民办高校在转型期实现平稳持续发展，政府机关必须给予大力政策扶持。首先，应加大对民办高校办学和发展上的资金投入；其次是出台法规和制度，明确民办高校的法人和市场主体地位，积极贯彻《中华人民共和国高等教育法》和《中华人民共和国民办教育促进法》，积极完善民办高校内部治理结构，扩大民办高校的办学自主权，充分利用民办高校资源，发挥自身优势，提升自我发展、自我管理的水平；最后要加快建设高水平省级和国家级民办高校，使其发挥模范带头作用，带动整个河南民办高校的发展。政府机关也应该结合河南实际出台《关于完善民办高校法人治理结构的意见》，对民办高校内部法人治理结构的权利和义务、组成形式进行明确规定，对民办高校的法人治理情况不定期进行考核，并针对考核结果采取适当的奖惩措施，促使民办高校提升办学质量。

（二）努力营造环境

河南民办高校起步比较早，但整体发展相比全国其他省份而言比较缓慢，许多民办高校成立时间不长，还处于创业期，社会缺乏对民办高校的信任，仍需要政府和社会投入更多的关心和扶持。针对民办高校在发展道路上出现的各种问题，新闻媒体应该抱着宽容的心态，多一分理解，少一些批评，为民办高校的发展营造积极向上的舆论氛围和更大的发展空间，最大限度增加社会对民办高校的认可度，使其能够树立较好的社会形象。近年来国家先后出台了很多民办教育相关法律法规，明确规定了民办高校的法律地位、性质及重要作用。然而现实情况并不理想，民办高校没有受到完全平等的对待，在师生补贴、录取批次、科学研

究、资金投入等方面相对于公办高校还不占优势，生存环境仍需改善。所以，建议河南省政府部门在出台相关支持民办高校发展政策的基础上，不断完善和出台相关地方性法规，保证民办高校拥有同公办高校一样的法律地位。例如，在招生宣传方面，通过政策和法律手段促使各个民办高校良性竞争，创造较好的发展环境。

（三）吸引社会资本

民办高校投资者的资金有限，仅靠投资者的资金很难长久发展，为此需要积极引进社会资本，增强自身的发展空间。首先，“民办高校可以与企业、政府、银行、国外教育机构合作，采取多方融资、滚动发展的资本运作模式，以融资扩规模，以规模求质量，以质量促融资，形成办学的良性循环”①。其次，民办高校还需积极鼓励大学生走出校门，充分利用自己的专业技能为企业提供服务，获取相应报酬，增加资金的支持。最后，地方政府部门需要加大对民办高校的资金投入和政策支持。在这一点上，浙江省的做法值得河南学习和借鉴。浙江省在20年前就做出了允许社会力量参与办学的规定，出台了扶持民办高校发展的优惠政策；2000年在省政府批准下，浙江树人大学成功合并4个公办中专，政府每年给该校拨付一定的资金用于扩大其发展规模。因此，河南省政府应加大力度支持民办高校，为民办高校融资提供便利，鼓励银行提供低息甚至无息贷款。当然，民办高校自身也必须进行改革，创新发展模式，例如可以通过订单式人才培养方式获得企业资金支持，这样既可以减少办学投入，又可以增加学校的知名度。

二、完善相关扶持民办高校发展的制度体系建设

（一）大力提高民办高校的法律地位

民办学校不属于事业单位，很多人认为工作不稳定，很多优秀毕业生和高层次人才因为民办的性质和待遇问题不想到民办高校工作，加上社会观念对民办学校办学质量的不信任，很多人仍然认为再好的民办高校也不如公办高校。为此，新修订的《中华人民共和国民办教育促进法》明确规定：民办教育事业属于公益性事业，是社会主义教育事业的组成部分。民办学校与公办学校具有同等的法律地位。

（二）加快推动民办高校分类管理试点

目前关于民办教育的法律法规还比较少，也不是特别完善。政府部门在拨付扶持资金时，总是担心资金不能真正用于学校发展建设项目上，民办高校减免税收的优惠政策也未能起到激励促进作用，很多好的措施和政策没有得到贯彻和落实。新修订的《中华人民共和国民办教育促进法》允许民办学校的举办者自主选择设立非营利性或者营利性民办高校。这为民办高校的发展带来了新的发展机遇，可以说，实行民办高校分类管理可以使政府的优惠政策得到真正的落实，进行有利于民办高校发展的制度安排，促进民办高校更好更快地发

① 盛振文．影响民办高校现代化发展的因素及对策研究［J］．山东社会科学，2014（8），124-127．

展。通过制定《民办学校分类登记实施细则》《营利性民办学校监督管理实施细则》，针对两类不同性质的民办高校，政府采取不同的扶持办法，区别对待。拥有固定资产和办学收益，而且能将这些收益继续投入教育事业的民办高校是非营利性民办高校，以事业单位法人性质加以登记和管理，拥有政府规定的优惠税收、土地使用优惠等方面的便利；相反，学校投入的资金和办学收益进入举办者的口袋则认为是营利性民办高校，不能享受政府扶持的优惠政策，以企业法人性质加以管理，按企业会计制度执行。政府许可民办高校投资者根据学校的实际发展情况，自主选择，自愿申请分类管理试点，当取得一定管理经验后，逐步推广到其他民办高校。

（三）着力保障民办高校教师平等地位

法律规定，在法律地位上公办学校教师和民办教师是一样的，然而在现实生活中，民办高校教师在缴纳保险、科研项目申报、论文发表、培训教育、职业稳定等方面与同级别的公办高校教师相比仍存在较大差距，为此政府部门应围绕民办高校教师的待遇、地位、发展空间和机遇等问题给出明确规定。教育主管部门在执行落实政策时，不能因为民办高校比公办高校出现晚、发展慢，就忽视民办高校以及民办高校教师也需要拥有发展机会的问题。结合河南省民办高校实际情况，尽可能给民办高校和民办高校教师的事业单位编制，以便民办高校在引进高层次人才时更有吸引力。河南省地方政府机关应制定民办高校和公办高校教师之间相互交流的制度，实现二者之间的双向流动。若民办高校教师进入公办高校工作时应连续计算其工作年限，而且可以同样拥有事业编制。同样，公办高校教师进入民办高校时，保留其事业单位编制，工龄继续计算，退休后拥有事业单位的待遇，可以使更多的公办高校教师支援民办高校的发展，加快民办高校发展的步伐，提升其吸引力和竞争力。

（四）保障民办高校的法人财产权

法律规定民办学校投资者可以取得“合理回报”，并不意味着投资者可以随心所欲地支配学校财产。为划清投资者个人财产和学校法人财产之间的界限，应制定《民办高校法人财产权管理办法》，加大对民办高校的监督力度，制定民办高校年终考核办法，加大审计力度，聘请会计师事务所、律师事务所等的专业人员从民办高校规章制度、会计审计、经费支出、内部管理、资金使用、法人治理结构等方面仔细进行核查，及时通报核查结果，使民办高校法人财产权落到实处。

（五）健全民办高校安全风险防范和退出机制

民办高校为了继续生存和发展，需要不断抢占生源。随着高考学生数量的减少，生源竞争也越来越激烈，一些学校出现了违规办学和资产重组等问题，民办高校之间的兼并、合并甚至倒闭、破产等现象也越来越多。《河南省人民政府关于鼓励社会力量兴办教育进一步促进民办教育健康发展的实施意见》（豫政〔2018〕6 号）中规定，政府要“加强对新设立民办学校举办者的资格审查。完善民办学校财务会计制度、内部控制制度、审计监督制度，加强风险防范。建立民办学校信息强制公开制度、违规失信惩戒机制，将违规办学的学校及其举办者和负责人纳入‘黑名单’。健全联合执法机制，加大对违法违规办学行为的查处力度，对违法违规办学行为实行‘零容忍’。大力推进管办评分离，建立民办学校第三方质量认证和评估制度。民办学校行政管理部门根据评估结果，对办学质量不合格的民办学校予以警告、限期整改直至取消办学资格”。为此，应不断完善相关法律法规，严格规定民办高校兼并、合并等操作办法，规范民办高校投资者的财产变更及资产重组等行为。教育主管部门也应加强监督，制订《民办高校安全风险防范管理办法》，要求各个民办高校上交一定的资金作为安全风险防范基金，确保在资产变更时维持学校正常的发展；要规范投资者财产变更后师生安置、债权债务处理等后续事宜，建立完善的民办高校风险防范和退出机制。

三、构建有利于民办高校良好发展的外部环境

（一）扩大民办高校办学自主权

“政府应顺应互联网+时代要求，进一步强化服务意识，改进管理方式，减少学校行政审批事项，依法保障民办高校充分行使办学自主权。”① 首先，民办高校应具有更多的招生自主权。在专科实行全面单招的基础上，可以适当扩大民办高校本科招生的自主权，拓宽民办高校招生途径，为民办高校争取更多的招生计划，增加经费支持。对于办学质量高、社会认可度高、学生就业率高的民办高校，可以允许其在本科第一批次进行招生，改变民办高校都是三流大学的传统观念。其次，增大专业申报和设置自主权。民办高校与市场联系紧密，能及时发现社会中新的需求和发展机会，市场意识强烈，因此可以许可民办高校结合办学条件自主申报专业。再次，还要下放收费自主权，将收费必须经过教育部门审批改为只要在相关部门备案即可。许可民办高校根据投资成本和学生培养费用等，制定科学合理的收费标准。最后，实行分类评估，对于民办本科学校和民办高职院校要制定不同的评估办法，采取不同的评估方式。

（二）调动社会力量参与民办高校治理

中介组织可以将政府与社会、政府和学校有机地联系起来。中介组织是政府与社会、政府与学校的桥梁与纽带。“培育和壮大中介组织，利用中介组织中立性、专业性的特点，充分发挥中介组织协调管理、信息服务、决策咨询、教育评估、发展规划、监督核查等功能，有利于政府集中精力开展战略谋划、制定政策标准，更好地提供公共服务。”② 政府应大力进行机构改革，实行简政放权，把自己没有精力做好的事情交给民办教育协会、民办高等教育研究所、审计机构等中介部门，使它们负责对民办高校办学水平、教育质量、队伍管理、资产审计、专业设置等方面的监督和审核工作。政府在起草和制定有关民办高校政策文件时也可以征求中介机构的意见，使制定的政策具有科学性。民办高等教育的治理离不开社会的广泛参与，应建立民办高校信息公开制度和年度质量报告制度，使社会和公众能够从办学条

---

① 徐绪卿. 治理背景下我国民办高等教育的转型［J］. 中国高教研究，2014（8）.

② 鲁昕. 推进民办教育健康发展［EB/OL］. http：//www. china－news. com/edu/2013/12－03/5573330. shtml，2013－12－03.

件、管理模式、教育质量等方面全面了解和监督民办高校。教育部门也可以设立民办高校教育宣传周，让新闻媒体积极关注民办高校，并大力做好宣传工作。政府部门也可以邀请各校领导和教育界知名人士参观民办高校，了解民办高校快速发展取得的成绩。

第四节　河南民办高等教育现代化发展的内部治理优化路径

“克拉克·克尔（Clark Kerr）等学者将健全的内部治理机制看作促使美国形成当今世上最为成功的高等教育体系的主要原因之一。”① 民办高校内部治理实质上是高校在当下的教育改革和发展背景下，内部利益主体之间在遵循其内部发展规律和适应外部发展环境下，相互之间实现良好互动，达到内部权力的合理分配与制衡的一整套机制与组织结构，其治理结构的优化是根据利益主体间互动关系状态和外部环境变化不断完善的动态发展过程。民办高校的内部治理结构是否科学合理很大程度上决定了民办高校管理的规范程度。诺丁汉大学的校长杨福家教授做了一个比较：“不同的学校必须建立一个像交响乐团一样的系统。他们想玩好音乐，就需要不同的乐器发出不同的声响。如果所有人都是一样的，他们都不能玩交响乐。如果大学不能确定方向，它就不能在良好的状态下工作。”② 目前，很多民办高校董（理）事会领导下的校长负责制并没有得到很好的执行，许多仍是家族发展模式。因此，民办高校应做好顶层设计，制定符合民办高校自身发展情况的具有特色的制度，不断健全校长负责制，坚决杜绝董（理）事会过多地干预学校行政和党建工作，真正发挥党委、校长的作用，加大对对董（理）事会的监督力度；不断完善教职工代表大会制度，使广大教职工充分参与学校重大决策和学校管理，充分发挥民主管理和民主监督的作用。

一、完善学校董事会制度

（一）修订、规范大学章程

“章程是高等教育机构办学的依据，上接国家法律法规，下统学校各项规章制度，承担学校内部‘基本法’的角色。”③ 民办高校要制定详细周全的大学章程，规范董事会权力的具体细节，保证学校的决策机制有法可依、有章可循。比如，学校董事会成员的资历、产生、变动和撤销等的相关具体手续，董事会成立的法律依据和目的，董事会各成员的权限和职责，对董事会成员的监督方法等，都要有正式的书面文件加以规定。建立符合本校校情和特色的董事会章程，有助于学校内部治理决策更加科学合理地开展。章程的主要作用首先在于通过详细规定使学校的广大教师、学生、各级管理人员和教辅人员等都获得该有的权益，以此约束和完善学校的内部治理结构；其次在于通过明晰大学的决策机构主体、执行主体和

---

① Kerr C，Gade M L. The Guardians：Boards of Trustees of American Colleges and Universities ［R］. Washington，DC：The Association of Governing Boards of Universities and Colleges，1989：39.

② 张远善．批次合并背景下的民办高校发展战略研究［D］．武汉：武汉工程大学，2018：22.

③ 赵玄．英美传统大学治理结构研究——基于大学章程的考察［J］．现代教育管理，2014（7）：12-16.

监督结构的职责运行具体流程，以此确保内部治理结构中的各个主体能够按照科学合理的过程进行大学治理。章程的制定不能千篇一律，要允许各个民办高校按照自己学校的特色和实际情况进行差异化修订，还要避免假大空、形式主义、华而不实的制定方式，政府和教育相关管理部门要实时监督民办高校有关本校章程方面的建设和完善情况，针对目前河南省有的民办高校还没有制定大学章程，有的在章程中对教师、学生和学术委员会的权利根本没有涉及的现实情况，加大督促力度，还要监督民办高校按照章程的规定进行办学和管理，对章程中涉及的有本无实、虚头巴脑的内容及时监督整改。总而言之，政府和高校自身要树立“章程就是学校办学运营的基本法”的观念，一旦制定，运作和执行都要符合章程的标准。

（二）强化党委的主体作用

《河南省人民政府关于鼓励社会力量兴办教育进一步促进民办教育健康发展的实施意见》（豫政〔2018〕6号）提出：“全面加强民办学校党的政治建设、思想建设、组织建设、作风建设、纪律建设。完善民办学校党组织设置，理顺民办学校党组织隶属关系，健全各级党组织工作保障机制，选好配强民办学校党组织负责人。民办高校党组织负责人兼任政府派驻学校的督导专员。实现学校基层党组织全覆盖、党建工作上水平，积极做好党员发展和教育管理服务工作。各地要把民办学校党组织建设、党对民办学校的领导作为民办学校年度检查的重要内容。”对此，新时代民办高校的党建工作必须在办校治校过程中牢牢把握社会主义办学方向，不断增强学校党委的核心地位和能力建设，努力打造坚强有力、素质过硬的基层党组织，严格贯彻落实依法治校理念和全面从严治党要求，监督学校把立德树人的根本任务落到实处，引导民办高校走内涵式高质量发展之路。这就要求党委必须带着强烈的使命感和责任感，充分发挥其主体引领和政治核心作用。具体而言，需要做到以下几点。

第一，在民办高校办学章程中明确规定党组织在学校法人治理结构中的地位，并强调突出党委独立治理的主体性。在操作层面上，政府要对民办高校的党委和党组织加强权力监督和保障，必要时要委派政府专员到民办高校担任党委书记。党委书记要加强和完善民办高校的基层党组织建设，设立支部书记、组织委员、宣传委员等专职党务专员和干部，在各个教研室、行政部门等基层单位设立教职工党支部，实现党组织全覆盖，充分发挥党委的政治核心作用。第二，民办高校的党委对党建和思政工作要高度重视，监督学校依法办学，并维护广大师生权益。通过组织和开展“三会一课”“两学一做”、习近平新时代中国特色社会主义思想的“三进”工作、政治理论学习、师德师风演讲、群众路线教育、廉政教育、统战工作、表彰先进党务工作集体及个人等活动，切实加强领导班子和党员队伍建设，强化政治功能和服务功能。第三，民办高校的党委要在董事会和校长之间当好协调员和润滑剂，党委书记应参与董事会会议和学校的中高层会议，党委领导班子的成员要参与对行政管理层的监督，这两种途径体现了现代治理体系的要求，可以促进党委、董事会和校长三权关系透明化、公开化和沟通常态化，进而降低学校领导班子之间的沟通成本，增加内部治理的高效性。党委引领下的现代治理体系需要做到三点：学校党组织建设与学校建立同步，党组织领导班子的构建和校长人选的敲定同步，党组织工作的开展与学校行政管理层工作安排同步。

要让党委充分参与学校内部治理的重要环节，发挥对学校发展战略规划、人事调动、教育改革等重大事务决策和执行的监督作用，具体事务上不必事无巨细、亲力亲为，但要实时监控、给予方向上的指导。

（三）丰富学校董事会成员结构

Kerr（1989）指出，“董事会的好坏取决于其成员的优劣，成员的优劣则决定了董事会决策能力的强弱，决定了民办高校治理水平的高低”①。王一涛等（2015）“收集了106所民办高校中455位董事的专业背景，发现行政管理或学校管理专业的占61.3%，工商专业的占26.2%，学科或行业背景的仅占4.6%”②。而“美国哈佛大学董事会成员结构中CEO占比最高（占34%），其次是教授（占16%），最后才是校长、董事会主席和合伙人”③。河南省民办高校董事会成员大多是企业家出身，绝大多数董事属于社会精英，往往是知名企业的创办者或负责人，有的民办高校董事会成员是全国或省市人大代表或政协委员。他们是社会的精英，大多对经商之道比较在行，但不是学科或行业专家，对高等教育管理知识的不在行容易导致决策失误。对此只有通过丰富和完善董事会成员结构，让真正对民办高等教育比较在行，管理和实践经验很丰富的专业人士加入董事会，再从教师中选择学识渊博、威望高、学科背景深厚的人担任董事，才会使董事会的结构得到合理优化，让董事会的决策更为全面、准确和科学，尽可能兼顾到各个利益相关者的权力和权益。

同时，调研发现，一些由社会个体创办的民办高校容易在董事会结构中带极强的家族化特点，“绝大多数民办高校经营决策仍为家族或‘内部人’所控制，家族化管理倾向十分明显”④，行政机构和董事会的要职一般由创办者本人及其亲属担任，比如某民办高校8名董事会成员中，5人是创办者及其亲属，包括创办者本人、其妻子、其孩子和妻子的弟弟，剩下的3名成员是学校的3位校长。在董事会规模比较小的情况下，创办者方便通过个人关系实施操控。由集团控股的民办高校的董事会成员结构中，来自集团的高管比例比较重，比如某集团控股的民办高校董事会成员有一半是集团高管，这些高管并不参与高校的管理事务，但却在关于学校发展的重大决策中拥有决策权，这种情况容易导致学校决策的导向偏离高等教育事业的方向，违背教育的本质。虽然创办人参与董事会有利于学校按照创办者的思路和初衷发展，也有助于学校利用创办人的声望和社会关系筹措资金、加强校企合作、提升学校影响力，但创办人在参与管理中不能够权力过于集中甚至专权独断，这样很容易造成教育公益性和利益性之间的不平衡，受教育者的权力和社会利益的保障会受到影响。有学者研究发现，“关于董事会重大决策的表决方式，采取‘无记名投票、多数通过’的民办高校仅占4%，

---

① Kerr C, Gade M L, The Guardians: Boards of Trustees of American Colleges and Universities [M]. The Association of Governing Boards of Universities and Colleges, 1989: 39.

② 王一涛，刘继安，王元. 我国民办高校董事会实际运行及优化路径研究 [J]. 教育研究，2015 (10): 30-36.

③ 魏薇. 美国私立大学治理模式研究 [D]. 郑州：郑州大学，2017: 14.

④ 陈文联. 构建民办高校共同法人治理结构的现实思考 [J]. 国家教育行政学院学报，2009 (7): 69-74.

而采取‘民主协商、董事长裁决’或者‘董事长个人说了算’的民办高校高达60%”①。对此《国务院关于鼓励社会力量兴办教育促进民办教育健康发展的若干意见》（国发〔2016〕81号）第十九条明确提出：“健全董事会（理事会）和监事（会）制度，董事会（理事会）和监事（会）成员依据学校章程规定的权限和程序共同参与学校的办学和管理。董事会（理事会）应当优化人员构成，由举办者或者其代表、校长、党组织负责人、教师代表、行业专家等共同组成，且要求董事会成员必须要有投身于高等教育事业的热忱和专业能力。”《河南省人民政府关于鼓励社会力量兴办教育进一步促进民办教育健康发展的实施意见》（豫政〔2018〕6号）也规定：“健全董事会（理事会）和监事（会）制度，董事会（理事会）和监事（会）成员依据学校章程规定的权限和程序共同参与学校的办学和管理。董事会（理事会）应当优化人员构成，由举办者或者其代表、校长、党组织负责人、教职工代表等共同组成。监事会中应当有党组织领导班子成员。健全党组织参与决策制度，积极推进‘双向进入、交叉任职’，学校党组织领导班子成员通过法定程序进入学校决策机构和行政管理机构，党员校长、副校长等行政机构成员可按照党的有关规定进入党组织领导班子。学校党组织要支持学校决策机构和校长依法行使职权。学校关键管理岗位实行亲属回避制度。”

因此，还要设置对民办高校的董事会成员的禁止性规定，董事会成员的筛选和组建切忌陷入“家族式”怪圈，必须对其准入和资格进行严格审查，使其具有合理性和代表性，确保董事会成员利益主体的全覆盖和多元化。董事会中既要有投资方的代表，也要有学校执行管理方的行政代表和民办教育行内的教育专家或热心民办教育事业的社会贤达，还要有教职工代表、家长和学生代表、社区代表，以此来丰富和完善董事会成员的结构。董事会成员所代表的利益主体和其身份背景越是多元和全面，董事会的决策越科学、合理、民主，越能全面照顾到各个利益相关方的利益诉求。同时，还要避免利益勾连，有的民办高校为了利益最大化把董事会成员资格作为交易条件，这种情况是必须禁止的，否则对学校的健康发展极为不利。

（四）规范董事会的运行程序

规范程序是为了让主体权力的行使有据可依，防止各个权利主体滥用职权，避免决策过程的随意性。《中华人民共和国民办教育促进法》只是在原则性上对民办高校董事会的运行程序做出了规定，但具体细节要求各个学校自行设置章程。因此，为了使董事会决策更科学民主，民办高校必须规范董事会的运行程序。总体来说，董事会决策机制和运行程序的规范健全需要做到四点：第一，“目标”是决策的核心，要强调整体利益至高无上，决策时尽量通过程序、规定避免各个利益主体分化隔阂而有损决策的目标性，要求多元化利益主体协同发展。第二，“信息”是决策的依据，明确规定决策的话语权要立足于充分全面调研，不能被学校所有权限制，保证决策产生过程中信息和论据搜集的科学有效性。第三，“民主”是

① 董圣足. 民办院校良治之道——我国民办高校法人治理问题研究［M］. 北京：教育科学出版社，2010.

决策的基础，广泛吸纳社会各界人士进入董事会，构建学校多元主体共同治理的内部治理结构。在民主化方面，作为决策机构的董事会在决策之前要尽可能广泛听取和采纳利益相关者的意见和建议，坚决杜绝董事长“一言堂”的现象，使集体决策拥有至高无上的权威，任何人不能左右集体通过的决策。同时，按照新修订的《中华人民共和国民办教育促进法》中对民办高校提出的信息透明化、公开化要求，关于民办高校董事会成员结构、个人基本情况简介、每一个成员的基本职责等信息都要做到公开透明，包括董事会例会和做出的重大决策要实时向全校成员进行通报。第四，“科学”是决策的标准。通过完善董事会会议程序、议事程序和决策表决程序，完善董事会章程，确保程序的规范性、公开性、公平性和严肃性。比如，在董事会实行表决程序时，设定回避制度，让与所决策事项有利害关系的董事回避。再如，制定“事先论证、一人一票、集体决策、个人负责”的具体决策规则等。

二、严格落实校长负责制

我国著名教育家蔡元培指出：“教育事业应当完全交与教育家，懂得教育规律的专家管理。”① 欧内斯特·鲍伊尔认为，“虽然管理学校的财务和巴结捐赠人非常重要，但是校长必须具有更广阔和更鼓舞人心的视野。”② 校长在民办高校发展中是一个“大家长”和“掌舵人”的角色，发挥着非常关键作用。阿什比指出：“大学的兴旺与否，取决于其内部由谁控制。”③ 眭依凡认为：“校长对一所大学的成功创建、平稳运行、革故鼎新、进步发展都具有决定性的影响。”④ 由此可见，校长对于民办高校的地位至关重要，在内部治理优化过程中必须对校长的责任和义务进行明确的界定。

（一）制定科学合理的校长选聘制度

“理想的大学校长角色首先是教育家，同时是教育管理专家。”⑤《河南省人民政府关于鼓励社会力量兴办教育进一步促进民办教育健康发展的实施意见》（豫政〔2018〕6号）中规定：“民办学校校长应熟悉教育及相关法律、法规，具有5年以上教育管理经验和良好办学业绩，个人信用状况良好。”对于民办高校来说，校长必须懂教育、爱教育，并深谙管理之道，唯有如此，校长才能为学校的运营掌好舵，将学校发展的方方面面考虑周全。虽然校长能力很强，学历也非常高，有的校长担任过政府要员，拥有全国、省市人大代表等身份，有的校长是博士学历、教授职称，有的曾经在公办学校担任博士生或者硕士生导师，有的拥有丰富的留学经历、具备深厚的海外关系，但这些都不是民办高校校长的标签和必备条件，作为民办高校的校长必须“懂民办高等教育、爱民办高等教育”，真心热爱和尊重自己从事

---

① 高奇．中国高等教育思想史［M］．北京：人民教育出版社，2001.

② Mclaughlin J B，Riesman D．choosing a college president：opportunities and constraints［M］．Princeton University Press，1990.

③［英］阿什比．科技发达时代的大学教育［M］．北京：人民教育出版社，1983.

④ 眭依凡．大学校长的教育理念与治校［M］．北京：人民教育出版社，2001.

⑤ 薛天祥．高等教育管理学［M］．桂林：广西师范大学出版社，2001.

的民办高等教育事业，正如克拉克·克尔曾指出的那样，“人们期望民办大学的校长成为学生的朋友、教员的同事、校友会的可靠伙伴、明智和稳健的管理者、公众演说家、同州议会交往的政治家、工业及农业界的朋友、各专门行业（尤其是法律和医学）的支持者、新闻发言人、歌舞和足球的爱好者”①。民办高校的校长要对民办高等教育的存在价值、办学定位、办学发展方向有非常清晰的规划设计和明晰的思路，对民办高校的教师和学生有感同身受的尊重和热爱，把他们当作自己的家人，发自内心关心和爱护他们，能够作为学科带头人和领路人把学校的师资建设、人才培养、教育教学等各项事业推向健康轨道，并逐步积淀凝练为学校的办学特色，为学校的声誉不断助力。

严格落实董事会领导下的校长负责制是民办高校内部治理结构现代化、科学化的必经之路，董事会和校长分工合作、关系和谐融洽必然会达到 1+1>2 的效果，不仅能够为学校发展凝心聚力，更能为学校掌好舵、领好航。如同企业需要聘请职业经理人一样，民办高校也需要聘请职业校长作为学校管理的最高执行人，这是民办高等教育大众化、国际化的必然要求。职业校长是接受过专业化训练培养，经过民办教育市场竞争大浪淘沙的能力强、素质硬、获得各界认可、能最优化实现学校教育经济价值与社会价值的专业精英。相比于传统职务校长，职业校长的优势在于：他们立志把民办教育当事业来做大、做强、做优，市场竞争意识更强，时刻把学校发展同知识时代与市场经济无缝衔接；资金筹措与资源整合本领高超，靠个人能力与人脉圈能吸纳志同道合的专业人才加盟学校发展；沟通和公关艺术强，在教育市场中人际交往能力强，更容易促成强强联合与合作共赢；专业知识精湛，教育教学阅历深厚，职业操守端正，人格魅力强，更容易在学校管理中凝民心、聚民力，带领全校上下共同奋斗、共谋发展。世界著名的私立大学都有教育家型的校长挂帅，只有如此，才能避免学校在发展过程中因为偏离教育航向出现重利轻教的现象，最终导致学校由盛转衰、走向破产。因此，对于民办高校来说，选择一个合适的校长至关重要，随着国家和河南省政府对民办高等教育财政支持力度的不断强化和社会捐赠比例的不断增加，民办高校应该逐步摆脱逐利型发展误区，制定科学合理的校长选聘制度，择优选择一心一意为学校、兢兢业业谋求长远发展的教育家型领头人。

（二）建立严格的校长核准制

当前河南省民办高校发展过程中校长权力缺位、失衡的状况屡见不鲜，成为制约民办高校健康发展的一个重要因素。虽然绝大多数民办高校执行了董事会领导下的校长负责制，但校长的权力却总被限制，有的校长连起码的人事权和学校教学相关的大小事务决定权也没有。校长权力受限，即使再优秀的管理者，也会如同巧妇难为无米之炊一般，直接导致开展学校管理活动时施展不开、畏首畏尾、瞻前顾后。《中华人民共和国民办教育促进法》中对民办高校的校长权力有明确规定，即民办学校校长负责学校的教育教学和行政管理工作。《国务院关于鼓励社会力量兴办教育促进民办教育健康发展的若干意见》中对校长权力也有

① Kerr C. 大学的功用［M］. 陈学飞，译. 南昌：江西教育出版社，1993.

进一步的说明，要求学校依法保障和维护校长对学校管理权的行使。因此，建立严格的校长核准制非常必要，也非常有效。一方面，校长核准制有利于校长的合法权益得到保证，校长一经认定，无特殊情况不可随意更换，这样可以让校长按照自己的职业理想大施拳脚，能力得以最大程度的发挥。美国私立高校特别重视董事会和校长之间的权力分配和调节，使二者作用发挥至最大，为学校发展起最大程度的推动作用，这一经验须河南省民办高校认真学习、研究和借鉴。从河南省民办高校的实际情况来看，校长主要负责执行决策和学校日常的管理运营，董事会主要通过调研论证做出有利于学校长远发展的重大决策，党委主抓学校的办学方向和思想政治工作，确保学校在社会主义制度下，坚持中国共产党的领导，贯彻落实国家高等教育办学方针。另一方面，须建立校长目标责任制。既要明确校长的责任和义务，也要充分保障校长的权力和个人正当利益，既承担起投资人或董事会赋予的使命，更要对学校的招生规模、生源质量把控、人才培养方略、人才招聘等全权负责，肩负起一定经营权。当校长的权力得到充分保障时，需要承担同等程度的义务和责任，这就须通过相应的监督机制对校长实施必要的监督。因为“在设计政府制度和组织内的运行法则时，应把每个人都视为利己者，即在他的全部行动中，首先是谋求一己私利，然后才是满足其他的目的。”[①] 因此，对校长的监督首要确保其严格遵守董事会民主决策，不违背学校的办学宗旨和办学理念，更不能把学校当作自己实现私欲的平台，如果发现校长的行为有损学校的利益，伤害广大师生的权益，对学校的声誉造成不良影响等，校长就会面临被解除劳动合同的结果。《中华人民共和国民办教育促进法》明确民办学校须建立对内部管理结构的监督机制，《营利性民办学校监督管理实施细则》提出营利性民办学校应当建立监事（会），可以设立督察室，可以建立监察委员会，也可以通过控股集团安排调查专员，不定时到学校的各个行政部门和二级学院，甚至到学生中，听听广大师生对校长的评价。除此之外，学校董事会、党委和教职工代表大会等机构都可以承担对校长进行监督的任务，有的学校为学生设立校长邮箱、董事长邮箱，开启了学生与学校高层领导直接通话的绿色通道，学生可以把自己对学校不满意的地方或者自己的诉求通过邮件的方式传递给学校，起到了参与监督的作用，实现了“决策—执行—监督”闭环系统的整体化运行，这是随着民办高校现代化建设步伐的加快，必然需要逐步完善和改进的地方，也将进一步完善我国民办高校的现代大学制度。

（三）建立利益共享制

校长的工作绩效要与校长的个人收益相匹配，及时根据办学成效调整校长的薪水、奖金、福利和荣誉等，让职业校长感受到学校共建共享的成就感和归属感。通过以上具体做法保障校长的管理权，并监督其自觉承担责任，给予他们独立自主权，更好地界定校长与董事会之间的权限，避免内部治理过程中出现独断专权现象。美国私立高校校长的年薪较高，远远高于一般教授的收入水平。“《高等教育年鉴》（*The Chronicle of Higher Education*）在2013年调查发现，美国私立高校校长的平均年收入为43万美元，是全职教授的3.8倍。部分私

---

① ［美］斯蒂芬·L. 埃尔金. 新宪政论［M］. 周叶谦，译. 北京：三联书店，1997.

立高校校长因为在任期内带领学校取得较大成就，收入更高。比如，2015 年哥伦比亚大学校长的收入为 460 万美元，包括 117 万美元的基本收入、94 万美元的奖金、免费入住学校公寓和递延补偿。”[①] 河南省民办高校的校长年薪没有统一的标准，根据各个学校的实际情况和校长身价、社会影响力等差异而有所不同，据统计，大部分校长的年薪在 5～8 万美元之间，有的高校给校长的待遇超出 100 万元，有的学校把校长纳入董事会，除了固定的年薪之外，还会有年终的分红；个别上市的民办高校，还会把股份和股票许诺给校长，以此激励校长为学校发展贡献全部心力，但总体来说，与美国等发达国家私立高校的校长相比，河南省民办高校校长的待遇有待进一步提升。只有真正实现共商共建共享，才能让校长深切感受到董事会的诚意和器重，感觉到主人公的尊严感和成就感，才会充分挖掘自身的潜力。除此之外，各个民办高校还要解放思想，抱着开放的胸怀和姿态开创性地探索激励校长的更多元化的渠道和途径，尤其是加强精神激励，情感留人。

（四）引入动态股权制管理模式

“动态股权制属于一种涵盖企业产权、分配、人力资源和劳动等多方面内容的企业综合性实验，动态股权制作为一种有效的企业分配激励机制，采取‘关键人多持股，经营者相对持大股’的方式对产权体系进行改革，对股权实行动态管理，把‘关键人’的自身利益与企业的发展联系起来，最大限度地激励和约束‘关键人’的行为。”[②] 民办高校可以把动态股权制作为长效的人力资本激励手段引入内部治理和学校的核心竞争力提升途径，民办高校作为与企业类似的自主经营、自我管理、自我发展并自负盈亏的组织，“约束机制是规范民办高校行为、维护其经济秩序、实现民办高校资产保值和增值的一个必要机制”[③]。对于民办高校而言，明确经营责任或者建立发展秩序的手段包括内部和外部两种途径，内部主要依靠动态股权下的民办高校法人治理机制，外部主要依赖于市场、社会、家长和政法等主体的监督约束，影响学校发展的根本在于内部的机制构建，通过给予学校的“关键人”一定的股份或者产权等利益，建立民办高校的自我管理和自我监督。这里所说的给予产权等待遇是有附加条件的，“即产权额度要达到一定的数额和产权的构成中有相当一部分是自有财产。鉴于对约束及风险关系的了解，民办高校在动态股权中要设置风险股，由此来对‘关键人’进行约束”[④]。鼓励民办高校在内部管理过程中引用动态股权制，是在新的时代背景下引入现代管理制度的结果，使民办高校的法人治理结构从过去一味的“内部人控制”，逐步过渡到“内部人监督”阶段，这个转变是现代管理制度低成本、高效率的完美体现。动态股权的实行能够让“关键人”获得更高的归属感和主人公感，把学校的建设和发展当作自己的事业，工作的心态也会从原来的被动参与转为主动出击，发自内心愿意了解学校发展

---

① The Highest Paid Public University Presidents [EB/OL]. 2015-06-08, https://money.cnn.com/2015/06/07/pf/college/highest-paid-public-university-presidents/index.html.

② 黄勇. 教育治理视野下的民办高校股权激励机制研究 [J]. 中国高教研究，2014 (8)：25-27.

③ 刘文军. 大股东股权动态变化原因研究 [J]. 经济与管理研究，2014 (5)：23-32.

④ 欧四萍. 论高职院校传统人事管理向现代人力资源管理的转变 [J]. 当代教育理论与实践. 2009 (3)：30-31.

的情况，出于对学校发展利益的高度关注，这些“关键人”会以更加积极的态度主动形成对学校的董事会、管理层等群体的高效监督机制，这种情况下对学校内部管理的成本来说，性价比是最高的，只是付出了一定产权转让的代价，收获的是广大教师和管理者之间强大的凝聚力，所有教职工对学校高度的主人翁感，强烈的认同感和责任感，他们会用加倍的努力和真心付出回报学校给予的产权激励。

“在实施改革过程中，重新构建了人力资源管理机制，遵循了以下两个原则：一是确定关键岗位和关键人，并对关键岗位实施竞争上岗，岗位考核动态调整、动态管理；二是给予关键人动态股权，享受学校实际利益的股权分红。”① 比如，“山东英才学院为提高学院整体管理水平，增强学院核心竞争力，经学校董事会研究，决定每年按总股本的49%提取利润作为动态股权分红，分配金额按股权所占份额及贡献度奖励给学校‘关键人’，所分配股权的结构为高层管理人员占20%，各学院院长及各专业学科带头人占10%，其他管理者及全体教职工占10%，剩余股权收益作为动态激励基金；第二年完成学校年度计划可按当年股权溢价购为实股，也可直接分红，如未完成当年计划将按完成率相应递减所持有股权；第三年为学校调整基年，将按每个人总体考核相应变动职位、职责及股权”②。河南民办高校可以根据学校的实际情况，参照山东英才学院的动态股权分配方式，为关键人分配在岗期间的相应比例的动态股权权益，如果出现离职行为，则失去这项权益。激励的对象为全体教职工，但重点激励对象是学校的高层管理人员、骨干教师、招生业绩突出的个人，通过动态股权细节的完善和设计让学校的关键人与学校发展紧密相连，使关键人与学校命运捆绑起来，一荣俱荣、一损俱损。如果一心一意为学校的发展服务，兢兢业业、恪尽职守、众志成城，学校发展形势好，按照动态股权的原则，享受股权制分红，收益会随之提高；如果学校生源下降，发展前途渺茫，则每一个成员的利益都会受损。员工为了保证自身的权益保值和增值，都会加倍努力，为学校发展注入源源不断的动力和活力。

（五）优化组织结构

一方面，成立各类专家委员会，搭建纵横交错又错落有致的内部监督网络，促进内部治理的民主化和高效性。比如，建立校务委员会，成员可由高等教育业内知名专家担任，对校长选聘附有表决权；又如，成立学术委员会，成员可由高职称教师担任，主要行使学术权力；再如，成立监事委员会，成员可由对高等教育相关法非常在行的社会人士担任，行使对学校管理层的监督权；再如，成立教职工代表大会，由一线教职工代表组成，行使民主监督和权益保障等权力。另一方面，推行校、院二级扁平化管理体制。对民办高校而言，二级管理更能人尽其用、人尽其才，释放出各类人才的最大潜力，让学校的办学自主权最大化，既可以使学校全身心主抓顶层设计、战略管理、总体发展规划、筹措资金、争取各界支持等重大事务，又能使各分院发挥教学和学术管理核心作用，集中精力提高教师的教学质量和学术

① 郑玉刚，汤幼平. 人力资本参与企业产权动态分配研究综述——基于动态股权制的考察［J］. 生产力研究. 2007（21）：142-144.

② 山东英才学院官方网站.

水平以及对学生的人才培养实效。

面对这种新背景和新形势，民办高校需要用文化和制度来提升自身的管理能力，找到与公办高校错位发展的硬实力，形成以“全员聘用、制度管理、奖罚分明、量化考核”为核心的管理运行机制，从学校整体上不断完善教务管理、人事管理、学生管理、财务管理、资产管理、后勤管理等学校运营的制度和规范，各个分院和各个职能部门也不断完善内部考核和管理方案，明确每一个教职工的岗位职责，把工作落实到每一个人身上，形成“每一项工作都有具体要求，每一个人都承担相应的工作职责，每一件工作都有事后反馈”的工作作风。根据每个部门的岗位职责和考核标准，及时掌握每一位员工的工作动态和工作绩效，及时树立工作典型，第一时间处理出现的工作失误，做到“功必赏、过必罚、误必惩、绩必奖”。把每一位教职工的出勤、工作、奖惩等情况列入绩效考核范围内，通过量化方式在每学期末汇总后进行统一考核，依据考核的结果确定每个人的工作绩效等级，并作为评优评先、晋升、职称评审的重要指标。通过坚持量化标准规范管理，加强对学校各行政管理部门和岗位的监督和检查力度，确保学校的各个职能部门把制度落实到位。

三、建立健全学校内部监督机构

（一）建立监事会制度

建立健全利益相关者的监督机制是为了保证民办高校的内部治理分权制衡与科学合理，建立以监事会制度为重点的内部监督机制，具体可从三个方面操作。一是规范监事会主体，明确要求监事会成员的身份和专业背景，消除家族成员痕迹，并确保其权力的独立性和专业性，不允许身兼二职，独立开展对学校内部治理的监督活动，监事会成员里不仅有投资方代表，还应有教职工代表、学生代表等，确保学校在发展过程中保持大学的公益属性，并且能够保障教职工及学生的利益。二是职责分工明确，给予监事会成员应有的权限，保障其把监督落到实处，能够采取最有效的监督手段。三是建立系统化的监督程序，让监事会与教职工代表大会等组织进行有效沟通，共同行使监督权力，实现依法民主治校目标。

（二）健全教职工代表大会

首先，教职工代表大会制度是法律对高校的要求，民办高校应该依法成立教代会，通过民主评议选举出能够胜任此项工作的教职工代表，保障教职工参与学校管理和监督的权利。其次，明确教代会的职责，从制度层面对教代会的责权利、会议制度等进行具体的保障，使教代会能够依法参与学校决策事务，使高校各项决策更加科学合理，同时保障教职工的合法权益。最后，建立信息公开制度。当前民办高校利益相关者的监督力量明显弱势，教职工作为教育的一线工作者，对学校信息掌握的不对称，造成教职工参与学校决策的权力被弱化。因此，建立信息公开制度，实现透明问责，是健全利益相关者监督机制的基础。但目前信息公开制度还未建立起来，《中华人民共和国民办教育促进法》也只是涉及收费项目和收费标准，并没有涉及对民办高校财务会计运营方面的信息公开。鉴于此，美国对非营利性组织有关信息披露制度，值得借鉴和学习，建立属于各校特色的民办高校信息公开制度。教师在当前学校发展中具有举足轻重的地位。教职工代表大会的健全和完善有助于架起桥梁，使教师们结合自身实际，从不同层面、不同领域、不同岗位针对教学、科研、管理等工作中存在的问题、遇到的困难随时提出建设性的意见和建议，再经过教师代表大会的中介作用，反馈给学校和董事会，学校再根据教师们反映的问题和提出的建议，尽快完善各类人才评选办法，改革评教体系，尽量简化烦琐的管理环节，坚持教学和科研并行，教研相长，提高教育教学质量，保障教师将主要精力投入到教育教学工作当中，为努力办好人民满意教育贡献自己的力量。

四、完善学校内部运行机制

内部运行机制是完善法人治理结构的保障，完善后的法人治理结构在相应运行机制的激励约束下，会不断提升民办高校的内部治理的效果。比如，河南民办高校发展的典型代表郑州工商学院一直以来高度重视并不断完善学校的内部运行机制，近几年出台了一系列管理制度的改革方案，如《郑州工商学院校院两级教学管理体制实施方案》《郑州工商学院团学工作校院两级管理实施办法》《郑州工商学院校院两级教学督导工作方案》《郑州工商学院考研工作管理办法》《郑州工商学院值班管理制度》《郑州工商学院各主要教学环节的质量标准》《郑州工商学院“立德树人”校本教材管理办法》等，全面加强内涵建设，在制度保障、人才培养模式创新、课堂教学质量提升、教师教学发展等方面做了大量扎实的工作，切实提高了人才培养的质量，赢得了社会各界的普遍赞誉，郑州工商学院荣列 2019 年中国由非双一流大学创办的民办大学排行榜全国第四、河南第一。

（一）建立教职工激励机制

第一，董事会和校长之间是委托与代理的关系，依据大学治理结构和委托代理理论，鉴于委托人与代理人之间的利益差异和信息不对称问题，作为代理人的校长有为了个人利益最大化而偏离委托人目标的可能，而委托人却不能实现全程监督，极易导致学校的其他利益相关者利益受损。为了有效避免此类现象发生，委托人需要付出一定的成本，这就要完善高层管理者的激励机制，用制度体现对校长的激励和约束，尽最大努力使委托人和代理人达成一致的目标。当前，民办高校的高等管理者多是年薪制，除此之外，还应该延长校长聘期或增加年薪，让校长个人收益与学校效益正相关；也可以采用股票期权激励，让校长按照约定获得一定数额的股份或分红，与学校长远发展共命运。

第二，教师是民办高校发展的核心力量，但当前民办高校教师队伍中普遍存在流失率高、稳定性差、年龄结构不合理等现实问题，严重影响学校的健康发展。因此，民办高校在内部治理结构中必须建立教职工激励机制，以维护教职工这一特殊人力资本的价值。在物质激励方式中除了按时发放工资，还要设立各种专项奖金、加大福利补贴，甚至期权、期股等预期报酬。同时，高质量的和谐工作环境、现代化的职业发展空间、多多益善的培训进修机会、民主畅通的利益表达和合理的建议上传渠道等更是不可或缺的。

（二）建立冲突处理机制

民办高校的办学者与教职工之间的关系是以经济利益为基础、市场调节为手段的利益协调型劳动关系，具有明显的市场化和契约化特点，二者的矛盾和冲突容易在劳动关系的建立、变更、终止或解除中发生。因此，必须建立有效的冲突处理机制，实现对教职工合法权益的维护和人格尊严的尊重，以起到激励作用。比如，民办高校需要建立劳动争议仲裁机制，专门解决广大教职工在劳动关系中的争议或投诉；完善教职工代表大会的制度建设，确保教职工知情权、监督权、参与权等切身权益得到全面维护。

（三）完善教职工参与治理保障机制

民办高校的教师大多把自己定位为打工者和学校事务的旁观者，获得感、归属感和主人公感比较匮乏，这种现状必须改变，不然严重制约学校的长足发展。因此，逐步完善教职工参与治理的保障机制，让教职工民主参与学校内部治理，为学校治理建言献策势在必行。比如，建立校务委员会制度、教职工代表大会制度、学生代表大会制度以及教授治学制度等一系列相关制度，让教职工这一重要利益相关者自觉主动参与学校的内部治理，对学校的教学改革、科研进步、财务规范、后勤服务等给出合理意见与建议。同时，民办高校的领导班子在行使决策权之前，严格按照政务公开、以人为本、广开渠道的要求，切实听取广大教职工的合理建议，努力改进工作方法和管理方式，尽量满足教职工的合理诉求，让他们满意。

（四）建立学生淘汰机制

教育部提出本科教学要回归本质“以本为本”，作为利益相关者，学生不仅有权利参与治理，更有义务做好自己的本职工作。学生素质在一定程度上反映了高校内部治理的成效，通过完善内部治理，学校的决策更加科学、指令执行更加顺畅、监督机制更加健全，学生既是学校服务的“消费者”，又是学校的“代言人”，建立学生淘汰机制，符合国家政策、法规要求，对优化高校内部治理环境具有促进作用。首先，严格考核学生在校表现，对于违反校纪等扰乱学校教学的行为进行严厉惩处。其次，严格课程考核，对于课程考核、补考设置挂科率，以学促教，通过学生学习态度的转变，提升教师授课质量。最后，严把出口关，提升毕业生质量。通过建立学生淘汰机制，形成良好学风、校风，进而提升内部治理的成效。

第五节　河南省民办高等教育现代化发展的师资队伍建设优化路径

拥有一批高素质、稳定的教师队伍是加快民办高校发展步伐的重要保障。河南民办高校要不断提升教师队伍的整体素质，要重点培养一批学科带头人和各个专业的骨干教师，增加教师进修和培训的机会，允许和支持在校教师继续深造；民办高校也要结合学校专业设置情况，不断引进高职称和高学历人才，使教师年龄、职称、学历等结构更加优化，为民办高校长久发展提供人才支撑。《河南省人民政府关于鼓励社会力量兴办教育进一步促进民办教育健康发展的实施意见》（豫政〔2018〕6 号）中明确规定：“完善学校、个人、政府合理分担的民办学校教职工社会保障机制。民办学校应依法为教职工足额缴纳社会保险费和住房公积金。鼓励民办学校按规定为教职工建立补充养老保险。民办学校教师在资格认定、职称评定、业务进修、表彰奖励、科研立项、国际交流等方面与公办学校教师享受平等待遇。非营利性民办学校教师享受当地公办学校同等的人才引进政策。鼓励民办学校教师和管理人员积极参与各级、各类专家评委申报，教育项目和资金的评审、评估、评价中应有一定比例的民办教育专家参加。健全民办学校教师人事代理服务制度，保障教师在公办学校与民办学校之间合理流动，工龄连续计算。”教师是教育领域第一资源，要借助优质师资提升办学水平。哈佛大学历任校长高度重视师资建设，有艾略特校长的“大学的真正进步必须依靠教师”，还有柯南特校长的“一个学校要站得住，教师一定要出色”①。民办高校的长远发展必须依赖能力强、学识渊博、学历高、人格魅力强、师风端正、师德崇高的教师队伍，据统计，截至2018年河南的民办高校承担教学任务的教师人数一共是32 600人，其中来自民办高校的专职教师人数约13 000人，占总体教师人数的比重不足40%，而国家规定的比重是50%，由此可见，民办高校专职教师的比重没有达到要求，这种主要依靠兼职教师的师资结构很难保证学校的教育教学质量。因此，加强民办高校的师资队伍建设必须配备完善的专职教师队伍，还要加强学科带头人的选聘，加强专职教师的个人业务培训、师德师风培养与职业精神培育。

一、强化“利益共享”的共同认知机制

构建学校和教师利益共享机制，必须纠正思想认识上的错误观念。马克思认为，劳动力创造的最终价值远远超过了各自的劳动力价值，这不仅可以使劳动者从资本家那儿获得报酬，也为资本家带来了大量的剩余价值。现代企业理论同样承认，劳动要素参与分配具有正当性和合理性。调动教师参与学校治理，共享学校发展权益成为提升民办高校现代化治理能力的必然要求，这一思想同时也成为现代企业理论体系的重要内容。人才对于国家、社会的重要性人人皆知，人才既是财富，也是效益，更是最大竞争力指标。为了实现民办高校的现代化发展，必须高度重视教师这一最强大的人力资源，在理念上树立以教师为中心的管理思维，时刻把教师的利益放在学校各项发展的首位，因为这是民办高校发展的基础，如果没有了素质高、稳定性强、有战斗力、具备“四有”观念的好老师，学生的成长成才就会成为泡影，如果学生培养质量不过关，自然会导致学校的口碑和声誉降低，进而影响到学校的生存和发展。因此，必须尊重教师的主人翁地位，让老师感受到家文化的温暖，在被尊重和有尊严的氛围中充分发挥自身的积极性和工作热情，不断提升个人业务能力和综合素质，提高教育教学质量，推动学校现代化发展。

（一）营造被尊重和有尊严的优良环境

不管民办高校与公办高校有多少差异，在教书育人、培养人才的职能上，他们是完全相同的。自古以来社会对教师这一职业的传颂，造就了教师的职业自豪感，也是人们选择做教师的主要原因。这种职业自豪感，也是教师乐于奉献、满腔热血投入教学和孜孜不倦育人的动力源泉。因此，公办院校也好，民办院校也好，都应当尊师重教，维护教师的职业自豪

① 田立强．关于民办高校战略路径的新思考［J］．国家教育行政学院学报，2016（10）：62.

感。对民办高校来说，首要的就是尊重教师的主体地位，维护教师的知情权、话语权，重视教师的教学科研工作。如果连学校都不尊重教师，又怎么可能教育学生去尊重老师呢？如果学生感觉到老师在学校是没有地位的，他们还能服从老师的管理吗？那么最后的教学效果就可想而知了。

（二）遵循教学规律

在民办高校中，教师的薪酬是被计入成本的，而为了满足学校发展的需要，要最大限度地降低薪酬成本，所以每个民办院校的教师基本上都是满负荷的工作，这一点与企业是相似的。但老师从事的教育教学工作，又不同于一般企业的工作，它有自身特有的规律，是一种良心工程。正如前面所分析的那样，民办高校教师作为知识型员工，他们工作过程的支出难以量化，工作成果数量难以核算，工作成果价值难以准确评价，工作努力程度难以控制，投入与收获难成比例。教师的工作时间不仅仅体现在课堂上，更重要的是他们课下投入的时间、精力和情感，而这种课下的投入是难以计量的隐性工作。正如在调研过程中有的民办高校教师提到的："与学生的谈心、谈话，具体方式有办公室约谈、深入宿舍约谈、操场散步约谈、餐厅吃饭约谈等，只要学生有时间，任何场合都可以成为谈话地点，主要内容因人而异、因事而异。"还有的老师谈道："自己每一天都要在下班之余花大量时间与学生谈心谈话，了解他们的思想、心理动态。一般情况下是在办公室谈话，与其说谈话，不如说闲聊更贴切，刻意的谈话会让学生感到紧张、局促甚至加以伪装。而看似不经意的聊天可以让学生放松下来，不仅要会谈也要会听，真诚而又认可的倾听会让学生心甘情愿地向老师敞开心扉，在了解彼此的同时拉近距离。偶尔也会学生在深夜给我发 QQ 聊天。谈话的内容中，不稳定的情绪和心态占绝大多数，其次还会有他们的感情、矛盾甚至八卦，有时候我还会和班里的女孩聊化妆。如果想和学生深入聊天，我一般是从学生感兴趣、擅长的点入手。"由此可以看到，民办高校教师的工作除了上课之外，课余时间也要围着学生转，把心思花在学生身上，而且要想尽千方百计走进学生心里，这种不被外人看到的难以计量的隐性工作，恰恰最能体现一名教师的职业情操和责任心，也恰恰是保证教学质量的根基。所以民办高校应当遵循教学规律，尊重教师的隐性工作。

（三）健全决策机制，树立教师的主人翁地位

民办高校和教师原本是一个整体的两个方面，二者既对立又统一。民办高校为教师的发展提供了平台，民办高校教师的积极努力工作促进了民办高校的发展。所以民办高校要想发展，就不能将教师置于民办高校教育的概念圈之外，甚至是置于学校发展的对立面，把教师看成需要想办法对付的对象。承认教师的主体地位，树立教师的主人翁形象，根基就是健全学校的决策机制，将民办高校教师引入制度和策略的制定工作中来。缺少教师参与的决策，是不科学的，也是不可能被有效执行的。有的老师表示："在学生管理方面，我具有绝对的话语影响力，关于一些班规班章，是需要绝对遵守的；在思想政治教育方面，我平时会经常地给学生们'煲心灵鸡汤'，当然不会每个同学都有效果，但最起码学生整体是朝着正能量的方向前进。我给学生下达的每一个通知，学生都认真负责地完成；组织学生参加活动，大家都很积极地参加。”

此外，不断完善教师队伍的科学考评机制，对民办高校教师的管理不能一味管、卡、压，要在提升教师主人公地位的同时，通过加大对教师的投入提高教师对学校和单位的认同感，虽然越来越多的政法政策要求民办高校与公办高校教师享受同等待遇，比如事业编制待遇、职称评审等要平等，但民办高校教师待遇的落实问题一直是打折扣的，很多民办高校借鉴企业的绩效管理制度管理教师，动辄就采用扣分或者扣工资等强制手段。访谈中有的民办高校教师就谈到，自己从来不敢请假，除了公假之外，其他的事假、病假等都要扣考勤、扣绩效。这种行为是违背以人为本原则的，这种管理只能让老师迫于压力和强制管控低效地、被动地、应付性地完成工作，严重挫伤了教师的积极性。对此，教师评价的方式必须调整和改革，通过构建以人为本的评价和科学考评机制，把教师的积极性和主动性充分调动起来，比如通过提供经济型住房、为教师办理全面性保险、为教师的子女提供性价比高的配套教育，像关心自己的家人一样关心和爱护学校的老师，时刻让教师感受到家文化的关怀，在住房和子女教育这两个重大人生难题上想办法给予教师一定的帮助，使教师能够全身心投入到教育教学工作中，把学校当作自己施展才华和实现人生价值的舞台，用心工作、快乐工作。

学校领导要不定时深入各单位走访慰问广大教师，与教职员工亲切交谈，询问大家近期工作和生活情况，对广大教职员工为学校建设发展作出的贡献表示充分肯定和衷心感谢，同时鼓励大家继续以学校中心工作为基点，发扬优良作风，振奋精神，以饱满的工作状态和昂扬的精神面貌，投入到下一阶段工作中，共同为学校的发展作出应有的贡献。

二、完善开放民主的教师管理体制

对于民办高校教师，必须完善教师管理体制，制定长远可行的组织管理规划。具体来说，应制订长远的教师配备计划，要注意年龄梯度；加大教师队伍引进的投入，提升学历层次，通过有效措施引进高职称、科研能力强的高学历人才，或者已经具备较高科研能力的学科带头人；民办高校尽量为教职工创设舒适的生活环境；施行人性化管理，给教职工营造较为愉悦的工作氛围，增强教职工的凝聚力；建立激励机制，消除家族体制的弊端，让教师有公平、公正的发展空间；发展“双师型”队伍，为教师提供进修机会，或鼓励老师到企业锻炼，提高教师的理论应用能力。

打卡制和坐班制以及仿照公办院校的官僚组织结构和“自上而下”的政策执行模式，其本质上是在对教师实行“捆”“绑”“压”，来限制教师的流出，而这种短视行为，必将造成广大教师的不满和隐性流失。要建立起和谐有效的管理工作氛围，就必须打破“封闭式”“官僚式”的管理模式，建立“开放式”“民主式”的管理模式。所谓“开放式”，就是给教师足够的弹性空间，允许教师合理流动，重在吸引和留住适合本校发展的人才，在流动中保持教师队伍的相对稳定。对于那些想出去看看的教师，敢于放手，并保持一定的联系，必要时还可再次吸引过来。所谓“民主式”，就是要打破科层制管理下的严格的等级关系，建立民主、平等的组织管理体系。行政管理人员要从学校的整体利益出发，转变官本思想，认清绩效“考评者”角色是其工作内容的外在表现，提高教师工作绩效的“服务者”角色才是其工作内容的实质，或者说本质所在。所以要在学校与教师之间建立起情感的桥梁，将教师与学校凝聚在一起。管理本身不是运用权力去管制人，更多的是去传达、倾听、协调、提升，管理者与被管理者之间没有地位的高低之分。建立“民主式”的管理模式，就要树立教师的主人翁地位，在政策制定过程中，充分考虑教师的利益，听取教师的意见，尊重教师的自主权和自由选择权，真正把尊重人、关心人、发展人和成就人作为民办高校管理工作的出发点和归宿。对民办高校教师从“捆”“绑”“压”的管理转向“吸”，把人才聚拢过来，自愿并努力留下来。而管理模式的转变，有赖于建立一支素质过硬的、稳定的管理队伍，能够从共同利益出发，明确自身的角色定位，科学高效地执行学校的管理制度。

三、构建民办高校教师资源共享平台

高水平的专职教师对民办高校来说，一直是稀缺资源。通过调查发现，河南民办高校的专职任课教师，从来源上来看，绝大部分是各高校刚毕业的硕士研究生；每年也有一些具有工作经验的教师入职，这部分教师有的是来自其他低级别或者同级别的民办类学校，有的是从其他行业转行过来，还有的是公办院校的退休教师，少有直接从公办院校辞职来的教师。刚毕业的硕士研究生一般工作2~3年会考虑二次择业的问题，有的会转行，但大多数在民办学校的圈子内流动。民办高校生源的不稳定性、各专业人数的不确定性、人才培养方案的不完善性，再加上民办高校的资金紧张，导致民办高校的教师必须是多面手，可以讲授多门课程，根据实际需要，每学期都可能要上新课，甚至一学期要上多门课程，这就使民办高校教师的教学工作量比公办院校的教师要大得多。一些上课学生少但又必须开的、难度较大的课程，往往找不到任课教师。这是民办院校面临的共同问题，所以有必要整合河南民办高校的教师资源，建立资源共享平台。

构建河南民办高校教师资源共享平台，首先要将所有民办高校教师的资料，如专业、职称、业绩、所擅长的教学科研领域等录入系统，再按照专业或者职称等重要指标进行分类管理，建立一个河南省民办高校教师的公共电子档案库。在公共电子档案库建立的基础上，建立教师之间专业知识的交流平台、教学科研资源的分享平台等。民办高校教师资源共享平台的建立，将带来多方面的好处。对于民办高校教师来说，一方面可以清楚地知道自己在整个资源库中的竞争实力，知己知彼，也能看到自己将来努力的方向，可起到激励的作用；另一方面，借助公共交流平台，可以不断地学习提升自己。对于民办高校来说，一方面便于各民办高校根据自身的实际需要进行聘任；另一方面也能节约一些培养成本和管理成本。再者，有了共享平台，各位教师也将更加注重自己的工作表现和信用管理，无形之中将降低消极工作的可能性。

随着民办高校应用型人才培养的定位，在师资建设方面还要加强“双师型”教师培养的力度。比如，可以通过校内教师的选拔，把骨干教师输送到国外或者国内知名高校学习和进修，这些接受培训的教师回到学校之后可以交流分享经验，把学习到的先进经验和知识与校内教师共享，不断充实和完善师资力量。也可以高薪聘请国内外知名专家学者、企业的技术型专家、高级管理人员或者企业家等到学校给教师们进行培训和指导，使教师积极开拓和丰富自己的知识体系，尤其是做到理论联系实际，把自己平时积累的理论知识与企业真正所需要的技术紧密结合起来，在课堂上有针对性地开展教学，使学生学到实践本领。也可以建立相应的制度鼓励和支持学校专任教师利用寒暑假时间到企业挂职学习，找到教学与实践的结合点，让自己平时教授的理论与社会不脱节，通过亲身实践和体验丰富自己的阅历和储备，在教学过程中更好地发散思维，提升学生的动手能力，教会学生更多实践操作的本领。有的学校寒暑假有教师专门带队到企业实习，这时候学校要鼓励教师跟随队伍，通过实践加强学生的理论学习。

四、提高民办高校教师待遇和地位

赫兹伯格的双因素理论认为，物质工作条件、工资福利等只是保健因素，只能消除不满意，并不会导致积极工作态度；而成就、赏识、成长和发展机会才是激励因素。该理论告诉我们，良好的薪酬制度设计不能仅停留在保健因素层面，还应上升到激励因素层面。但考虑到该理论是诞生在发达国家美国，对于发展中国家而言，薪酬和奖金与大部分人的生活密切相关，因此只要运用得当，也会表现出明显的激励作用。因此，要激发教师的工作热情，应从以下几个方面入手。

（一）薪酬设置合理化

必须构建教师薪酬监督机制，为民办高校教师提供合理的薪酬，健全激励机制，做到人尽其才，共同发展。一方面，学校设立监事会。对于民办高校薪酬制度的监督，最好能够设立监事会，以随时随地做好对薪酬制度的内部监督、检查、核实，充分吸纳广大教师对薪酬制度制定的意见和建议，在薪酬政策执行过程中确保公平性并接受监督。另一方面，加强政府监督力度，政府要对民办高校运作的合法性进行监督和管理。政府要像对待公办高校一样，给予民办高校教师以权益保障，加强对民办高校薪酬标准、社会保障等方面的监督力度，防止一些高校不尊重教师合法权益，这一点可以通过健全教师的利益表达机制来实现。河南省民办高校董事会须在董事会章程中制定薪酬制度的细则，主要应罗列薪酬制度的考核方式、层次结构、薪资水平、绩效考核等，并以制度的形式固定下来，保障薪酬制度的稳定性。同样，调整和改动薪酬制度时，要规范决议程序，按照少数服从多数的民主形式吸纳教职工的建议和意见。建议各民办高校依据目前的规模，考虑成立专门的薪酬委员会，专门开展薪酬制度的制定、修改和完善工作。这些工作应涵盖指定专人负责、分工明确、制定薪酬制度，认真听取教师意见和建议，确定绩效考核标准，定期修改和完善，并对薪酬委员会对学校薪酬制度的执行情况进行监督，对工作人员的认真负责程度、工作绩效以及教师评价等方面进行绩效考核，激发他们的工作热情和积极性。

一个单位的薪酬水平，从成本控制的角度来说，要与其经济效益挂钩；从社会竞争性的角度来说，应该与当地社会的整体水平保持一致。单看显性工资，如果说在2010年前，民办高校的薪酬水平相对于公办院校来说还有一定的竞争性；那么2012年后，随着公办院校工资改革（部分隐性工资显性化）和涨薪后，民办院校的薪酬优势基本上完全丧失。只有部分民办本科院校还能基本持平。但如果考虑到工作量的相对薪资的话，民办高校的平均薪资水平远远落后于公办院校，因为民办高校教师的工作量基本上是公办院校的2～3倍。而且除了民办本科院校之外，大多数民办高校的假期工资很低，只维持在略高于当地最低工资标准的水平上。一些刚毕业参加工作的民办高校的教师还会积极参加社会中小学教师招聘考试，宁可进一所公办的中小学，也不愿意待在民办高校里，可见目前民办高校的薪资是没有吸引力的。只有薪资水平比较合理，教师队伍才会稳定下来，才能安下心来全力以赴地好好工作。

（二）绩效考核差异化

进行岗位细分，差异化考核。虽然都是大学教师，但大家的擅长点不一定相同。有的擅长教学，有的擅长科研，有的擅长招生。对民办高校而言，从长远角度来说，这三个方面的工作都是十分重要的。不能因为招生工作是龙头、生源是民办院校的生命线，而将招生指标作为考核所有老师的硬性指标。动员所有的老师都重视招生是可以理解的，但让所有老师都将招生工作放在首位、一切服务于招生，那是有悖于教学规律，也有悖于学院的长期发展的。为了使大家各尽所能、各显神通，有必要进行岗位细分和差异化考核。具体的做法就是，根据大家的长处归类为教学岗、科研岗、招生岗。归类后，针对不同岗位设置详细的考核指标。比如，对于教学岗，课时量和教学效果就是重要的考核点；科研岗则根据民办高校的实际情况，可以设置最低课时数，在此基础上重点考核科研量和科研层次；对于招生岗，重点考核的是招生数量和招生成本。分岗、定岗，差异化考核，也可根据实际情况规定期限予以调岗。为了鼓励全员重视招生，可对教学岗和科研岗教师的招生进行额外的奖励，而非硬性规定。对各类岗位上表现突出的教师分别授予不同类型的奖励，奖励的力度根据学校的实际情况，可以有所侧重。

从学历上来看，民办高校的新进人员可谓清一色的研究生；而对于本科层次的民办高校，也在大力引进各类博士；而老牌的民办本科如郑州升达经贸管理学院等在很多专业方面只招博士。总体而言，各类民办高校研究生及以上学历的任课教师所占比重在大幅提升。从能力上来看，民办高校教师，有的擅长教学，有的擅长科研，有的擅长管理，有的擅长招生等。如果采用一套标准的考核指标去考核各类教师的话，必然会打击大家的积极性。要想把大家的优势充分挖掘出来，让各类能人各尽所能，就要实行差异化的考核。各类人员以自己擅长的领域为主，兼顾其他领域，就能在民办高校中找到自己发展的空间，找到自己的自豪点，体现自己存在的价值。最终实现所有老师各尽所能，各尽其才，与学校共同发展。

（三）晋升渠道公平化

铺设晋升发展渠道。“加强高校教师培训、建立合理的晋升晋级体制及制定公平的绩效考评体系是让教师对个人发展前景感到乐观的关键”①。高校管理者应当关注高校教师的心

① 田立强．关于民办高校战略路径的新思考［J］．国家教育行政学院学报，2016（10）：62.

理状态，有针对性地开发、管理与干预，通过激发教师主动性和积极性促进其工作绩效提升；提供必要的、有效的培训，促进教师的成长；建立和健全学术保障机制，诸如学术评价体系、学术资助体系，成立学术委员会等学术机构，设置科研启动经费，为教师的学术职业发展铺平道路。这样，擅长管理的老师，可走行政路线；擅长科研的，可走学术路线；擅长教学的，可多代课，做教学标兵，各有各的发展前景和渠道。

结　语

面对我国当前经济社会发展进入产业结构升级的新形势，我国高等教育呈现出一些新的发展特征，有学者将其归纳为五个方面，“以质量提升为核心的内涵式发展、在改革创新中释放办学活力、以法治思维推进大学治理现代化、政府宏观管学与社会参与办学以及大学深度开放与教育科技引领等”①。

与之相适应，河南民办高校发展也出现新特征和新转变，总体表现在五个方面：其一，在发展理念层面，民办高校必须增强质量意识、责任意识、竞争意识、危机意识，把对接产业升级需求、全面培养人才质量、优化内部治理作为学校发展的生命线，在理念上改变以往追逐利益、规模扩张、浮躁投机的不良表现，积极朝注重内涵、热心公益、求真务实、持续现代化的发展理念上转变；其二，在发展定位方面，紧紧围绕供给侧结构性改革的指导思想，把人才供给的主动权从高校供应方的视角转向企业需求的角度，把民办高校对市场敏锐的嗅觉优势充分发挥出来，在专业设置上改变以往综合全面、同质化明显的状况，积极朝突出地方特色、适销对路、强调专业设置的合理性和应用性方向转变；其三，在发展方式方面，伴随高等教育大众化时代的到来，内涵式、高质量发展逐步取代了外延式、规模化发展，民办高校发展的中心必须改变以往“数量+规模”“外延+粗放”的思路，积极朝“质量+内涵”“内涵+集约”的发展方式上转变；其四，在发展动力方面，伴随人们对满意教育需求的日益增长，深化改革和注重创新成为全民、全行业发展的动力源，民办高校应该借助灵活的办学体制，积极投身于系统化、全面化的改革浪潮中，在学校的发展动力方面改变以往“追加投资+抢夺生源”的“投资+资源”驱动，积极朝“面向市场+深化改革”的“改革+创新”驱动转变；其五，在发展保障方面，随着国家治理体系和治理能力现代化的不断推进，依法治校和提升治理能力成为民办高校实现现代化发展的重要保障，优化内部治理结构，完善内部治理体系，全面激发所有利益相关者的积极性和创造力成为民办高校发展的工

① 赵德武. 高等教育新常态与教育改革创新［N］. 光明日报，2015-01-06.

作重点，推动内部治理由以往的“集权+家族”管理朝“民主化+法治化”方向转变。新时代民办高校的发展必须把握呈现出来的新特点，努力实现华丽转变。

面对国内外环境的复杂变化形势以及教育部2019年工作要点提出的“落实和扩大高校办学自主权，推动完善高校内部治理结构”要求，党的十九届四中全会提出“坚持和完善共建共治共享的社会治理制度，必须加强和创新社会治理，完善党委领导、政府负责、民主协商、社会协同、公众参与、法治保障、科技支撑的社会治理体系，建设人人有责、人人尽责、人人享有的社会治理共同体”。当前全国上下致力于提升国家治理体系和治理能力现代化，这种社会环境下，加强民办高校内部治理现代化已迫在眉睫。民办高校应对内部治理危机和完善内部治理结构的能力，直接关系民办高校的教育质量、办学效益和综合竞争力。

本书在调研分析郑州工商学院等河南民办高校发展现状的基础上，以委托代理理论、利益相关者等理论为依据，重点分析了河南民办高校发展中存在的董事会决策机制不规范、内部监督机制缺位、利益相关者参与度不高等问题；并在参阅国内外学者对大学治理、民办高校内部治理及法人治理结构重构等相关文献的基础上，提出了发挥党委主体作用、完善董事会决策机制、健全利益相关者监督机制、完善利益相关者激励机制等优化措施。期待能够建立保证大学活力、社会责任感和影响力、办学水平、教育质量的民办高校法人治理模式。本书的主要成果及创新点包含以下几个方面。

（1）完善内部治理结构，对于民办高校建立现代大学制度、提高自身的治理现代化水平乃至实现整个高等教育体系的科学健康发展都具有十分重要的实践意义。

（2）分析民办高校内部治理结构问题，有助于其实现内部治理的科学化、法制化、民主化，使民办高校治理实践迈向法治、善治的康庄大道。

（3）以郑州工商学院等河南典型民办高校为案例进行具体数据分析，进而提出的对策更具有可操作性、推广性和现实性。

面对民办高等教育深化改革的新机遇，河南民办高校要更加突出自身在管理体制方面呈现出的高效率、灵活度、多样化、现代化和在办学模式层面表现出的市场化、时代化、国际范等成长发展的最大优势，突破民办高校发展的瓶颈，走出困境，找到适合自身特色的发展模式，提高核心竞争力。本书遵循发现问题、分析原因、找到对策，查漏补缺，力求理论支撑的研究路径，专门针对河南省的特殊省情、民办高校的校情及学生在校学习的具体情况以部分代表性民办高校为样本开展实地调研，在调研的基础上进行数据分析，进而对河南省民办高校发展的现实困境及发展路径问题进行全面梳理和深入探讨，为促进河南民办高等教育发展提供理论借鉴和政策建议，为民办学校，尤其是河南省民办高校应对发展困境提供对策上的借鉴和参考，为提升民办高等教育发展提供新的切入点和新的思路，为学者研究中国教育体制和发展模式及其相关问题提供理论借鉴，为学校行政管理部门提供决策参考和理论支撑。

分析调研结果，结合相关文献，未来河南民办高校发展可能会呈现以下特征、趋势。

首先，党的领导会得到加强。十九大报告指出：“明确中国特色社会主义最本质的特征是中国共产党领导，中国特色社会主义制度的最大优势是中国共产党领导。”“党政军民学，东西南北中，党是领导一切的。”《中华人民共和国民办教育促进法》第九条规定：“民办学校中的中国共产党基础组织，按照中国共产党章程的规定开展党的活动，加强党的建设。”2016年12月29日，中共中央办公厅印发《关于加强民办学校党的建设工作的意见（试行）》的通知，要求“各级党委（党组）要充分认识做好民办学校党建工作的重要性紧迫性，按照全面从严治党要求，加强党对民办学校的领导，加强社会主义核心价值观培育，确保学校按照党的要求办学立校、教书育人”。《国务院关于鼓励社会力量兴办教育 促进民办教育健康发展的若干意见》指出，“加强党对民办学校的领导”。目前河南省部分民办高校的党委书记由河南省教育厅选派的专人担任，主抓学校的党建工作；已有多所学校设立了党务办公室，有的在学院中成立党务工作专线，由专人负责；每个教研室和每个班级也配备有专门的组织员，通过召开党代会、民主生活会、组织生活会等多种方式，加强学校的党建水平。可以预见，随着我国全面从严治党、全面依法治国战略的不断深入，全面加强党对民办高校的领导是必然之势，河南省各民办高校要在党的领导下坚持党的教育方针，牢牢把握社会主义办学方向，为社会主义建设培养应用型人才。

其次，公益性会更加彰显。随着分类管理的不断贯彻和落实，许多省份积累了有益的、可取的经验，在未来河南省政府一定会加强对非营利性民办高校的支持力度，可能会在税收、教育用地、师资待遇等方面给予民办高校与公办高校同等的措施。不论是选择非营利性民办高校，还是选择营利性民办高校，都希望河南省民办高校的举办者和管理者不忘初心，办出高质量高内涵大学。选择非营利性的民办高校，未来公益性必将更加明显，选择营利性发展道路的民办学校，要想使自身在高等教育事业中立于不败之地，也势必在利益与公益之间寻找平衡点，正如有的学者提出的：“营利性民办学校可能会过于追求利润，漠视学生的发展；资本市场需要快速获利，而学生培养并非一朝一夕，教育需要稳定、可持续的投入。”① 所以，只有把办学重心放在长远的角度，才不会被短期的资本利益所驱使和蒙蔽，才不会陷入“低水平营利性学校”的评价中，最终被社会所淘汰。放眼全世界知名学府，诸如哈佛大学、斯坦福大学等知名私立高校，在发展征途中经历了各种各样的外部风险挑战，有的甚至遭遇合并、分割等切肤之痛，但最终因对教育规律的坚守、对教育公益性的不懈追求、对科学知识和真理的尊重、对培养合格健全的人的目标追求，成就了世界领先的地位。所以，河南省民办高校在未来发展过程中一定要回归教育公益性的根本，坚持教育属于公共产品的规律，严格落实《国务院关于鼓励社会力量兴办教育 促进民办教育健康发展的若干意见》的要求，即“坚持教育的公益属性，无论是非营利性民办学校还是营利性民办学校都要始终把社会效益放在首位”。

再次，办学质量会持续提高。《国家中长期教育改革和发展规划纲要（2010—2020年）》提出的工作方针是“优先发展、育人为本、改革创新、促进公平、提高质量”，并指

① 王一涛. 民办教育分类管理需要解决好五大关系［J］. 华中师范大学学报（人文社会科学版），2018（4）：169.

出要“把提高质量作为教育改革发展的核心任务”。十九大报告指出，“努力让每个孩子都能享有公平而有质量的教育”。河南民办高校已经意识到高质量发展的重要性，许多高校在发展理念上把“质量本位”作为指针，诸如茅台学院、西湖大学等代表着高品质、高内涵的新型民办高校的诞生，更是为河南建设高水平民办高校提供了可以借鉴和学习的榜样。

最后，法人治理结构会日趋完善。“健全的法人治理结构是保障民办高校实现健康可持续发展的关键，克拉克·克尔（Clark Kerr）等学者将健全的内部治理机制看作促使美国形成当今世上最为成功的高等教育体系的主要原因之一。”① 虽然河南省大部分民办高校采取的“董事会领导下的校长负责制”经过实践和时间证明是符合学校发展规律和能推动学校发展的，但在发展过程中也暴露出来一些弊端，必须加以改进，尤其是家族化的风险，今后法人治理结构必然会朝着现代化管理的方向发展，吸取国家治理能力提升的经验，不断丰富和完善法人治理结构，建立现代化、国际化、法治化学校治理制度，充分发挥学校的制度优势与现代治理结构的长处，通过建立利益共享机制，使河南民办高校在董事会制度的基础上，让所有利益相关者公平、公正、合理地参与到管理事业中，群策群力，通力合作，众志成城，开创民办高校发展的新局面。

① Kerr C, Gade M L. The Guardians: Boards of Trustees of American Colleges and Universities [R]. Washington, DC: The Association of Governing Boards of Universities and Colleges, 1989: 39.

参考文献

一、国外参考文献

[1] Carnegie Foundation for the Advancement of Teaching. Gover-nance of higher education: six priority problem [M]. NewYork: McGraw-Hill, 1973.

[2] Coase R H. The problem of social cost [M]. Classic papers in natural resource economics. Palgrave Macmillan, London, 1960.

[3] Freeman R E. Strategic management: A stakeholder approach [M]. Cambridge university press, 2010.

[4] Korean Educational Development Institute (KEDI). The yearbook of educational statistics in Korea [M]. Seoul: Korean Educational Development Institute. 2017.

[5] Rhee B S. A world-class research university on the periphery: The Pohang University of Science and Technology, the Republic of Korea [M]. Altbach P G, Jamil S. The road to academic excellence: The making of world-class research universities. Washington DC: World Bank, 2011.

[6] Park N, Weidman J. Higher education in Korea: tradition and adaptation [M]. Routledge, 2002.

[7] Clarkson M E. A stakeholder framework for analyzing and evaluating corporate social performance [J]. Academy of management review, 1995, 20 (1): 92-117.

[8] National Science Foundation, Higher education research and development survey fiscal year 2015, 2018-08-17, https://ncsesdata.nsf.gov/herd/2017/html/herd2017_ dst_ 05.html.

[9] Ko Y H. Quality measures of universities and the determinants of tuition in South Korea [D]. Kentucky: University of Kentucky, 2017.

[10] Chae J E, Hong H K. The expansion of higher education led by private universities in Korea [J]. Asia Pacific Journal of Education, 2009, 29 (3): 341-355.

[11] Kim T. Higher education reforms in South Korea: Public-private problems in internationalizing and incorporating universities [J]. Policy futures in education, 2008, 6 (5):

558-568.

[12] Kwon K S. Evolution of universities and government policy: The case of South Korea [J]. Asian Journal of Innovation & Policy, 2015, 4 (1): 103-107.

[13] Ono H. Training the nation's elites: National - private sector differences in Japanese university education [J]. Research in Social Stratification and Mobility, 2008, 26 (4): 341-356.

[14] Robert R. Why government spends more per pupil at elite private universities than at public universities [R/OL]. (2014-10-13) [2017-11-27]. http://robertreich.org/post/99923361875.

[15] Kim T. Higher education reforms in South Korea: Public-private problems in internationalizing and incorporating universities [J]. Policy futures in education, 2008, 6 (5): 558-568.

[16] Bimbaum R. The End of Shared Governance: Looking a-head or looking back [J]. New Direction for Higher Education, 2004 (12).

[17] Furubotn E G, Pejovich S. Property rights and economic theory: a survey of recent literature [J]. Journal of economic literature, 1972, 10 (4): 1137-1162.

[18] National Center for Education Statistics: Digest of Education Statistics, 2019-02-25, https://nces.ed.gov/pubs2018/2018151.pdf.

[19] [美] 罗本. 卓越高等教育指南：大学测评、规划和改进整合方法 [M]. 陈传夫, 译. 武汉：武汉大学出版社, 2015.

[20] [美] 拉斯韦尔. 权力与人格 [M]. 胡勇, 译. 北京：中央翻译出版社, 2013.

[21] [德] 柯武刚, 史漫飞. 制度经济学：社会秩序与公共政策 [M]. 韩朝华, 译. 北京：商务印书馆, 2000.

[22] 理查德·亨德森. 薪酬管理 [M]. 刘洪, 韦惠民, 译. 北京：北京师范大学出版社, 2013.

[23] [英] 哈里斯. 教师领导力与学校发展 [M]. 许联, 吴合文, 译. 北京：北京师范大学出版社, 2007.

[24] [美] 凯勒. 大学战略与规划：美国高等教育管理革命 [M]. 别敦荣, 译. 青岛：中国海洋大学出版社, 2005.

[25] [美] 埃伦伯格. 美国的大学治理 [M]. 北京：北京大学出版社, 2010.

[26] [美] 阿特巴赫. 世界级大学领导力 [M]. 姜有国, 译. 北京：中国人民大学出版社, 2014.

[27] [英] 尼尔·保尔森, 托·赫尼斯. 组织边界管理 [M]. 佟博, 陈树强, 马明, 译. 北京：经济管理出版社, 2005.

[28] [摩洛哥] 萨米. 世界一流大学：挑战与途径 [M]. 孙薇, 王琪, 译. 上海：上海交

通大学出版社，2009.
[29] [法] 兰格林. 跨境高等教育：能力建设之路 [M]. 江彦桥，译. 北京：高等教育出版社，2010.
[30] [美] 杰拉德·盖泽尔. 美国多校园大学系统实践与前景 [M]. 沈红，译. 北京：教育科学出版社，2004.
[31] [美] 斯蒂芬·L. 埃尔金. 新宪政论 [M]. 周叶谦，译，北京：三联书店，1997.
[32] [英] 阿什比. 科技发达时代的大学教育 [M]. 滕大春，滕大生，译. 北京：人民教育出版社，1983.
[33] [美] Clark Kerr. 大学的功用 [M]. 陈学飞，译. 南昌：江西教育出版社，1993.

二、国内参考文献

（一）国内专著

[1] 中共中央编译局. 马克思恩格斯文集（第四卷）[M]. 北京：人民出版社，2009.
[2] 中共中央编译局. 马克思恩格斯选集（第四卷）[M]. 北京：人民出版社，1995.
[3] 习近平. 习近平谈治国理政（第一卷）[M]. 北京：外文出版社，2018.
[4] 腾大春. 美国教育史 [M]. 北京：人民教育出版社，1994.
[5] 薄云. 拉美私立高等教育发展研究——以巴西墨西哥阿根廷和智利为个案 [M]. 厦门：厦门大学出版社，2017.
[6] 胡大白. 改革开放以来河南民办教育发展及趋势研究 [M]. 长春：吉林文史出版社，2009.
[7] 徐绪卿. 我国民办高校治理及机制创新研究 [M]. 北京：中国社会科学出版社，2017.
[8] 吕炜. 高等教育财政：国际经验与中国道路选择 [M]. 大连：东北财经大学出版社，2004.
[9] 洪源渤. 共同治理——论大学法人治理结构 [M]. 北京：科学出版社，2010.
[10] 李文成. 国外私立高等教育发展研究 [M]. 郑州：郑州大学出版社，2007.
[11] 赵硕. 欧洲私立大学高等教育的发展嬗变 [M]. 北京：中央编译出版社，2015.
[12] 王宁. 私立大学董事会制度研究 [M]. 南京：东南大学出版社，2015.
[13] 徐绪卿. 新时期中国民办高等教育发展研究 [M]. 杭州：浙江大学出版社，2010.
[14] 俞可平. 治理与善治 [M]. 北京：社会科学文献出版社，2000.
[15] 刘龙刚. 民办高校核心竞争力研究 [M]. 长沙：湖南大学出版社，2012：64.
[16] 魏贻通. 民办高等教育研究 [M]. 厦门：厦门大学出版社，1991：9.
[17] 林佑祥. 适度盈利与民办高等教育的发展 [M]. 南京：南京师范大学出版社，2003.
[18] 吴忠魁. 私立学校比较研究——与国家关系角度的分析 [M]. 北京：北京师范大学出版社，1999.

[19] 陈晓宇. 中国教育财政政策研究 [M]. 北京：北京大学出版社，2012.
[20] 李维安，王世权. 大学治理论 [M]. 北京：机械工业出版社，2013.
[21] 王善迈. 教育经济学简明教程 [M]. 北京：高等教育出版社，2000.
[22] 田秀萍. 职业教育资源论 [M]. 北京：光明日报出版社，2010.
[23] 陶西平，王佐书. 中国民办教育发展报告 [M]. 上海：上海人民出版社，2015.
[24] 张旺. 美国私立高等教育发展的制度环境研究 [M]. 北京：知识产权出版社，2009.
[25] 黄达人. 大学的转型 [M]. 北京：商务印书馆，2015.
[26] 麻宝斌. 公共治理理论与实践 [M]. 北京：社会科学文献出版社，2013.
[27] 顾建民. 中国民办高等教育发展战略研究 [M]. 杭州：浙江大学出版社，2004.
[28] 陈磊民. 办高等教育研究 [M]. 武汉：武汉理工大学出版社，2008.
[29] 陈新民. 民办高校人才培养模式改革的理论与实践 [M]. 杭州：浙江大学出版社，2007.
[30] 刘莉莉. 中国民办高等教育发展的研究 [M]. 长春：吉林大学出版社，2002.
[31] 聂秋华. 借鉴和创新——湖南高校与世界一流私立大学办学模式比较研究 [M]. 长沙：湖南大学出版社，2006.
[32] 瞿延东. 我国民办教育的发展与管理 [M]. 北京：中国财政经济出版社，2002.
[33] 张宏博. 中国私立大学有效经营的制度研究 [M]. 北京：人民出版社，2009.
[34] 丁小浩. 中国高等学校规模效益的实证研究 [M]. 北京：教育科学出版社，2000.
[35] 靳希斌. 从滞后到超前——20 世纪人力资本说. 教育经济学 [M]. 济南：山东教育出版社，1995.
[36] 薛天祥. 高等教育管理学 [M]. 桂林：广西师范大学出版社，2001.
[37] 眭依凡. 大学校长的教育理念与治校 [M]. 北京：人民教育出版社，2001.

（二）国内期刊论文

[1] 熊丙奇. 新时代民办教育的价值、地位及未来展望 [J]. 浙江树人大学学报，2019（11）：1-4.
[2] 李文章. 改革开放 40 年我国民办高等教育发展：成就、经验与展望 [J]. 黑龙江高教研究，2018（10）.
[3] 黄磊. 改革开放 40 年河南省民办高等教育发展的历程、成就与展望 [J]. 河南教育（高教），2019（9）：10-13.
[4] 徐绪卿. 民办高等教育发展政策讨论的五个问题 [J]. 浙江树人大学学报（人文社会科学），2019（1）019（1）.
[5] 盛振文. 影响民办高校现代化发展的因素及对策研究 [J]. 山东社会科学，2014（8）：124-127.
[6] 黄洪兰，柳海民. 探索营利性与非营利性民办高校分类管理——以吉林华桥外国语学院为例 [J]. 高等教育管理，2018（7）：81-87.

[7] 阎凤桥，林静．商业性的市民社会：一种阐释中国民办高等教育特征的视角［J］．教育研究，2012（4）：63．
[8] 潘懋元．关于民办高等教育体制的探讨［J］．上海高教研究，1988（3）．
[9] 熊建辉．2009 年世界高等教育大会公报：高等教育与研究在促进社会变革和发展中的新动力［J］．世界教育信息，2009（9）．
[10] 汪剑鲲．美国高校融资管理研究及对我国的启示［J］．高等理科教育，2015（3）：57-62．
[11] 刘磊．我国民办高等教育国家政策法规演变研究——基于 1978 年以来国家政策法规文本的历史制度主义分析［J］．复旦教育论坛，2018（7）．
[12] 王维坤，张德祥．我国民办高校章程文本表达现状研究——基于 105 所民办本科高校章程的文本分析［J］．中国高教研究，2017（7）：43-48．
[13] 娄欣生．韩国私立高等教育的发展及启示［J］．黑龙江教育（高教研究与评估），2009（3）：13-14．
[14] 唐志文．国外私立高校融资经验对我国民办高校的启示［J］．长沙大学学报，2012（3）：135-136．
[15] 吴华，王习．营利性民办学校应该享受税收优惠［J］．中国教育学刊，2017（3）：14-18．
[16] 胡坤，徐军伟．县域办学：浙江省独立学院转型发展路径探析［J］．宁波大学学报（教育科学版），2017（1）：51-55．
[17] 刘诗波．我国民办高等教育研究的特点、困境及出路［J］．辽宁教育研究，2007（11）．
[18] 徐永．我国民办高校的发展路径与模式分析［J］．教育发展研究，2011（12）．
[19] 潘懋元，邬大光，别敦荣．我国民办高等教育发展的第三条道路［J］．高等教育研究，2012（4）．
[20] 肖林生．韩国私学年金制度的实践及启示——基于我国民办学校教师养老保障制度建设的思考［J］．浙江树人大学学报（人文社会科学），2018（3）．
[21] 王诺斯，张德祥．美国私立高等教育分类管理的经验与启示［J］．教育科学，2016（4）：87．
[22] 崔来廷，崔凯．美国一流私立非营利性大学社会捐赠机制及其特点［J］．现代教育管理，2015（4）：115-119．
[23] 史少杰，周海涛．非营利性民办高校内部治理权力制衡分析（J）．现代教育管理，2018（1）：26-29．
[24] 蒋欣吟．国外私立教育融资经验对我国民办教育的启示与借鉴——以美、日私立高等教育为例［J］．湖北函授大学学报，2014（16）：1-2．
[25] 李虔．国外一流私立大学发展的多元模式研究——基于对美国、韩国、土耳其和拉美

经验的考察［J］. 外国教育研究，2018（8）：44-47.
［26］肖俊茹，王一涛. 民办教育分类管理与一流民办高校建设［J］. 现代教育科学，2018（1）：6-11.
［27］王安琪. 民办高校办学水平提升路径——基于河南省民办高校的实证分析［J］. 商丘师范学院学报，2019（7）：94.
［28］徐绪卿. 新常态下民办高校发展的若干思考［J］. 浙江树人大学学报，2016（1）：1-4.
［29］董圣足. 温州新政：区域民办教育制度创新的典范［J］. 教育发展研究，2011（22）：1-6.
［30］阙明坤. 我国独立学院转设现状分析及对策研究［J］. 教育研究，2016（3）：64-71.
［31］吕静. 路径与选择：民办高等教育发展中的困境与破解机制［J］. 中国成人教育，2016（11）：56-59.
［32］宋斌. 改革开放40年浙江民办高等教育的发展历程、变化及启示［J］. 浙江树人大学学报，2018（11）：9.
［33］王道勋. 地方政府落实新修《民办教育促进法》实施意见综述［J］. 黄河科技学院学报，2019（1）.
［34］鞠光宇. 非营利性私立高校与营利性高校的比较研究——以美国为例［J］. 高教探索，2016（4）：47-53.
［35］李文章，黄崴. 台湾私立高校发展考察报告［J］. 高教探索，2015（3）.
［36］董圣足，佘国平. 面向2035：如何让民办高等教育更具生机与活力——以上海市为例［J］. 中国高等教育评论，2018（10）.
［37］陈锦宣. 转型升级：民办本科院校发展新常态［J］. 成都中医药大学学报（教育科学版），2015（2）：25-26.
［38］周丽华，王琳玮. 改革开放以来河南民办高等教育发展历程探析［J］. 北京城市学院学报，2013（5）.
［39］余中根.《民法总则》法人制度视野下民办高校分类管理存在的问题与解决机制研究［J］. 高教探索，2019（1）.
［40］刘有贵，蒋年云. 委托代理理论述评［J］. 学术界，2006（1）：69-78.
［41］汤保梅. 教育产权理论对民办高校运作的启示［J］. 中州学刊，2011（2）.
［42］王洪才. 大学治理的四种内涵［J］. 苏州大学学报（教育科学版），2015，3（4）：17-19+22.
［43］何国伟. 我国非营利性民办高校获公共财政资助现状——基于我国四所非营利性民办高校的调研［J］. 江西科技师范大学学报，2016（2）.
［44］李智军，陆正林. 我国民办本科院校发展的各阶段特征与策略建议［J］. 浙江树人大学学报，2014（4）：13

[45] 刘爽，赵俊芳. 治理理论视域下民办高校发展的三重困境及其路径探析 [J]. 高校教育管理，2018 (7)：88-94.

[46] 宫法明. 分类管理视域下非营利性民办高校面临的困境与发展策略 [J]. 黑龙江高教研究，2019 (1).

[47] 吴宇梦，丘晓静，徐超. 供给侧改革视域下民办高校大学生就业核心竞争力调查分析 [J]. 教书育人 (高教论坛)，2019 (3).

[48] 海涛，刘侠. 民办高等教育发展研究报告——基于近十年全国民办高校数据统计与政策文本分析 [J]. 中国高等教育，2016 (2)：18-22.

[49] 王洪才. "一元三维"：论潘懋元教育思想的内在逻辑 [J]. 山东高等教育，2015 (8)：75.

[50] 王磊，李慧颖，黄小灵. 新中国成立 70 年民办高等教育的发展历程、历史经验与保障机制 [J]. 浙江树人大学学报，2019 (11)：30-35.

[51] 徐绪卿，王一涛. 论我国民办高等教育政策从"规范"向"扶持"的转型 [J]. 高等教育研究，2013 (8)：42-48.

[52] 武永江. "双一流"建设背景下大学治理共同体的内涵、诉求及其培育 [J]. 现代教育管理，2019 (6).

[53] 罗明丽. 我国民办高校话语权的缺失与复归 [J]. 教育学术月刊，2018 (6)：80-83.

[54] 徐雄伟，高耀明. 民办高校学术职业现状的调查分析 [J]. 高等教育研究，2013 (1).

[55] 陈乐. "多样"与"同一"：世界一流大学通识教育理念与实践 [J]. 现代教育管理，2019 (4)：43-48.

[56] 宋丽娟，杨晓培. 政府与民办高校互动的理性与规范——以话语权为视角 [J]. 教育学术月刊，2016 (11)：67-74

[57] 付强，王玲. 中国民办高等教育经费政策 40 年：历程、反思与走向 [J]. 济南大学学报 (社会科学版)，2019 (1).

[58] 贾生华，陈宏辉. 利益相关者的界定方法述评 [J]. 外国经济与管理，2002，24 (5)：13-18.

[59] 申政清，王一涛，董圣足. 非营利性民办高校的经费如何筹措——基于美国非营利性私立高校的比较 [J]. 现代教育管理，2018 (1).

[60] 方晓田，王德清. 后大众化时期民办高等教育发展与政府干预 [J]. 高等教育研究，2013 (10)：46-51.

[61] 盛振文. 影响民办高校现代化发展的因素及对策研究 [J]. 山东社会科学，2014 (8)：124-127.

[62] 徐绪卿. 治理背景下我国民办高等教育的转型 [J]. 中国高教研究，2014 (8).

[63] 张兴华，熊杰. 民办高等教育的困境与出路——访著名教育家潘懋元先生 [J]. 山东

高等教育，2014（2）.
[64] 刘莉莉. 民办高等教育困境与发展路径选择［J］. 中国高等教育，2015（22）.
[65] 张南红. 民办高校差异化发展研究［J］. 学校党建与思想政治教育，2015（9）：90-91.
[66] 阙明坤，王华，王慧英. 改革开放 40 年我国民办教育发展历程与展望［J］. 中国教育学刊.
[67] 任奉龙. 台湾地区私立大学内部治理模式的特色及启示［J］. 现代教育管理，2015（11）：23-26.
[68] 周更生. 民办高校品牌建设策略研究［J］. 经营与管理，2019（5）.
[69] 靳晓光. 基于“国务院三十条”省级配套政策的民办高校分类管理研究［J］. 黄河科技学院学报，2019（1）.
[70] 王恒. 高校融资的国际借鉴与启示［J］. 财会通讯，2010（23）：47-48.
[71] 何永红. 学校“特色课程”的定位及其发展策略［J］. 教育科学研究，2011（10）：50-53.
[72] 刘磊. 民办高等教育属性界定演变路径依赖与突破的博弈研究——基于 1978 年以来国家政策法规文本的历史制度主义分析［J］. 中国高教研究，2018（7）.
[73] 张锡侯. 我国本科高校应用型人才培养模式初探［J］. 民办高等教育研究，2013（3）：26-29.
[74] 邬大光. 艰难的复兴广阔的前景——我国民办高等教育 30 年回顾与前瞻［J］. 中国高教研究，2008（10）.
[75] 张兴华，熊杰. 民办高等教育的困境与出路——访著名教育家潘懋元先生［J］. 山东高等教育，2014（2）.
[76] 孙阳春. 大学治理中的道德风险防范：剩余权力的视角［J］. 高等教育研究，2018（2）.
[77] 李建. 日本私立高校的政府资助体系——21 世纪以来的变迁与动因分析［J］. 比较教育研究，2009（4）：82-86.
[78] 吴华，章露红.《民办教育促进法》修法决定中“补偿奖励条款”研究［J］. 复旦教育论坛，2017（5）.
[79] 方芳. 政府“为何”和“如何”资助民办高等教育？——来自美国的经验与启示［J］. 国家教育行政学院学报，2017（3）.
[80] 景一宏. 以特色引领发展，据章程依法治校［J］. 中国高等教育，2015（1）：11-13.
[81] 何国伟. 政府公共财政须对非营利性民办高校提供资助——基于高等教育成本分担理论视角［J］. 扬州大学学报：高教研究版，2016（5）.
[82] 吴立保，王达，孙薇. 大学共同治理的行动结构与路径选择——基于帕森斯的社会行动理，论［J］. 教育发展研究，2017，37（5）：39-45.

[83] 赵新. 西方大学多元治理结构范式对我国大学治理的启示 [J]. 内蒙古师范大学学报(哲学社会科学版), 2017, 46 (5): 147-150.

[84] 周作宇, 刘益东. 权力三角: 现代大学治理的理论模型 [J]. 北京师范大学学报 (社会科学版), 2018 (1): 5-16.

[85] 张琦, 孟繁华. 中美高等教育学费的比较研究比较教育研究 [J]. 比较教育研究, 2005 (6).

[86] 郭沛超. 美国私立大学教学与教研、科研的关系考察民办教育研究 [J]. 民办教育研究, 2007 (6).

[87] 潘懋元, 吴华, 王文源, 李盛兵, 邵允振. 中国民办教育四十年专题笔谈 [J]. 华南师范大学学报 (社会科学版), 2018 (11).

[88] 贺佩蓉. 政府・市场・社会: 大学外部治理的权力要素与模式创新 [J]. 江苏教, 2015 (3): 45-47.

[89] 陈巧妍. 以文化视角分析转型期我国大学治理体系现代化的阻力 [J]. 佳木斯职业学院学报, 2016 (1): 152-154.

[90] 张明. 深刻把握习近平新时代中国特色社会主义思想的育人伟力 [J]. 高校辅导员, 2018, (4): 4-7.

[91] 邓卓明, 姜土生. 思想政治理论课教师与辅导员工作融合中存在的问题与对策 [J]. 学校党建与思想教育, 2018 (20): 16-18.

[92] 吴巧慧. 又红又专: 高校辅导员的素质要求与价值引领 [J]. 高校辅导员, 2017 (5): 45-48.

[93] 王莉. 国家治理价值体系建设中的思想政治教育功能研究 [J]. 思想政治教育研究, 2018 (5): 117-120.

[94] 田立强. 关于民办高校战略路径的新思考 [J]. 国家教育行政学院学报, 2016 (10): 62.

[95] 郑玉刚, 汤幼平. 人力资本参与企业产权动态分配研究综述——基于动态股权制的考察 [J]. 生产力研究. 2007 (21): 142-144.

[96] 欧四萍. 论高职院校传统人事管理向现代人力资源管理的转变 [J]. 当代教育理论与实践. 2009 (3): 30-31.

[97] 黄勇. 教育治理视野下的民办高校股权激励机制研究 [J]. 中国高教研究, 2014 (8): 25-27.

[98] 刘文军. 大股东股权动态变化原因研究 [J]. 经济与管理研究, 2014 (5): 23-32.

(三) 国内学位论文

[1] 马玉梅. 我国民办教育产权运行机制研究 [D]. 济南: 山东师范大学, 2006.

[2] 张永. 广西民办高校教育资源整合 [D]. 南宁: 广西大学, 2014

[3] 王长旺. 关于我国民办高校核心竞争力的研究 [D]. 福州: 福建师范大学, 2008: 21.

［4］宣玉莹．民办高校核心竞争力研究［D］．长春：长春工业大学，2019.
［5］盛振文．现代化竞争优势理论视角下民办高校现代化发展研究［D］．天津：天津大学，2015.
［6］李哲非．关键利益相关者组合视角下企业社会责任投资策略的研究［D］．长春：吉林大学，2019.
［7］李卓育．当前大学治理研究中的理论研究［D］．长春：东北师范大学，2017.
［8］王虹．民办高等教育的现状分析及发展对策研究［D］．天津：天津大学，2004：2.
［9］王耀．河南民办高等院校融资问题研究［D］．开封：河南大学，2019.
［10］尹滔．台湾私立高校内部治理结构研究［D］．宁波：宁波大学，2014：39.
［11］姜华．中国民办高等教育组织的变迁及其特性——组织社会学的视角［D］．北京：北京大学，2007.
［12］薛菲．高等教育中介组织的运行机制［D］．上海：华东师范大学．2015.
［13］孙践．基于核心竞争力的四川民办高校内部治理研究［D］．成都：西南民族大学，2018.
［14］王诺斯．营利性与非营利性民办高校分类管理研究［D］．大连：大连理工大学，2017.
［15］龙玲．民办学校教师权益保障问题研究——民办学校教师权益保障问题研究——以湖南省长沙市为例［D］．长沙：中南大学，2010.
［16］朱江．高校辅导员立德树人任务及实现路径研究［D］．沈阳：辽宁大学，2018.

（四）报纸文献

［1］张晨，李澈．教育部印发“新时代高教40条”［N］．中国教育报，2018-10-18.
［2］沈新建．新中国70年我国民办高等教育发展演进路径［N］．中国社会科学报，2020-01-02.
［3］徐绪卿．优先开展公益性高水平民办高校建设工程［N］．人民政协报，2011-06-01.
［4］金华宝．民办教育发展三十年［N］．社会科学报，2008-10-23（5）.
［5］高培勇．市场经济体制与公共财政框架［N］．人民日报，2000-09-28（1）.
［6］刘林．中国民办高等教育迎来拐点［N］．中国青年报，2009-08-31.
［7］杨桂青，黄金鲁克．民办教育分类管理难在哪［N］．中国教育，2017-03-07（04）.
［8］管培俊．建设教育强国的时代号角［N］．光明日报，2017-10-31（13）
［9］董圣足．对民办学校出资权益的有效保障［N］．光明日报，2016-11-15（14）.
［10］邬大光．从民办教育看教育的公益性与营利性［N］．光明日报，2016-12-06（14）.
［11］王烽．为什么义务教育禁办营利性民办学校［N］．光明日报，2016-11-11（02）.
［12］高靓．非营利性民办高校联盟成立［N］．中国教育报，2013-12-13（3）.
［13］沈会淋，郑浩．生源减少，民办高校发展之路在何方？［N］．河南经济报，2011-11-02.

（五）电子文献

[1] 陈宝生. 把民办教育促进法“1+3”落到实处，不是落到膝盖上、脚面上［EB/OL］.（2017-03-07）［2018-01-20］. http：//edu. people. Com. Cn/n1/2017/0307/c1006-29130012. html.

[2] 鲁昕. 深入学习贯彻十八大精神 促进民办教育健康发展——在中国民办教育协会2012年年会上的讲话［EB/OL］. 2013 - 01 - 15，http：//www. canedu. org. cn/site/content/1621. html.

[3] 鲁昕. 推进民办教育健康发展［EB/OL］. 2013-12-03. http：//www. china-news. com/edu/2013/12-03/5573330. shtml.